DEH
BYW
GWAITH PEDR

CYFROL O ASTUDIAETHAU YN SEILIEDIG
AR FYWYD YR APOSTOL PEDR

GAN

ELFED AP NEFYDD ROBERTS

CYHOEDDIADAU'R
GAIR

ⓑ Cyhoeddiadau'r Gair 2017

Testun gwreiddiol: Elfed ap Nefydd Roberts

Dymuna'r cyhoeddwyr gydnabod cymorth
Adran Grantiau Cyngor Llyfrau Cymru.

Golygydd Testun: John Pritchard
Golygydd Cyffredinol: Aled Davies

Argraffwyd gan Melita oddi fewn i'r Undeb Ewropeaidd

**Cyhoeddwyd gan
Cyhoeddiadau'r Gair, Cyngor Ysgolion Sul Cymru,
Ael y Bryn, Chwilog, Pwllheli, Gwynedd LL53 6SH.
www.ysgolsul.com**

CYNNWYS

CYFLWYNIAD I FYWYD PEDR

Pysgotwr oedd Simon Pedr, yn ennill ei fywoliaeth gyda'i frawd, Andreas, ar Fôr Galilea. Yn y Testament Newydd, rhoddir pum enw gwahanol arno: Simeon, ei enw Aramaeg gwreiddiol; Simon; Pedr; Simon Pedr a Ceffas. Yn Efengyl Marc, yr efengyl gyntaf i'w hysgrifennu, dywedir fod Iesu wedi rhoi'r enw Pedr iddo. Yn Efengyl Mathew, cyfeirir ato fel 'Simon, yr hwn a elwir Pedr'. Ond wedyn, yn yr un efengyl, ceir eglurhad llawnach o darddiad ac arwyddocâd ei enw. Wedi i Pedr ddatgan ei gyffes fawr, feiddgar, 'Ti yw'r Meseia, Mab y Duw byw', meddai Iesu wrtho, 'Ac rwyf fi'n dweud wrthyt mai ti yw Pedr, ac ar y graig hon yr adeiladaf fy eglwys' (Mth. 16:16–18). Y gair Aramaeg am 'graig' yw *kepha,* a drodd yn *Ceffas* ymysg siaradwyr Groeg, a'r Lladin am 'graig' oedd *petra,* a drodd yn *Petros.*

O gael ei alw oddi wrth ei gychod a'i rwydau i fod yn ddisgybl i'r Arglwydd Iesu, fe ddaeth Pedr yn gyfaill agos i Iesu. Roedd yn un o'r tri – Pedr, Iago ac Ioan – a gafodd fynd gyda Iesu i ben mynydd y Gweddnewidiad ac i ystafell merch Jairus, a fe'i hanfonwyd gyda Ioan i baratoi gwledd y Pasg. A chan fod Iesu wedi gweld rhyw gryfder cudd yng nghymeriad Pedr, fe'i dewisodd i fod yn sylfaen i'w Eglwys a rhoi'r enw 'Ceffas' – Craig – iddo.

Er ei ystyried y cyntaf ymhlith y Deuddeg a chyfaill agos i Iesu, nid yw'r portread a gawn o Pedr yn yr efengylau yn ganmoliaethus. I'r gwrthwyneb, fe'i darlunnir yn gymeriad byrbwyll ac annoeth: caiff ei geryddu gan Iesu am iddo wrthod derbyn y byddai'n rhaid i'w Feistr ddioddef a chael ei ladd yn Jerwsalem; mae'n gwrthod gadael i Iesu olchi ei draed yn yr oruwch ystafell; mae'n gwadu Iesu yn llys yr archoffeiriad, a chaiff ei gyhuddo o fod yn rhagrithiwr gan Paul yn ei Lythyr at y Galatiaid. Ar un wedd, yr oedd Pedr yn fethiant, yn gymeriad gwyllt ac anwadal. Ond ochr yn ochr â'r darlun anghefnogol hwn, ceir hefyd ddarlun o ŵr cryf, brwd sy'n caru ei Arglwydd yn angerddol ac yn barod i sefyll drosto a'i ddilyn yn ffyddlon hyd y diwedd.

Gydag amser, cafodd ei ddisgrifio fel Tywysog yr Apostolion, carreg sylfaen yr Eglwys, arweinydd y genhadaeth i'r Cenhedloedd, pennaeth yr Eglwys Fore, a Phab cyntaf yr Eglwys Gatholig.

Gellir rhannu hanes yr Eglwys Fore i dri chyfnod. Yn gyntaf, cyfnod bywyd a gweinidogaeth Iesu. Yn ail, cyfnod yr Eglwys Balestinaidd, wedi ei chanoli yn Jerwsalem. Ac yn drydydd, cyfnod yr Eglwys Genhedlig ehangach. Ymysg arweinwyr pwysicaf yr Eglwys dros y cyfnodau hyn fu Pedr, Iago a Paul. Roedd Paul yn absennol o'r cyfnod cyntaf; prin yr ymddangosodd yn yr ail gyfnod; ond daeth i amlygrwydd yn y trydydd cyfnod. Y mae Iago yn amlwg yn y ddau gyfnod cyntaf, ond yn diflannu cyn y trydydd cyfnod. Yr unig un o'r tri i fod â lle amlwg yn y tri chyfnod oedd Simon Pedr. Un o'r astudiaethau pwysicaf o fywyd a chyfraniad Pedr yw *Peter: Disciple, Apostle, Martyr,* gan Oscar Cullmann. Y mae'r tri gair, Disgybl, Apostol a Merthyr, nid yn unig yn cyfleu i'r dim bwysigrwydd Simon Pedr yn hanes datblygiad yr Eglwys Fore, ond yn crynhoi ei waith a'i safle yn y tri chyfnod uchod.

Disgybl oedd Pedr yn y cyfnod cyntaf – y cyntaf ymhlith y Deuddeg – ond disgybl er hynny, gyda llawer ganddo i'w ddysgu, yn methu fwy nag unwaith, ond trwy'r cyfan yn dal yn ei ffyddlondeb i'w Arglwydd. *Apostol* yw'r gair gorau i'w ddisgrifio yn yr ail gyfnod, cyfnod yr Eglwys Balestinaidd, nid yn unig am ei fod wedi treulio amser yng nghwmni Iesu, a bod yn dyst i'r atgyfodiad, ond oherwydd iddo gael ei ystyried gan ei gyd–apostolion fel eu harweinydd. Ac mae'r gair *Merthyr* yn disgrifio'i waith yn y trydydd cyfnod. Ystyr y gair 'merthyr' yn y gwreiddiol yw 'tyst', ond daeth y gair i olygu hefyd y rhai oedd yn dioddef am eu tystiolaeth i'r Arglwydd Iesu: yn achos Pedr, a channoedd lawer o rai eraill, dioddef marwolaeth greulon.

Y mae'r ffaith i Pedr chwarae rhan mor allweddol bwysig yng ngweinidogaeth Iesu ac yn hanes a thwf yr Eglwys Fore yn rheswm digonol ynddo'i hun i astudio bywyd y gŵr hynod hwn. Ond y mae rheswm arall. Bu statws Pedr yn yr Eglwys Gatholig Rufeinig yn destun dadl – a dadl ffyrnig ar adegau – rhwng Protestaniaid a Chatholigion. Hyd heddiw, mae Catholigion yn ystyried Pedr fel esgob cyntaf Rhufain, ac felly fel y Pab cyntaf. Mae'r adeilad eglwysig mwyaf yn y byd wedi'i gysegru iddo, sef Basilica enfawr Sant Pedr yn y Fatican, a godwyd ar safle mynwent y credir i Pedr gael ei gladdu ynddi. Bu llawer o gloddio archeolegol ar y safle, a chanfuwyd beddau ac esgyrn llawer iawn a ferthyrwyd yng nghanrifoedd cynnar yr Eglwys. Ond ni ellir bod yn gwbl sicr ymhle yn union y claddwyd Pedr ei hun. Ond i'r fan honno y bydd miliynau o bererinion a thwristiaid, yn Gatholigion a Phrotestaniaid, yn anffyddwyr ac yn ddilynwyr crefyddau eraill, yn tyrru.

Mae trafodaethau rhwng Pabyddion a Phrotestaniaid wedi arwain at asesiad newydd o le a phwysigrwydd Pedr yn hanes yr Eglwys Fore ac yn yr Eglwys heddiw. Beth sydd ganddo i'w ddysgu i ni heddiw? A yw stori disgybl, apostol, a merthyr o'r ganrif gyntaf yn berthnasol i Eglwys yr unfed ganrif ar hugain? Er mwyn ateb y cwestiynau hyn, mae'n rhaid ceisio dehongli hynny o wybodaeth sydd gennym am y gŵr arbennig hwn.

Ond y gwir yw mai prin yw'r wybodaeth sydd gennym amdano. Ceir ychydig o hanesion yn yr efengylau sy'n rhoi lle amlwg i Pedr – ei alwad i fod yn ddisgybl, ei gyffes yng Nghesarea Philipi, ei brofiad ar fynydd y Gweddnewidiad, ei wadiad o'i Arglwydd yn llys yr archoffeiriad, a'i gyfarfyddiad â Iesu ar lan y môr wedi'r atgyfodiad. At hynny hefyd, ceir rhai cyfeiriadau cynnil ato yn yr efengylau. O droi at Lyfr yr Actau, ceir llawer mwy o wybodaeth am Pedr. Ef sydd ar ganol y llwyfan yn hanner cyntaf yr Actau, ac ef a ystyrir fel y pennaf o'r apostolion. Yn ei Lythyr at y Galatiaid, mae Paul yn sôn am anghydfod a fu rhyngddo a Pedr am fod Pedr wedi dewis eistedd gyda'i gyd-Iddewon Cristnogol, ac nid gyda chenedl-ddynion Cristnogol, yn Antiochia. Yn wahanol i Paul, a ysgrifennodd doreth o lythyrau, nid oes gennym ond dau lythyr yn enw Pedr, ac mae rhai esbonwyr yn amheus ai Pedr ei hun oedd eu hawdur.

Oddi allan i'r Testament Newydd, a rhai blynyddoedd yn ddiweddarach, mae rhai o'r Tadau Eglwysig cynnar yn cyfeirio at Pedr. Y mae Papias, er enghraifft, yn dweud mai Pedr a roddodd wybodaeth i Ioan Marc pan oedd yn ysgrifennu ei efengyl. Ac y mae Origen, Clement o Rufain ac Eusebius, hanesydd cynnar yr Eglwys, yn dweud rhywfaint amdano.

Ceir hefyd lawer o hanesion o ffynonellau apocryffaidd, sef dogfennau'n cynnwys chwedlau a storïau ffansïol na ellir rhoi fawr o goel arnynt. Y pwysicaf ohonynt yw'r un a elwir *Actau Pedr,* a gyfansoddwyd tua OC 180.

Ond yn gymysg â'r deunydd chwedlonol a dychmygol, ceir rhai hanesion prydferth na ddylid eu diystyru. Un ohonynt yw'r stori adnabyddus am Pedr yn penderfynu ffoi o Rufain er mwyn osgoi erledigaeth, ond yn dod wyneb yn wyneb â Iesu ar y ffordd. *'Quo Vadis, Domine?'* gofynnodd Pedr ('I ble'r ei di, Arglwydd?'). Atebodd Iesu ei fod yn mynd i Rufain yn lle Pedr, i farw. Poblogeiddiwyd y stori honno gan nofel Henryk Sienkiewicz, *Quo Vadis?* (1886); gwaith a enillodd iddo'r Wobr Nobel yn 1905, a chan y ffilm *Quo Vadis?* (1951), gyda Robert Taylor a Deborah Kerr yn actio'r prif gymeriadau. *Actau Pedr* hefyd sy'n dweud fod Pedr wedi dewis cael ei groeshoelio â'i draed i fyny am nad oedd yn deilwng i farw yn yr un modd â'i Arglwydd.

Gan fod y deunydd sy'n cyfeirio at Simon Pedr mor amrywiol ac mor fylchog, mae olrhain ei hanes fel gwneud *jig-so.* Ond er mwyn canfod y dyn Pedr mae'n rhaid rhoi heibio'r cwestiynau athrawiaethol a'r dadleuon eglwysig, a dilyn ôl ei droed o grud y Ffydd Gristnogol ar lan Môr Galilea; o'r gwreiddiau yn Jerwsalem, yn Jwdea, a Samaria, i ganol y byd paganaidd; ac o Antiochia i Rufain, prifddinas yr Ymerodraeth fawr. Y mae gyrfa Pedr yn bortread symbolaidd o dwf ac ymlediad y Ffydd Gristnogol ei hun. Ond yn fwy nag adlewyrchu taith y Ffydd ar draws y byd Rhufeinig, roedd Pedr hefyd yn un o hyrwyddwyr mwyaf ffyddlon ac ymroddedig y Ffydd honno. Dylai'r hyn a gyflawnodd ef, y pysgotwr o Fethsaida, Galilea, trwy ei ffydd a'i ymroddiad dros ei Arglwydd, ac yn nerth yr Ysbryd Glân, fod yn ysbrydiaeth i Gristnogion heddiw.

Y mae gwersi lawer i'w dysgu o ystyried perthynas Pedr â llawer o wahanol gymeriadau'r Testament Newydd. Yn gyntaf, ei berthynas â Iesu ei hun. Yn ei ymwneud â Pedr, cawn olwg ar rai o nodweddion person a gweinidogaeth Iesu: ei atyniad rhyfeddol, yn peri i ddynion cydnerth adael eu rhwydau a'u cychod i'w ddilyn; dirgelwch ei gymeriad, a barodd i Pedr ei gyffesu'n Fab Duw ac yn Feseia; ei ostyngeiddrwydd yn golchi traed ei ddisgyblion, a'i drugaredd diamod yn maddau i ddisgybl anwadal a oedd wedi ei wadu o flaen ei elynion; ei ymddiriedaeth yn ei was ffyddlon wrth iddo orchymyn iddo barhau ei waith o fugeilio'i ddefaid. Trwy lygaid a thrwy brofiad Pedr y gwelwn berson yr Arglwydd Iesu'n gliriach.

Ac y mae mwy i'w ddysgu o edrych ar ei berthynas â'r Apostol Paul. A oedd y ddau'n gyfeillion, neu a oedd mesur o genfigen yn eu perthynas yn atal cydweithio agos? A beth am berthynas Pedr â Iago, â Ioan Marc, ac â'i gyd-gristnogion Iddewig yn Jerwsalem a'r cenedl–ddynion Cristnogol yn Antiochia?

Byddai'n fuddiol mynd ar drywydd y cysylltiadau hyn. Ond daw pwynt pan yw'n briodol, nid i astudio a thrafod, ond i weddïo. Gweddi sy'n troi trafodaeth haniaethol yn weithredu ymarferol. Dylai esiampl bywyd a gwaith Pedr, o Galilea i Rufain, ein hysbrydoli i ganfod ffyrdd newydd o dystio i Iesu Grist heddiw, i fod yn Eglwys unedig, nad yw rhaniadau hil, cenedl, iaith na statws cymdeithasol yn cael unrhyw le o'i mewn, ac i fagu hyder i ddangos ein hochr fel Cristnogion o fewn y gymdeithas secwlar yr ydym yn rhan ohoni.

Bu'n galondid clywed fod dosbarthiadau Ysgol Sul, brodorfeydd gweinidogion a grwpiau trafod, wedi cael budd a bendith o ddarllen *Dehongli Meddwl Paul* y llynedd. Gobeithio y bydd y gyfrol fach hon hefyd yn ganllaw ac yn gymorth i'r rhai sy'n ceisio mynd i'r afael â Gair Duw ar gyfer ein hoes a'n cenhedlaeth ni.

Hoffwn ddiolch eto fyth i Aled Davies, Cyhoeddiadau'r Gair, am ei wahoddiad i mi i lunio'r gyfrol hon ac am ei gefnogaeth a'i garedigrwydd bob cam o'r daith.

Elfed ap Nefydd Roberts
Pasg 2017

PEDR

Yr Apostol Pedr, yn ôl ei enw, oedd y graig.
Yn llys Caiaffas fe wadodd ei Arglwydd deirgwaith
A hynny wrth ryw sgrafell o forwyn,
Ac fe ganodd y ceiliog euog ddwywaith.
Y graig a droes yn dywod, ac yn dywod gwlyb.

Ar ddydd y Pentecost disgynnodd yr Ysbryd ar Pedr,
A'i weddnewid: ac fe gododd ei leferydd yn erbyn ei genedl,
Gan gondemnio Iddewon Caersalem am groeshoelio ei Arglwydd,
Ond ar ôl Ei groeshoelio, yr Arglwydd a'i cododd o'r bedd
A'i ddyrchafu i eistedd ar ddeheulaw Duw.
Lleferydd y tyst oedd ei leferydd ef:
Tystiolaeth y graig gadarn.
Y tywod gwlyb a droes yn graig ddi-syfl,
Yn graig o ferthyr.

Gwenallt
(Y Coed)

CEFNDIR A GALWAD PEDR

Mathew 4:18–22; Ioan 1:35–42

Teitl nofel hanesyddol Lloyd Douglas, a seiliwyd ar hanes a bywyd Simon Pedr, yw *The Big Fisherman*. Does dim tystiolaeth fod Pedr yn fawr o gorffolaeth, er y gellir tybio y byddai gwaith pysgotwr yn y ganrif gyntaf, fel heddiw, yn gofyn am gyfansoddiad cryf. Ond roedd Pedr yn sicr yn fawr ym mhob ystyr arall – yn fawr ei ddylanwad, yn fawr ei ymroddiad dros yr Efengyl, ac yn fawr fel prif arweinydd yr Eglwys Fore. Pedr oedd ffigur pwysicaf y cyfnod OC 30 i 63, blynyddoedd allweddol yn hanes y byd. Bu'n dyst i fywyd a gweinidogaeth yr Arglwydd Iesu; ac wedi'r atgyfodiad a'r esgyniad, ef a ystyriwyd y cyntaf a'r pwysicaf o'r apostolion yn ystod y degawdau dilynol hyd at ei ferthyrdod yn Rhufain tua'r flwyddyn OC 65. Yn ystod teyrnasiad yr Ymerawdwr Nero, bu erledigaeth chwerw ar Gristnogion yn Rhufain rhwng OC 64 a 68; a rhywbryd rhwng y dyddiadau hynny y merthyrwyd Pedr.

Yn y Testament Newydd – yr efengylau, yr Actau a'r epistolau – ceir darluniau amrywiol o Pedr: pysgotwr, disgybl, cenhadwr, bugail eneidiau, arweinydd, iachawr a merthyr. Fe'i dangosir yn gymeriad cryf ond byrbwyll, ffyddlon ond anwadal, annwyl ond ystyfnig. Ceir mwy o gyfeiriadau ato ef na'r un arall o'r apostolion – bron i ddau gant o gyfeiriadau. Mae gan naw o'r saith llyfr ar hugain sydd yn y Testament Newydd rywbeth i'w ddweud am Pedr. Gan na wnaeth Pedr, yn wahanol i Paul, adael casgliad mawr o lythyrau ar ei ôl, y mae tuedd iddo gael ei ystyried yn llai pwysig na Paul. Camgymeriad yw hynny. Priodolir dau lythyr iddo, sef y Llythyr Cyntaf ac Ail Lythyr Pedr, er nad yw pawb yn gytûn mai o law Pedr ei hun y daeth y gweithiau hyn.

Y Pysgotwr o Bethsaida
Gellir casglu rhyw gymaint o wybodaeth am gefndir Pedr o ddarllen amrywiol adroddiadau'r efengylau am ei alwad. Mae disgrifiadau Mathew, Marc a Luc yn hynod debyg, ond bod Luc yn dewis cynnwys gwyrth yr helfa bysgod yn ei fersiwn ef (Luc 5:1–11). Mae Ioan yn dilyn

traddodiad gwahanol gan roi lle amlwg i Ioan Fedyddiwr ac Andreas, brawd Simon Pedr.

Pysgotwr oedd Ioan (neu Jona), tad Pedr ac Andreas, yn berchen ar ei gwch (o bosib, ei gychod) ei hun ac yn cyflogi gweision. Yn ôl Efengyl Ioan 1:44, hanai'r teulu o Bethsaida, tref ar lan ogleddol Môr Galilea, ardal dros y ffin y cyfeirir ati fel 'Galilea'r Cenhedloedd' (Es. 9:1; Mth. 4:15). Er ei bod yn ddinas Iddewig ei naws, roedd nifer helaeth o'i phobl yn siarad Groeg, a gellid tybio fod Pedr ac Andreas wedi eu magu'n ddwyieithog ac yn hyddysg yn yr iaith Roeg yn ogystal â'r Aramaeg. Ystyr y gair 'Bethsaida' yw 'tŷ pysgota', a gellir tybio mai pysgota oedd prif ddiwydiant y lle. Arwydd o'i phwysigrwydd, yn fasnachol ac yn weinyddol, oedd i'r Tetrarch Philip, mab Herod Fawr, roi i Fethsaida statws dinas yn y flwyddyn 4 cc a rhoi iddi'r enw Julias, ar ôl merch yr Ymerawdwr Awgwstws. Ond i'r Iddewon, Bethsaida oedd gwir enw'r ddinas. Safai ar un o lwybrau masnach pwysicaf y Dwyrain Canol, y Via Maris, gyda marsiandwyr yn teithio drwyddi yn ôl a blaen rhwng y dwyrain a'r gorllewin.

O gofio fod busnes teulu Ioan a'i feibion Pedr ac Andreas wedi ei ganoli mewn dinas a phorthladd mor bwysig, camgymeriad yw tybio eu bod yn werinwyr tlawd ac annysgedig. Yn draddodiadol, bu tuedd i feddwl am ddisgyblion Iesu fel pobl gyffredin a ddyrchafwyd o blith y werin ddifreintiedig i fod yn ddisgyblion i Fab Duw ac yn gyfryngau ei deyrnas ef yn y byd. Camarweiniol yw'r darlun o Pedr fel y pysgotwr syml diddysg o'r dosbarth gweithiol a ddewiswyd gan Iesu i ddibenion aruchel.

Er mai ag acen Galilea y siaradai (Mth. 26:73) byddai Pedr, o gael ei fagu mewn dinas gosmopolitaidd fel Bethsaida, bron yn sicr o fod yn ddwyieithog. Y mae gwaith archeolegol diweddar yn et-Tell, safle'r hen Fethsaida, wedi dangos yn glir pa mor brysur a phwysig oedd y porthladd. Roedd yno ugain harbwr a llynnoedd pysgod, gweithdai adeiladu a thrwsio cychod, halendai yn darparu halen i allforio pysgod, a marchnadoedd yn prynu a gwerthu pysgod o bob math, i'w cludo i drefi Galilea ond hefyd i siopa pysgod Jerwsalem a gwersylloedd milwrol y Rhufeiniaid. Gyda'r galw mawr am bysgod, nid yw'n syndod fod Sebedeus a'i ddau fab Iago ac Ioan yn cyflogi gweision (Mc. 1:20). Mae'n bur debyg fod Ioan, a'i feibion Simon ac Andreas, yn berchen ar fusnes yr un mor llwyddiannus, a bod ganddynt gychod pysgota yn Capernaum yn ogystal â Bethsaida.

Rhywbryd wedi ei gyfarfyddiad â Iesu, roedd Pedr wedi symud i Gapernaum, tref arall ar lan ogleddol Môr Galilea, heb fod ymhell oddi wrth Bethsaida. Mae'n bosibl iddo symud yno i oruchwylio busnes ei dad, ac oherwydd mai yno hefyd yr oedd cartref ei wraig. Tra oedd Iesu'n aros yn nhŷ Simon ac Andreas, iachaodd fam-yng-nghyfraith Pedr a oedd yn gorwedd yn wael dan dwymyn (1:29–31). Mae'r unig gyfeiriad arall at wraig Pedr yn y Testament Newydd yn dangos y byddai'n mynd gydag ef ar rai o'i deithiau cenhadol. Meddai Paul, 'Onid oes gennym hawl i fynd â gwraig sy'n Gristion o gwmpas gyda ni, fel y gwna'r apostolion eraill, a brodyr yr Arglwydd, a Ceffas?' (1 Cor. 9:5). Dywed Clement o Alexandria (OC 150–215) iddi gael ei hiacháu o'r parlys ac iddi wedyn gael ei merthyru; ond mae'r hanesion hyn yn sawru o'r chwedlonol, fel y mae'r hanes am eu merch, Petronilla.

Enw newydd a gwaith newydd

Enw Pedr a welir gyntaf ym mhob rhestr o ddisgyblion Iesu, ac wrth yr enw hwn yr adwaenir ef orau fel arweinydd y Deuddeg. Ond y mae iddo dri enw yn y Testament Newydd. Yn hanes ei alwad a'i gyfarfyddiad â Iesu, cyfeirir ato fel *Simon* (Mc. 1:16; In. 40–41). 'Simon a elwid Pedr' yw disgrifiad Mathew ohono (Mth. 4:18). Dyna oedd ei enw Iddewig gwreiddiol a'r enw a ddefnyddid mewn cyfeiriadau personol ac amgylchiadau cyfarwydd. Cyfeirir at dŷ Simon (Mc. 1:29) a chwch Simon (Lc. 5:3); Simon a elwir i ollwng y rhwydau i'r dŵr dwfn (5:4); Simon yw'r enw a ddefnyddir gan Iesu wrth ei gymeradwyo am ei gyffes yng Nghesarea Philipi (Mth. 16:17) ac wrth ei geryddu yng Ngardd Gethsemane (Mc. 14:37); i dŷ Simon yr anfonir Cornelius; a Simon oedd yr enw a ddeuai'n naturiol o enau ei berthnasau a'i ffrindiau.

Ceir yn y Testament Newydd ddwy enghraifft o'r defnydd o ffurf Hebraeg yr enw Simon, sef *Simeon*: y tro cyntaf gan Iago yn ystod Cyngor

Jerwsalem (Act. 15:14), a'r eildro yn yr ail lythyr sydd yn enw Pedr (2 Pedr 1:1). Gan mai *Simeon* oedd ffurf wreiddiol Hebreig ei enw, roedd yn naturiol i'w gyd-Iddewon, ac i aelodau'r eglwys yn Jerwsalem, gyfarch Pedr a chyfeirio ato fel Simeon. Ond sut y cafodd yr enw *Pedr?*

Iesu ei hun roddodd iddo'r enw newydd hwnnw (Mc. 3:16; Lc. 6:14). Yn Efengyl Ioan y ceir y disgrifiad llawnaf o ail-enwi Pedr. Pan ddaeth Andreas â'i frawd Simon at Iesu, meddai Iesu wrtho, "'Ti yw Simon fab Ioan; dy enw fydd Ceffas" (enw a gyfieithir Pedr)' (In. 1:42). Dwy ffurf wahanol ar yr un gair yw Ceffas a Pedr, y ddau air yn golygu *craig* – *Pedr* yw'r ffurf Roeg am graig a *Ceffas* yw'r ffurf Aramaeg. Yn yr hen fyd yr oedd yn gyffredin i bobl gael dau enw – enw Groeg ac enw yn eu hiaith frodorol. Yr enw Groeg a ddefnyddid i drafod materion busnes a masnach, a'r enw brodorol a ddefnyddid o fewn teulu ac ymhlith ffrindiau.

Y mae cyferbyniad diddorol rhwng y ddau enw *Simon* a *Pedr*. Mae mwy nag un ystyr i'r enw Simon, ond mae rhai esbonwyr yn gweld arwyddocâd i'r ffaith fod yr enw'n cyfateb i'r gair *corsen* mewn Aramaeg. Mae corsen yn dal ac unionsyth ond yn siglo yn y gwynt, ac yn dueddol o blygu a thorri mewn gwynt cryf. Roedd Pedr yn gymeriad unionsyth, ond gan ei fod yn dueddol o gael ei siglo gan bob gwynt gallai fod yn frwd ac yn eiddgar ond hefyd yn fyrbwyll.

Ystyr y gair *Pedr*, ar y llaw arall, yw *craig*. Mae Iesu fel pe bai'n dweud wrth Simon Pedr, 'Hyd yma, rwyt ti wedi bod fel corsen ysig, yn siglo'n ôl a blaen ac yn plygu gyda phob gwynt; ond os byddi'n fy nilyn i ac yn dysgu gennyf gallaf dy wneud yn gryf ac yn gadarn fel craig.'

Yn yr Hen Destament, yr oedd newid enw'n cynrychioli newid perthynas â Duw. Trodd *Jacob* yn *Israel* (Gen. 32:28) a throdd *Abram* yn *Abraham* (17:5), i ddynodi bod newid wedi digwydd yn eu bywydau oherwydd ymwneud Duw â nhw. Yn yr un modd, dan ddylanwad Iesu daw person yn greadur newydd. Mae Iesu'n gweld y potensial sydd ym mhob un.

Edrychodd ar Pedr, a gwelodd ynddo'r hyn y gallai fod – craig y gallai adeiladu ei Eglwys arni. Yn yr un modd, mae Iesu'n gweld ynom ni nid yn unig yr hyn ydym, ond yr hyn y gallem fod o'i dderbyn a'i ddilyn ef.

Gweld y person allanol a wnawn ni; ond mae Iesu'n gweld y person mewnol hefyd. Nid wyneb dyn yn unig a wêl Iesu ond ei galon hefyd. Pan gyfarfu Iesu â Pedr, gwelodd y person fel yr oedd; ond gwelodd hefyd yr hyn y gallai fod. Gwelai ddau berson – y Simon byrbwyll, anwadal, gwan, yn plygu fel corsen ysig yn y gwynt, a'r Pedr cadarn, diysgog, dibynnol, ffyddlon. Roedd fel petai'n dweud wrtho, 'Ti yw Simon, ond rwyf fi am roi enw arall arnat – Ceffas – am fy mod i'n gweld ynot ti bosibilrwydd dyn newydd gwahanol, cryf.'

Yr oedd Pedr yn bysgotwr; yr oedd hefyd yn Alilead. Bu'r hanesydd Joseffus yn llywodraethwr Galilea am gyfnod, a dywed ef fod y Galileaid yn bobl flaengar, parod i dderbyn syniadau newydd, tueddol o fod yn wyllt eu tymer ac yn ddadleugar, ond enwog am eu dewrder a'u hysbryd anturus. Roedd Pedr yn ymgorfforiad o'r cymeriad Galileaidd.

Yr alwad fawr

Yn ôl Mathew a Marc, y pedwar disgybl cyntaf i'w galw oedd y ddau frawd Simon Pedr ac Andreas, meibion Ioan, a'r ddau frawd Iago ac Ioan, meibion Sebedeus – y ddau gyntaf yn bwrw eu rhwydau i'r môr, a'r ddau olaf wrthi'n cyweirio'u rhwydau pan alwodd Iesu hwy. 'Dewch ar fy ôl i,' meddai Iesu, 'ac fe'ch gwnaf yn bysgotwyr dynion.' Yn ôl adroddiad Marc, ymatebodd y pedwar ar unwaith, heb oedi nac ymholi. O gofio bod eu hamgylchiadau fel pysgotwyr yn gyfforddus a'u busnes yn ffyniannus, nid yw'n hawdd deall pam y bu iddynt ateb galwad Iesu a gadael eu rhwydau 'ar unwaith a'i ganlyn ef' (Mth. 4:20). Ceir awgrym o edliw yng ngeiriau Pedr yn ddiweddarach: 'Dyma ni wedi gadael pob peth ac wedi dy ganlyn di' (Mc. 10:28), a does dim cwestiwn am faint ei aberth ef a'i frawd Andreas, ac aberth Iago ac Ioan hwythau. Ceir sawl esboniad ar eu penderfyniad i gefnu ar eu cychod a'u rhwydau er mwyn mentro dilyn Iesu.

Yn ôl I. D. Hooson yn ei gerdd *Simon Fab Jona,* swyn, gwedd a mwynder llais Iesu a ddenodd Simon Pedr ar ei ôl:

Gwelais ei wyneb a chlywais ei lef,
A rhaid, a rhaid oedd ei ddilyn Ef.
Cryfach a thaerach yr alwad hon
A mwynach, mil mwynach na galwad y don...

Nid yw'n amhosibl fod Simon Pedr wedi cael ei gyfareddu gan berson a dylanwad personol Iesu nes iddo benderfynu yn y fan a'r lle ei fod am ei ddilyn. Yn wir, yr unig reswm digonol dros dderbyn a dilyn Iesu ym mhob oes yw atyniad ei berson ac awdurdod ei alwad.

Wedi dweud hynny, mae'n bosibl fod Simon Pedr ac Andreas, a'r brodyr Iago ac Ioan, wedi cyfarfod â Iesu a gwrando arno'n siarad â'r bobl cyn iddo eu galw i adael popeth a'i ddilyn. Yn ôl adroddiad Ioan (In. 1:35–42), yr oedd dau ohonynt, os nad y pedwar, yn ddilynwyr i Ioan Fedyddiwr ac wedi cyfarfod â Iesu yn ei gwmni ef: 'Trannoeth yr oedd Ioan yn sefyll eto gyda dau o'i ddisgyblion, ac wrth wylio Iesu'n cerdded heibio meddai, "Dyma Oen Duw!" Clywodd ei ddau ddisgybl ef yn dweud hyn, ac aethant i ganlyn Iesu' (1:35–37). Mae adroddiad Ioan yn mynd ymlaen i ddweud fod y ddau hyn wedi treulio'r diwrnod yng nghwmni Iesu, ac mai Andreas oedd un o'r ddau a'i fod yntau wedi dod o hyd i'w frawd Simon a'i gymell i ddod i gyfarfod â'r proffwyd rhyfeddol hwn.

Gwelwn oddi wrth ddisgrifiad Ioan nad oedd ufudd-dod y pedwar i alwad Iesu mor sydyn ag y gellid tybio ar sail yr efengylau eraill, ond nid oedd mymryn llai rhyfeddol. Yr hyn sy'n arwyddocaol yn nisgrifiad Ioan yw rôl Andreas. Ychydig iawn a wyddom amdano. Cyfeirir ato dro ar ôl tro fel *brawd Simon Pedr.* Fe'i gwelir o hyd yng nghysgod ei frawd enwog. Deirgwaith yn yr efengylau y gwelir Andreas yn cael lle blaenllaw – y cyfeiriad hwn ato'n dod â'i frawd at Iesu; yr hanes amdano'n dod â'r bachgen a'i bum torth a'i ddau bysgodyn at Iesu (6:8–9), a'r achlysur pan gyflwynodd grŵp o Roegiaid chwilfrydig i Iesu (12:22). Fe welir mai tywys eraill at Iesu yw cyfraniad unigryw Andreas bob tro, ac oherwydd hynny fe'i hystyrir yn nawddsant cenhadon a chenhadu. Wedi dod yn gyfaill i Iesu ei hun, rhaid oedd cyflwyno eraill i'r Cyfaill dwyfol. Ni allai gadw'r newyddion da iddo'i hunan; roedd rhaid i Ioan ei rhannu.

Er mor ddi-nod yw Andreas, a fyddai gan yr Eglwys yr Apostol Pedr oni bai amdano ef? Dylanwad ei fam, Monica, a barodd newid yng nghalon ac ym mywyd Awstin Sant. Gwrando ar bregethwr syml, diddysg, nad oes sicrwydd o'i enw, a fu'n foddion tröedigaeth C. H. Spurgeon. Y mae'r rhai distadl sy'n dweud gair dros Iesu wrth gyfeillion, neu'n estyn llaw i wneud cymwynas i rai mewn angen, yn adlewyrchu cariad Duw. Gŵr gostyngedig oedd Andreas, yn barod i fod yn ail i'w frawd, ond yn awyddus bob amser i gymell eraill i ddod at Iesu.

Pan ddaeth â'i frawd Simon at Iesu, meddai Ioan, 'Edrychodd Iesu arno' (1:42). Mae'r gair 'edrychodd' yn cyfleu'r syniad o edrych yn graff a threiddgar. Nid gweld yr hyn sydd ar y wyneb yn unig, ond gweld i ddirgelion calon ac enaid. A'r hyn a welai Iesu oedd posibiliadau craig gadarn y gallai adeiladu ei Eglwys arni. Yr un edrychiad dwys ond cariadus a yrrodd Pedr allan i wylo'n chwerw wedi iddo wadu Iesu yn llys yr archoffeiriad (Lc. 22:61–62).

Byw yng ngoleuni edrychiad Crist fyddai hanes Pedr gydol ei yrfa. Yn ei alwad, mae Iesu'n gwneud dau beth – gorchymyn a chynnig. Y gorchymyn yw, 'dewch ar fy ôl i'. Y cynnig yw, 'fe'ch gwnaf'. I ni, fel i Simon Pedr, mae dwy wedd i'r Efengyl. Y mae yna orchymyn i *ddilyn*; nid i dderbyn cyffes ffydd nac i blygu i drefn eglwysig arbennig, ond i ddilyn *person,* sef yr Arglwydd Iesu Grist. Ond gyda'r gorchymyn y mae *cynnig*; mae Iesu'n cynnig ein gwneud yr hyn y mae ef yn dymuno i ni fod – pysgotwyr dynion, gweision cydwybodol iddo yn ei Eglwys ac yn ei fyd, tystion i'w Efengyl, pobl ddefnyddiol yn ein cymdogaeth, cyfeillion ffyddlon, rhieni doeth a chariadus, halen y ddaear a goleuni yn y byd.

19

Cwestiynau i'w trafod:

1. Beth a barodd i Simon Pedr ac Andreas ymateb mor barod i alwad Iesu?

2. A yw'r syniad o fod yn bysgotwyr dynion yn ystyrlon i'r Eglwys yn ein hoes ni?

3. Beth a welai Iesu yng nghymeriad Pedr a barodd iddo gredu y byddai'n datblygu yn 'Graig'?

ALLAN I'R DŴR DWFN

Luc 5:1–11 (Cymh. Ioan 21:1–14)

Yn wahanol i Mathew a Marc, mae Luc yn dewis cynnwys stori'r helfa bysgod yn ei fersiwn ef o alwad y disgyblion cyntaf. Yn wir, prin ganddo yw unrhyw gyfeiriad at Iesu'n galw'r pysgotwyr i'w ddilyn. Yn Efengyl Luc, mae Iesu'n eu hannog i fynd allan i'r dŵr dwfn a gollwng eu rhwydau am ddalfa. Simon Pedr yw'r ffigur amlycaf yn yr hanes, ac ef sy'n protestio gan ddweud eu bod wedi pysgota trwy'r nos ond heb ddal dim. Ond i Luc, amcan yr hanes yw pwysleisio'u galwad i fod yn bysgotwyr dynion. 'Ac meddai Iesu wrth Simon, "Paid ag ofni; o hyn allan dal dynion y byddi di"' (Lc. 5:10). Mae Efengyl Ioan yn gosod yr hanesyn hwn ymysg ymddangosiadau Iesu wedi ei atgyfodiad (In. 21:1–14). Oherwydd y tebygrwydd rhwng y ddau naratif, mae mwyafrif yr esbonwyr wedi dadlau mai'r un hanesyn yn y gwraidd sydd gan Luc ac Ioan, ond ei fod wedi ei addasu a'i ddefnyddio gan y ddau awdur i ddibenion gwahanol. Ar air Iesu, mae'r pysgotwyr yn bwrw eu rhwydau i'r môr; ac yn groes i bob disgwyliad yn cael dalfa fawr o bysgod.

Dwy fersiwn o'r un stori

Ar y llaw arall, mae fersiwn Ioan yn llawnach ac yn cynnwys cyfeiriadau ychwanegol at yr hyn sydd gan Luc. Dywed Ioan fod wyth o'r disgyblion wedi cytuno â'i gilydd i fynd i bysgota, ond iddynt fethu dal dim. Pan ddaeth y bore, gwelsant Iesu'n sefyll ar y lan, ond heb wybod mai Iesu ydoedd. O weld nad oeddent wedi dal yr un pysgodyn, dywedodd wrthynt am fwrw rhwyd i'r ochr dde i'r cwch. Wedi gwneud hynny, cawsant y fath ddalfa fel na allent dynnu'r rhwyd i'r lan. O sylweddoli mai'r Iesu atgyfodedig oedd yn eu disgwyl ar y lan, neidiodd Simon Pedr yn ei frwdfrydedd a'i frys i'r môr, er mwyn mynd ato. Wedi i'r cwch ddod i'r lan, dringodd Pedr yn ôl iddo er mwyn helpu i dynnu'r rhwyd i'r lan. Dywed Ioan fod 'cant pum deg a thri' o bysgod yn y rhwyd (21:11). O gofio hoffter Ioan o symbolau, mae'n rhaid bod rhyw arwyddocâd symbolaidd i'r rhif. Er enghraifft, credai Cyril o Alecsandria fod y rhif yn cynrychioli tri pheth: y cant, holl genhedloedd y ddaear; yr hanner cant, gweddill Israel a fyddai'n derbyn Iesu yn Feseia, a'r tri, y Drindod Sanctaidd. Roedd eglurhad Ierôm Sant yn llai ffansïol, sef mai 153 oedd cyfanswm y gwahanol fathau o bysgod yn y môr, a'u bod yn cynrychioli holl genhedloedd y ddaear. Beth bynnag oedd ystyr symbolaidd y rhif, roedd yn sicrhau'r disgyblion y byddai nifer fawr iawn o bobl o bob cenedl dan haul yn dod i mewn i'r Eglwys mewn ymateb i'w cenhadaeth hwy fel disgyblion y Crist byw.

Yn y cyfeiriad at y rhwyd, ceir awgrym o symbol arall llawn o ystyr. Er cynifer o bysgod a gaed, 'ni thorrodd y rhwyd' (21:11). Dyna ffordd gynnil Ioan o ddweud fod Eglwys Iesu Grist yn ddigon mawr i gynnwys pawb; yn ddigon eang i dderbyn pobl o bob cenedl; ac yn ddigon llydan i dderbyn pawb o bob lliw a llun, o bob hil ac iaith. Nodir mai Pedr a dynnodd y rhwyd i'r lan, yn awgrymu mai ef fyddai'n arwain cenhadaeth yr Eglwys Fore.

Roedd Iesu eisoes wedi cynnau tân golosg, a gwahoddodd y disgyblion i ymuno ag ef mewn pryd o fara a physgod. Ychydig ddyddiau ynghynt, roedd Iesu wedi rhannu bara a gwin â'i ddisgyblion yn yr oruwchystafell. Roedd y wledd hon ar lan y môr yn arwydd iddynt o'u cymundeb cyson â'r Crist byw. Rhoddodd iddynt gomisiwn i gyhoeddi Efengyl ei gariad i'r holl fyd; i gofio ei fod bob amser gyda hwy yn y gwaith ac yn eu gwahodd i dderbyn maeth wrth ei fwrdd; ac i edrych ymlaen hefyd at ddod i mewn 'i wledd briodas yr Oen' (Dat. 19:9) pan ddeuai 'rhai o'r dwyrain a'r gorllewin ac o'r gogledd a'r de, a chymryd eu lle yn y wledd yn nheyrnas Dduw' (Lc. 13:29).

Mae'r fersiwn lawnach hon o'r stori yn peri i rai esbonwyr ddadlau mai digwyddiad gwahanol sydd gan Ioan i'r un a adroddir gan Luc. Ond yr un digwyddiad neu beidio, mae Luc ac Ioan yn defnyddio'r stori i ddibenion cenhadol. I Luc, mae hanes yr helfa fawr o bysgod yn cynrychioli'r genhadaeth fawr sy'n wynebu Simon Pedr a'i ffrindiau, sef bod yn bysgotwyr dynion. I Ioan, mae'r hanes yn alegori, gyda'r helfa bysgod yn cynrychioli'r holl genhedloedd a fydd yn ymateb i genhadaeth y disgyblion wrth iddynt wynebu eu tasg enfawr o ennill y byd i Grist. Y mae hefyd yn eu sicrhau o addewid Iesu y byddai eu gwaith yn llwyddo ac y byddai'r Crist byw gyda hwy yng nghanol her a pheryglon y gwaith wedi'r atgyfodiad.

Benthyg cwch Simon

O ran ein hastudiaeth ni, yr hyn sydd o'r pwys mwyaf yw bod i Simon Pedr le canolog yn y ddwy fersiwn. Yn Efengyl Luc, defnyddio un o gychod Simon a wna Iesu i ddysgu'r tyrfaoedd. Simon sy'n cwestiynu gorchymyn Iesu iddynt fynd allan eilwaith i fwrw eu rhwydau i'r môr. Simon sy'n syrthio ar ei liniau mewn edifeirwch gerbron Iesu ac yn cael gan Luc ei ddau enw, Simon Pedr (5:8). Ac wrth Simon yn benodol y mae Iesu'n datgan y byddai o hynny allan yn dal dynion.

O fewn ychydig eiriau mae Luc yn darlunio, mewn ffordd fyw a gafaelgar, yr olygfa ar lan y llyn. Defnyddia'r enw *Llyn Genesaret* am Fôr Galilea: enw am wastadedd prydferth glan orllewinol y llyn a olygai 'yr ardd doreithiog'. Ar y lan y mae Iesu'n pregethu i dyrfa o bobl sy'n gwasgu arno. Mae'n gweld dau gwch ac yn gofyn am gael defnyddio un ohonynt yn bulpud i ddysgu'r bobl. Yn fuan iawn yn ei weinidogaeth, byddai Iesu'n cael ei wahardd rhag pregethu yn y synagogau a byddai'n rhaid iddo fodloni ar ddysgu ar ochr mynydd, yng nghartrefi ei ffrindiau, neu ar lan y môr. Dyna fyddai hanes yr Eglwys Fore wrth iddi ymestyn allan i'r byd. A dyna hefyd fyddai'n digwydd mewn cyfnodau o erlid neu o ddiwygiad. Yn y priffyrdd a'r caeau, y marchnadoedd a'r ffeiriau, ffermdai, ogofau a bythynnod yr oedd mannau cyfarfod a phregethu pan fyddai drysau eglwysi sefydliadol ar gau, fel yn hanes yr hen Biwritaniaid ac yng ngwres Diwygiad Efengylaidd y ddeunawfed ganrif.

Gan mai darlun symbolaidd yw'r hanesyn hwn o'r dasg genhadol a fyddai'n wynebu'r disgyblion wrth ddilyn Iesu, gwelwn ynddo hefyd rai amodau cenhadu effeithiol ym mhob cyfnod. *Un yw'r parodrwydd i ni roi ein hunain a'n heiddo at wasanaeth Iesu.* Mae'r ffaith fod Iesu'n gofyn am fenthyg cwch Simon yn awgrymu eu bod eisoes yn adnabod ei gilydd. Ond gallwn ddychmygu'r balchder a deimlai Simon fod Iesu wedi gofyn am gael benthyg ei gwch. Bu allan trwy'r nos yn pysgota ond heb ddal dim. Yr oedd pysgotwyr eraill gydag ef, ond Simon yn unig a enwir. Cyfeirir atynt yn golchi eu rhwydau wedi noson siomedig ac yn sylwi fod tyrfa wedi ymgasglu ar lan y llyn a bod y proffwyd Iesu yn eu hannerch.

Daeth Iesu at Simon a gofyn am gael defnyddio'i gwch i ddysgu'r bobl. Dichon fod Simon wrth ei fodd – ei gwch ef yn bulpud i'r athro; yn eiddo dros dro i'r Meistr ei hun. Ceir enghreifftiau eraill yn yr efengylau o Iesu'n benthyg pethau er mwyn cyflawni ei weinidogaeth. Benthycodd ystafell mewn tŷ yn Jerwsalem i gynnal Gŵyl y Pasg gyda'i ddisgyblion. Benthycodd ebol asyn i arddangos, trwy gyfrwng dameg actol, natur ei frenhiniaeth – tywysog tangnefedd yn marchogaeth i ddinas Jerwsalem, nid ar geffyl gwyn fel brenin milwriaethus ond mewn symlrwydd a gostyngeiddrwydd. Yn yn y diwedd bu'n rhaid iddo fenthyg bedd Joseff o Arimathea i ddisgwyl buddugoliaeth fawr y trydydd dydd.

Yn yr un modd, mae Iesu'n gofyn am ein gwasanaeth a'n hymgysegriad ninnau iddo ef ac i waith ei deyrnas. Mae'n gofyn am ein hamser, ein harian, ein doniau a'n talentau ninnau. Meddai'r Santes Theresa o Avila, 'Nid oes ddwylo gan Grist ond ein dwylo ni i wneuthur ei waith yn awr'. Bu'r emynyddes Frances Ridley Havergal yn byw am rai blynyddoedd ym Mro Gŵyr, ond ar aelwyd un o'i chyfeillion yn Llundain y cyfansoddodd ei hemyn mawr, 'Cymer, Arglwydd, f'einioes i', a gyfieithwyd i'r Gymraeg gan Syr John Morris-Jones. Yn yr emyn, mae'n gofyn i Dduw gymryd ei heinioes, ei hamser, ei dwylo, ei dau droed, ei llais, ei harian, ei chyneddfau, ei chalon a'i serchiadau, a'u gwneud yn eiddo llwyr iddo'i hun. Dywedir i'r emyn adlewyrchu ei bywyd a'i hymrwymiad llwyr i Grist. Byddai'n rhoi yn helaeth o'i hamser, ei doniau, a'i chyfoeth i wasanaeth yr Eglwys a'r Genhadaeth Dramor. I'r graddau yr ydym ninnau'n barod i'n hildio ein hunain, ein heiddo a'n hamser, i wasanaeth yr Arglwydd Iesu y byddwn yn gyfryngau effeithiol i'w genhadaeth yn y byd.

Amod arall cenhadu effeithiol yw *ceisio ewyllys ac arweiniad Iesu*. Roedd Simon yn barod iawn i Iesu ddefnyddio'i gwch yn bulpud, ond pan ddywedodd wrtho, 'Dos allan i'r dŵr dwfn, a gollwng eich rhwydau am ddalfa' (5:4), protestiodd a mynnu eu bod wedi llafurio ar hyd y nos heb ddal dim. Pwy oedd y proffwyd hwn o saer i ddweud wrthyn nhw sut i wneud eu gwaith fel pysgotwyr? Gallai Simon fod wedi dadlau efo Iesu, ond yn lle hynny penderfynodd roi cynnig arall arni. 'Ar dy air di mi ollyngaf y rhwydau' (5:5). Roedd canlyniad ei ufudd-dod i ewyllys ac arweiniad ei Arglwydd yn gwbl syfrdanol: 'A daliasant nifer enfawr o bysgod, nes bod eu rhwydau bron â rhwygo' (5:6).

Y mae pob cenhadu effeithiol yn deillio o geisio ewyllys Duw ac ymddiried ein hymdrechion i'w arweiniad ef. Rhoddir pwys enfawr heddiw yn eglwysi'r Gorllewin ar ddefnyddio cyfryngau cymdeithasol a thechnolegol modern i efengylu. Cynhelir seminarau a chynadleddau i gyflwyno'r dechnoleg fwyaf diweddar, a gwerir arian mawr i brynu offer newydd a chymhleth. Ond prin iawn yw'r canlyniadau, ac ychydig yw'r nifer y llwyddir i'w hennill i Grist. Mewn cyferbyniad, nid oes gan eglwysi'r Trydydd Byd mo'r arian na'r adnoddau i brynu offer newydd drudfawr, nac ychwaith i elwa ar ddulliau 'modern' o gyflwyno'r Ffydd. Yn eu tlodi a'u gwendid, rhaid iddynt bwyso'n unig ar weddi ac ar geisio ewyllys ac arweiniad eu Harglwydd. Mae'r canlyniadau'n rhyfeddol, a Christnogaeth yn ymledu'n gyflym yng ngwledydd tlawd Affrica, Asia a De America.

'Dos allan i'r dŵr dwfn', meddai Iesu wrth Simon. Pan welodd Simon y nifer enfawr o bysgod a ddaliwyd, teimlai gywilydd ei fod wedi amau cyngor y Meistr a syrthiodd ar ei liniau mewn edifeirwch: 'Dyn pechadurus wyf fi, Arglwydd,' (5:8). Gallai'r gair *Arglwydd* fod yn derm cwrtais yn unig, fel y gair 'Syr', neu fe allai olygu un ag awdurdod arbennig ganddo. Hwn oedd y gair a ddefnyddid gan yr Eglwys Fore i ddisgrifio Iesu Grist.

'Crist yw'r Arglwydd' oedd credo cynta'r Eglwys, ac yr oedd dweud hynny bron yn gyfystyr â'i alw'n Dduw. Prin fod Pedr yn ymwybodol ar y pryd o ystyr dyfnaf yr ymadrodd, ond daeth y gair yn naturiol i'w feddwl wrth iddo weld gallu rhyfeddol Iesu ar waith. Wyneb yn wyneb â gallu a chariad Iesu, daeth Simon yn ymwybodol o'i annheilyngdod a'i fethiant.

Mentro a disgwyl

Trydydd amod cenhadu effeithiol yw'r *parodrwydd i fentro, hyd yn oed yn wyneb yr hyn sy'n ymddangos yn amhosibl*. Fel pysgotwr profiadol, credai Simon mai gwastraff amser fyddai rhoi cynnig arall ar bysgota, yn enwedig a hithau'n ddydd. Y nos oedd yr amser i bysgota. Ond roedd Pedr yn barod i fentro: 'ar dy air di mi ollyngaf y rhwydau' (5:5).

Mae cenhadu effeithiol yn dibynnu ar geisio ewyllys ac arweiniad Duw. Rhaid wrth y dimensiwn dwyfol. Ond rhaid hefyd wrth yr ysbryd dynol mentrus. Heb barodrwydd i dorchi llewys a bwrw i'r gwaith – er i'r amgylchiadau ymddangos yn anffafriol – ni ddigwydd dim. Cyn i William Carey, a adwaenir fel sylfaenydd y genhadaeth dramor, gychwyn ar ei daith arloesol i'r India, cyfarfu â grŵp o weinidogion i ofyn am eu cefnogaeth a'u gweddïau. Eglurodd y pwysigrwydd o ufuddhau i gomisiwn cenhadol Iesu i fynd i'r holl fyd i bregethu'r Efengyl, a'r pwysigrwydd o ddisgwyl i Dduw arddel a bendithio'r gwaith. Ei egwyddor fawr oedd, 'Mentrwch bethau mawr er mwyn Duw; disgwyliwch bethau mawr oddi wrth |Dduw'.

Pa mor aml y buom ni'n euog o wneud dim am fod amgylchiadau'n ymddangos yn anffafriol, neu am nad oedd yr amser yn addas, neu am fod gennym ofn methu? Pa mor aml y cawsom ein hatal gan y lleisiau negyddol: 'Waeth i chi heb!' 'Weithith hi ddim!' 'Difaru wnewch chi?' Pe baem yn gwrando ar ein hofnau a'n hamheuon ein hunain, neu ar farn negyddol pobl eraill, byddem yn rhoi'r gorau i ambell fenter cyn cychwyn. Pe baem yn dibynnu ar weld ffrwyth ein llafur byddem yn digalonni'n fuan iawn. Mor aml y perswadiwn ein hunain mai gwneud dim yw'r peth mwyaf diogel, ond canlyniad *gwneud* dim yw *cyflawni* dim. Ac o wneud dim rhoddwn rwydd hynt i bwerau drygioni gael eu ffordd. Edmund Burke a rybuddiodd mai'r unig beth oedd ei angen er mwyn i ddrygioni lwyddo yn y byd oedd i bobl dda wneud dim. Os ydym am weld achos Iesu Grist yn llwyddo rhaid ymddiried yn ei addewid ac ymateb i'w alwad i fentro'r i'r dwfn.

Ni ddywedir yn bendant mai gwyrth oedd y digwyddiad hwn. Mae'n berffaith bosibl fod Iesu wedi digwydd sylwi ar haig fawr o bysgod nad oedd neb arall wedi ei gweld dan wyneb y dŵr. Ond mae Luc yn cyflwyno'r hanes fel gwyrth, nid yn unig i ddangos gallu ac awdurdod Iesu dros bwerau natur, ond i ddangos fod Iesu ei hun wedi cael dalfa fawr y diwrnod hwnnw, sef dal Simon Pedr a'i gyfeillion i fod yn ddisgyblion iddo. Mae'r wyrth ar y môr yn arwain at y wyrth ysbrydol a gyflawnodd Iesu wrth ennill pysgotwyr cyffredin a'u troi yn fath gwahanol o bysgotwyr, sef pysgotwyr dynion. Fel y sylwyd eisoes, wrth Simon Pedr y dywedodd Iesu, 'Paid ag ofni; o hyn allan dal dynion y byddi' (5:10).

Trwy'r hanes cyfan, dim ond Simon a enwir. Ond wedi iddynt weld y llwyth o bysgod a ddaliwyd, cyfeirir at 'Iago ac Ioan, meibion Sebedeus, a oedd yn bartneriaid i Simon' (5:10). Gan fod y wyrth hon wedi ei phlethu gan Luc i mewn i hanes galw'r disgyblion cyntaf, mae'n werth sylwi mai Pedr sy'n cael y lle amlycaf yn yr hanes. Yn y gŵr brwd, eiddgar, byrbwyll hwn gwelai Iesu bosibiliadau cymeriad cadarn ac arweinydd effeithiol yn ei Eglwys. Ond erbyn dod at ddiwedd yr hanes, enwir Iago ac Ioan hefyd. Nid cyfeillion a chydweithwyr yn unig fyddent hwy ond cyd–ddisgyblion a phartneriaid yn y gwaith o fod yn bysgotwyr dynion. Pan ddaeth y cychod i'r lan gyda dalfa enfawr o bysgod yr oeddent hwythau, fel Simon Pedr, wedi eu dal gan y gŵr rhyfedd hwn. 'Yna daethant â'r cychod yn ôl i'r lan, a gadael popeth, a'i ganlyn ef' (5:11).

Cwestiynau i'w trafod:

1. Pa bethau y mae Iesu am eu benthyg gennym ni er mwyn cyflawni ei waith heddiw?

2. Pam y syrthiodd Pedr ar ei liniau o flaen Iesu a'i alw ei hun yn 'ddyn pechadurus'? Pa mor bwysig yw edifeirwch yn y bywyd Cristnogol?

3. Trafodwch ystyr a phwysigrwydd egwyddor fawr William Carey: 'Mentrwch bethau mawr er mwyn Duw; disgwyliwch bethau mawr oddi wrth Dduw.'

27

PEDR A'R DEUDDEG

Marc 1:29–34; Mathew 10:1–4

Yn fuan wedi i Iesu ddewis ei ddeuddeg disgybl daw Pedr i'r amlwg fel eu harweinydd naturiol. Ceir pedair rhestr o'r deuddeg yn y Testament Newydd. Mae rhestr Marc yn cynnwys Pedr, Iago, Ioan, Andreas, Philip, Bartholomeus, Mathew, Thomas, Iago fab Alffeus, Thadeus, Simon y Selot a Jwdas Iscariot (Mc. 3:16–19). Mae Mathew yn cychwyn ei restr ef (Mth. 10:1–4) gyda'r geiriau, 'Yn *gyntaf* Simon a elwir Pedr'. Y gair yn y gwreiddiol yw *prôtos,* sy'n golygu *cyntaf,* ond hefyd *blaenaf* neu *bennaf.* Tybed ydi Mathew yn dweud mai Pedr yw'r pwysicaf neu'r pennaf o blith y deuddeg? Ceir rhestrau hefyd yn Luc 6:14–16 a Llyfr yr Actau 1:13–14. Yn yr holl restrau hyn, gosodir Simon Pedr yn gyntaf a Jwdas Iscariot yn olaf: 'yr un a'i bradychodd ef'.

Y cyntaf ymhlith cydradd

Buan y crisialodd y grŵp cymysg hwn o ddynion cyffredin i fod yn fath o gylch o amgylch Iesu, ac aed i gyfeirio atynt fel y *Deuddeg.* Bwriad Iesu wrth eu galw a'u penodi oedd 'er mwyn iddynt fod gydag ef, ac er mwyn eu hanfon hwy i bregethu ac i feddu awdurdod i fwrw allan gythreuliaid' (Mc. 3:14–15). Hynny yw, eu gwaith fyddai cynorthwyo Iesu yn ei weinidogaeth a pharhau i gynnal y gwahanol agweddau ar y weinidogaeth honno, sef bod yn gyfeillion ac yn gefn iddo, 'er mwyn iddynt *fod gydag ef'*; ufuddhau i'w alwad i fynd allan i'r byd i bregethu newyddion da'r deyrnas, 'er mwyn eu hanfon hwy i *bregethu'*; a pharhau ei waith o iacháu, 'i feddu awdurdod i *fwrw allan gythreuliaid'* (3:14).

Fel yr anfonodd Duw ei broffwydi i fod yn dystion iddo yn y gorffennol, yn yr amser priodol anfonodd ei Fab i'r byd i sefydlu ei deyrnas ar y ddaear. Anfonodd Iesu yntau ei ddisgyblion gan roi iddynt awdurdod i barhau ei waith. A'r un modd, mae dilynwyr Iesu ym mhob oes yn cael eu hanfon i'r byd ar genhadaeth fawr Duw (y *Missio Dei*) i fod, i *ddweud* ac i *wneud.* O blith y Deuddeg, Simon Pedr a osodir ar y blaen.

Ef yw'r *Primus inter paris,* y cyntaf ymhlith y cydradd, fel y dywed R. H. Brown amdano

> O'r deuddeg fe roed iddo – fwy o le
> Yn rhes flaen yr Athro;
> A'i barod ddawn a brwd o,
> Enaid taer i anturio.

Wrth alw deuddeg disgybl roedd Iesu'n dangos yn amlwg mai un o amcanion ei weinidogaeth oedd creu cymdeithas newydd. Dewisodd ddeuddeg ar batrwm deuddeg llwyth yr hen Israel. Yr oedd i'r weledigaeth o gymdeithas, yn seiliedig ar ddeuddeg llwyth tŷ a thylwyth Jacob, le amlwg yng nghrefydd Israel. Yn hanes dechreuadau'r ddynoliaeth, gwelir fod Duw wedi creu dyn yn wryw a benyw, wedi eu bendithio a rhoi gorchymyn iddynt: 'Byddwch ffrwythlon ac amlhewch' (Gen. 1:28). Ond o fewn cenhedlaeth, chwalwyd y teulu pan laddodd Cain ei frawd Abel. Yna galwodd Duw Abraham o Ur y Caldeaid ac addo iddo y byddai'n dad i lu o genhedloedd: 'Gwnaf di'n ffrwythlon iawn; a gwnaf genhedloedd ohonot, a daw brenhinoedd allan ohonot' (17:6). Daeth deuddeg ŵyr Abraham yn sylfaenwyr deuddeg llwyth Israel. Bwriad Duw oedd i'r genedl fod yn batrwm o gymdeithas ddelfrydol i weddill y byd, ac iddi hefyd fod yn dyst i'r ffaith fod Duw wedi dwyn cenhedloedd y ddaear i'w adnabod, ei garu, ac i'w addoli yn ei deml yn Jerwsalem. Ond gyda'r blynyddoedd, collwyd golwg ar y weledigaeth genhadol a throdd cenedl Israel yn fewnblyg, yn anufudd i alwad Duw, gan ei hystyried ei hun yn bobl neilltuol, yn uwch ac yn well na chenhedloedd eraill y ddaear.

Bwriad Iesu oedd creu cymdeithas newydd o bobl Dduw dan arweiniad ei ddeuddeg disgybl – Israel newydd i gymryd lle'r hen Israel. Meddai Iesu wrth ei wrthwynebwyr Iddewig, 'Am hynny rwy'n dweud wrthych y cymerir teyrnas Dduw oddi wrthych chwi, ac fe'i rhoddir i genedl sy'n dwyn ei ffrwythau hi' (Mth. 21:43). Prif amcan cymdeithas dilynwyr Iesu oedd dysgu i'r byd egwyddorion sylfaenol teyrnas Dduw, fel y gallai pobl ym mhob man fyw mewn cymod a brawdgarwch. Methiant fu hanes teulu Adda. Methiant eto fu teulu Abraham. Bellach daeth Eglwys Iesu Grist i fod, er mwyn dangos i'r byd y cariad sy'n clymu pobloedd ynghyd mewn heddwch ac mewn gofal am ei gilydd. Meddai Iesu, 'Os bydd gennych gariad tuag at eich gilydd, wrth hynny bydd pawb yn gwybod mai disgyblion i mi ydych' (In. 13:35). O ganlyniad, gwelwn nad y cyntaf ymhlith y Deuddeg yn unig oedd Simon Pedr, ond mai ef oedd pen ac arweinydd y gymdeithas Feseianaidd a sefydlwyd gan Iesu i fod yn gychwyn ac yn batrwm i'r ddynoliaeth i'r dyfodol.

Yn Mth. 10:1–4, ceir awgrym o natur a chenhadaeth cymdeithas pobl Dduw a'r hyn y dylai fod heddiw. Mae iddi *aelodau*, sef dilynwyr Iesu; *arweinwyr,* sef y Deuddeg (a Pedr yn gyntaf yn eu mysg); a *sylfaenydd*, sef yr Arglwydd Iesu ei hun. Ond yn 'rheng flaen' y Deuddeg yr oedd grŵp bychan o dri – Pedr, Iago ac Ioan – a oedd yn amlwg mewn perthynas agos â Iesu. Hwy oedd ei gynorthwywyr agosaf. Hwy a gafodd y fraint o fynd gyda Iesu i ben y mynydd i fod yn dystion i'w Weddnewidiad (Mth.17:1; Mc. 9:2; Lc. 9:28). Hwy oedd gydag ef pan gyfododd ferch Jairus o farw'n fyw (Mc. 5: 37); ac anfonwyd dau ohonynt – Pedr ac Ioan – i baratoi gwledd y Pasg, sef y Swper Olaf (Lc. 22:8). Ac i'r tri hyn (ac iddynt hwy yn unig), y rhoddodd Iesu enwau newydd, sef Ceffas i Pedr, a Boanerges, 'meibion y daran', i Iago ac Ioan. O bosib fod eu henwau newydd yn arwyddo eu lle unigryw ymhlith y Deuddeg.

Heb unrhyw amheuaeth, Pedr oedd y blaenaf o blith y Deuddeg ac o blith y Tri. Er i rai esbonwyr awgrymu mai yng ngoleuni arweinyddiaeth Pedr yn yr Eglwys Fore y rhoddodd awduron yr efengylau le mor amlwg iddo, ac nad oedd iddo bwysigrwydd arbennig yn ystod gweinidogaeth Iesu, y gwir yw bod y cyfeiriadau at Pedr mor niferus, a'i le o fewn y pedair efengyl mor flaenllaw, fel nad oes unrhyw reswm i amau ei safle yng ngolwg Iesu a gweddill y disgyblion.

Yn yr efengylau, Pedr sy'n amlwg fel llefarydd y Deuddeg. Ef sy'n gofyn i Iesu egluro ystyr un o'i ddywediadau (Mth. 15:15; Lc. 12:41). Ef sy'n holi pa mor aml oedd angen iddo faddau (Mth. 18:21). Ef sy'n holi pa wobr a ddaw i'r rhai a adawodd bopeth i ddilyn Iesu (19:27). Pedr oedd yr un a sylwodd fod y winwydden wedi gwywo (Mc. 11:21), ac ef a atebodd Iesu pan ofynnodd pwy yn y dyrfa oedd wedi ei gyffwrdd (Lc. 8:45). Pedr hefyd a atebodd Iesu pan ofynnodd a oeddent fel disgyblion yn bwriadu ei adael (In. 6:68–69). A'r digwyddiad pwysicaf oll oedd ateb Pedr pan ofynnodd Iesu, 'Pwy meddwch chwi ydwyf fi?'(Mth. 16:15). Ac meddai Pedr, 'Ti yw'r Meseia, Mab y Duw byw' (Mth. 16:16; Mc. 8:29; Lc. 9:20). Pedr oedd y cyntaf o blith y Deuddeg i ddarganfod pwy oedd Iesu o Nasareth.

Cyfaill Iesu

Sut y derbyniwyd Simon Pedr fel y 'cyntaf'? Heb amheuaeth, yr oedd perthynas bersonol agos rhwng Pedr ac Iesu o'r dechrau, ac yr oedd Iesu wedi cymryd at y gŵr eiddgar, brwdfrydig, hoffus hwn ac wedi gweld ynddo gydweithiwr defnyddiol ac un y gallai ymddiried ynddo. Wedi i Iesu alw'r pedwar disgybl cyntaf – Pedr, Andreas, Iago ac Ioan – dywed Efengyl Marc iddynt fynd i Gapernaum (Mc. 1:21) a chael llety yno yng nghartref Pedr ac Andreas. Yr oedd Capernaum yn dref bysgota gyda phorthladd bychan ar ochr orllewinol Môr Galilea. Treuliodd Iesu lawer o amser yno. Wedi cyrraedd y dref, aeth i'r synagog a dechrau dysgu a pheri syndod i'w wrandawyr, 'oherwydd yr oedd yn eu dysgu fel un ag awdurdod ganddo, ac nid fel yr ysgrifenyddion' (1:22). Yno hefyd iachaodd ddyn ag ysbryd aflan ynddo.

O'r synagog aeth Iesu, ynghyd â Iago ac Ioan, i dŷ Simon ac Andreas. Yno yr oedd mam-yng-nghyfraith Simon Pedr yn wael 'dan dwymyn'. Gafaelodd Iesu yn ei llaw a'i chodi. 'Gadawodd y dwymyn hi, a dechreuodd hithau weini arnynt' (1:31). Byddai'r digwyddiad wedi gadael argraff arbennig ar Pedr. Nid yn unig y daeth Iesu i letya yn ei gartref ond iachaodd ei fam-yng-nghyfraith mewn modd mor syml a dirodres trwy gyffwrdd â'r claf a'i chodi ar ei thraed. Dyma un o atgofion personol Pedr sydd, ym marn rhai, yn cadarnhau'r syniad mai oddi wrth Pedr y cafodd Ioan Marc lawer o wybodaeth wrth iddo lunio'i efengyl.

Mae dilyniant hyfryd i'r wyrth. Ar unwaith, dechreuodd y fam-yng-nghyfraith weini arnynt. I ddangos ei gwerthfawrogiad o'r gwellhad a gafodd, aeth ati ar unwaith i baratoi pryd o fwyd i Iesu a'r pedwar disgybl. Mae rhai esbonwyr wedi awgrymu i'r wyrth hon fod yn gyfrwng i adfer y berthynas rhwng Simon a'i fam-yng-nghyfraith. Beth tybed oedd ei hadwaith hi o glywed fod ei mab-yng-nghyfraith wedi rhoi'r gorau i'w

31

fusnes pysgota llwyddiannus i ddilyn pregethwr crwydrol?
Meddai'r bardd I. D. Hooson amdano;
'Gadael y cyfan a myned ar ôl
Llencyn o saer a breuddwydiwr ffôl.'
Gellir dychmygu'r fam-yng-nghyfraith yn gresynu fod Pedr yn barod i
droi cefn ar ei waith a'i fasnach heb unrhyw ystyriaeth o effeithiau ei
antur ffôl ar ei wraig a'i deulu. Tybed a fu rhywfaint o densiwn, os nad
ymgecru agored, ynglŷn â'r mater? Ond wedi iddi gael iachâd llwyr o'i
hanhwylder, gellir dychmygu bod ei hagwedd wedi newid a bod pob
dadlau rhyngddynt wedi dod i ben. Ffrwyth dychymyg yn unig yw hyn
wrth gwrs; ond nid yw'n amhosibl fod y cyfeillgarwch rhwng Pedr ac Iesu
wedi effeithio ar deulu Pedr i gyd. Mae'n amlwg i Iesu gael defnyddio
cartref Pedr yng Nghapernaum yn aml yn ystod ei weinidogaeth yng
Ngalilea, ac i'r berthynas agos rhyngddynt fod yn un rheswm dros
flaenoriaeth Pedr ymhlith y Deuddeg.

Rheswm arall yw'r un a grybwyllwyd yn y bennod ddiwethaf sef fod Pedr,
yn ôl Efengyl Ioan, yn hanu o Fethsaida (In. 1:44), dinas Iddewig ar lan
ogleddol Môr Galilea ond dros y ffin yn nhiriogaeth y Cenhedloedd, i'r
dwyrain o afon Iorddonen. Wedi ei fagu mewn dinas brysur, yng nghanol
poblogaeth gymysg o Iddewon a Chenedl–ddynion, byddai Simon Pedr
yn gwbl rugl yn yr iaith Roeg yn ogystal â'r Aramaeg, ac o bosibl rai
ieithoedd eraill. Byddai wedi hen arfer â delio â masnachwyr o blith
Groegiaid, Rhufeiniaid, Eifftiaid ac Iddewon. Mae'n berffaith bosibl mai
ei gefndir a'i brofiad a roddodd iddo'r hyder a'r aeddfedrwydd i drin pobl
ac i fod yn arweinydd naturiol. Gellir dychmygu y byddai Iesu'n gweld
dyn o'r fath yn gaffaeliad mawr iddo yn ei weinidogaeth.

Pedr ac Efengyl Marc
Rheswm arall dros amlygrwydd Pedr yw'r traddodiad mai ef oedd prif
ffynhonnell gwybodaeth Ioan Marc pan aeth hwnnw at i lunio'i efengyl.
Gwyddom fwy am Pedr nag am yr un disgybl arall, o bosib oherwydd
perthynas agos rhwng Pedr a Marc. Pan ysgrifennodd Pedr ei lythyr
cyntaf o Rufain, cyfeiriodd at 'Marc, fy mab' (1 Ped. 5:13).

Un a gymerai ddiddordeb arbennig yn awduraeth llyfrau'r Testament

Newydd oedd Papias, Esgob Hierapolis yn hanner cyntaf yr ail ganrif. Meddai Papius, 'Wedi iddo ddod yn esboniwr i Pedr, ysgrifennodd Marc yn ofalus bopeth a gofiai, ond heb osod yn eu trefn yr hyn a ddywedodd a'r hyn a wnaeth Crist. Oherwydd ni chlywodd ef erioed mo'r Arglwydd yn llefaru, ac ni fu'n un o'i ddilynwyr, ond wedyn, fel y cyfeiriais, dilynodd Pedr, a addasodd ei atgofion ar gyfer ei wrandawyr, ond heb unrhyw ymgais i osod oraclau'r Arglwydd yn eu trefn. O ganlyniad, ni wnaeth Marc unrhyw gamgymeriadau wrth ysgrifennu'r pethau hyn i lawr o'i gof; yn hytrach, bu'n ofalus i beidio â gadael allan unrhyw beth a glywodd, nac i gynnwys unrhyw ddeunydd anghywir.'

O ddarllen Efengyl Marc yng ngoleuni geiriau Papias gwelwn ddarlun clir, ond cwbl onest, o Simon Pedr. Ni chedwir dim yn gudd. Sonnir am ei gamgymeriadau; am y cerydd a gafodd gan Iesu; am ei wendidau a'i ddiffygion. Croniclir y cyfan er mwyn dangos hefyd gariad maddeugar Iesu tuag ato.

Mae rhai esbonwyr yn cwestiynu tystiolaeth Papias ac yn dadlau nad yw Efengyl Marc yn rhoi mwy o sylw i Pedr nag a wna Efengyl Mathew; nad oes digon o dystiolaeth i hawlio mai'r un Marc yw awdur yr Efengyl â Ioan Marc y cyfeirir ato yn Actau 12:12; fod Marc yn enw cyfarwydd iawn yn yr hen fyd; y gellid disgwyl mwy o fanylion am weithgareddau a symudiadau Pedr gan un oedd yn hawlio ei adnabod mor dda, a bod y portread o Pedr yn rhy negyddol. Barn yr esbonwyr hyn yw mai rhywun o'r enw Marc a luniodd yr efengyl sy'n dwyn ei enw, ond nad oedd gan y Marc hwnnw unrhyw gysylltiad personol â Simon Pedr.

Mae ysgolheigion eraill yr un mor bendant eu barn fod tystiolaeth Papias yn gywir. Roedd nifer o'r Tadau cynnar yn cadarnhau hynny. Mae Iestyn Ferthyr (c. OC 150) yn cyfeirio at Efengyl Marc fel 'atgofion Pedr'. Cyfeiria Irenaeus (c. OC 180–200) at Marc fel disgybl ac esboniwr Pedr, ac iddo lunio'i efengyl ar ôl marwolaeth Pedr a Paul. Dywed Clement o Alecsandria (c. OC 180) ar y llaw arall i Marc gofnodi geiriau Pedr tra'r oedd Pedr yn dal yn fyw. Cadarnheir hynny gan Origen (c. OC 200) sy'n dweud fod Pedr wedi rhoi cyfarwyddiadau clir i Marc.

Ni ellir dweud yn bendant ym mhle yr ysgrifennodd Marc ei efengyl, ond mae digon o gyfeiriadau yn ei waith i beri i ni dybio mai yn Rhufain y bu hynny. Mae ei rybuddion cyson o ddioddefiadau i ddod yn adlewyrchu'r erledigaeth a ddioddefai Cristnogion dan yr Ymerawdwr Nero. Ac yn ystod yr erlid hwnnw y merthyrwyd Pedr ei hun, a hynny yn y flwyddyn OC 64.

Barn y rhai sy'n credu i Marc ysgrifennu ei efengyl ar ôl marwolaeth Pedr yw iddo wneud hynny rhywbryd rhwng OC 65 a 75. Cododd yr Iddewon mewn gwrthryfel yn erbyn yr Ymerodraeth yn OC 64, ac arweiniodd hynny at ddinistr Jerwsalem yn OC 70. Ym marn llawer o esbonwyr, mae Marc 13 yn adleisio dinistr y deml a'r gorthrymder mawr a fyddai'n dilyn. Cyfeirir at 'Pedr ac Iago ac Ioan ac Andreas' yn eistedd gyda Iesu ar Fynydd yr Olewydd ac yn ei holi, 'Beth fydd yr arwydd pan fydd hyn oll ar ddod i ben?' (Mc. 13:4). Mae hyn yn awgrymu mai cyn, neu yn fuan ar ôl y flwyddyn OC 70, y lluniodd Marc ei efengyl, er bod eraill yn ffafrio dyddiad cynharach.

Os yw Efengyl Marc yn rhoi i Pedr le blaenllaw ymysg y Deuddeg, nid yw efengylau Mathew a Luc yn rhoi mymryn llai o sylw iddo. Defnyddia Marc yr ymadrodd 'Simon a'i gymdeithion' (1:36), a cheir bron yr un geiriau, ond o fewn cyd-destun gwahanol, yn Lc. 9:32: 'Pedr a'r rhai oedd gydag ef'. Yn eu gwahanol ffyrdd y mae'r tair efengyl gyfolwg yn pwysleisio blaenoriaeth Pedr ac yn ei ystyried fel y cyntaf ymhlith y Deuddeg.

Cwestiynau i'w trafod

1. Pa nodweddion yng nghymeriad Pedr oedd yn ei gymhwyso i fod yn 'ben' neu'n arweinydd ar y Deuddeg?

2. Beth yw arwyddocâd y darlun o'r Eglwys fel yr 'Israel newydd' i ni heddiw? Os methu yn ei chenhadaeth fu hanes yr hen Israel, a oes lle i ofni fod yr 'Israel newydd' hefyd yn methu?

3. Ai gwir dweud fod perthynas o gyfeillgarwch clos rhwng Iesu a Pedr? A yw'n briodol disgrifio'r bywyd Cristnogol fel cyfeillgarwch â Iesu?

TYST I DDWY WYRTH

Luc 8:40–56

Tueddwn i ddiystyru actor sydd â dim ond rhan fechan iawn ganddo mewn drama, yn enwedig os mai un llinell yn unig sydd ganddo i'w dweud. Ond byddai'r dramodydd Brecht yn mynnu nad oedd y fath beth â rhan fechan mewn sgript, gan fod pob gair yn bwysig i rediad drama. Rhan fechan iawn sydd gan Simon Pedr yn nrama hanes merch Jairus a'r wraig a gyffyrddodd â mantell Iesu. Ni chyfeirir at Pedr ond unwaith yn fersiwn Marc o'r hanes, a hynny ond i nodi mai ef ac Iago ac Ioan a gafodd fynd i mewn i dŷ Jairus (Mc. 5:37). Nid yw Mathew yn cyfeirio ato o gwbl. Ond mae Luc yn ei enwi ddwywaith, gan wneud Pedr yn llygad-dyst i'r ddau ddigwyddiad – iacháu'r wraig ag arni waedlif ac adfer merch Jairus.

I'r hanesydd gofalus Luc, yr oedd tystiolaeth llygad-dystion yn holl bwysig. Yng ngeiriau agoriadol ei efengyl, dywed fod 'llawer wedi ymgymryd ag ysgrifennu hanes y pethau a gyflawnwyd yn ein plith, fel y traddodwyd hwy inni gan y rhai a fu o'r dechreuad yn llygad-dystion ac yn weision y gair' (Lc. 1:1–2). Ymhlith y 'llygad-dystion' hynny yr oedd Simon Pedr. Pam y bu i Luc gyfeirio ato ddwywaith oni bai ei fod am gydnabod mai oddi wrth Pedr ei hun y cafodd hanes y ddwy wyrth, neu o leiaf, gadarnhad o'u dilysrwydd? Felly, er cyn lleied yw rhan Simon Pedr fel actor yn y ddrama, mae ei ran yn holl bwysig.

Unigolyn mewn tyrfa

Trwy blethu'r ddwy stori i'w gilydd mae Luc yn dwysáu'r elfen ddramatig wrth ddisgrifio Iesu'n ymateb i anghenion y ddwy ferch – merch ifanc ddeuddeg oedd ar fin marw, a gwraig ag arni waedlif ers deuddeg mlynedd – a hynny pan oedd tyrfa fawr yn gwasgu arno. Roedd Iesu a'i ddisgyblion wedi glanio yng nghyffiniau Capernaum wedi mordaith gythryblus: roedd wedi gostegu storm ac wedi cyfarfod â dyn gorffwyll yng Ngerasa a'i iacháu. Yn union wedi iddynt ddychwelyd, roedd tyrfa'n aros amdanynt. Dyma'r cyfnod yr oedd Iesu ar frig ei boblogrwydd, gyda phobl yn ei ddilyn o le i le. Meddai Luc, 'Tra oedd ef ar ei ffordd yr oedd y tyrfaoedd yn gwasgu arno' (8:42).

Gellir dychmygu'r disgyblion yn ceisio gwarchod eu Meistr rhag cael ei wasgu gan y bobl. Ac yna, digwyddodd rhywbeth a barodd iddo sefyll yn stond a gofyn, 'Pwy gyffyrddodd â mi?' (8:45). Roedd yno wraig a chanddi waedlif ers deuddeg mlynedd ac a oedd wedi methu â chael glanhad. 'Er iddi wario ar feddygon y cwbl oedd ganddi i fyw arno, nid oedd wedi llwyddo i gael gwellhad gan neb' (8:43). Roedd popeth arall wedi methu ond mentrodd ei gwthio'i hun trwy'r dyrfa er mwyn cyffwrdd ag ymyl mantell Iesu.

Yr oedd gwisg allanol Iddew yn ddarn hir o liain neu wlân a oedd yn gorchuddio'r holl gorff. Byddai pen rhydd y fantell wedi ei daflu dros yr ysgwydd chwith, a thaselau gwyn a glas yn hongian wrth hwnnw. Pan gyffyrddodd y wraig â thasel mantell Iesu, peidiodd llif ei gwaed ar unwaith. Gwyddai Iesu fod rhywun wedi cyffwrdd ag ef gan iddo deimlo fod 'nerth wedi mynd allan ohonof' (8:46).

Pan ofynnodd pwy oedd wedi cyffwrdd ag ef, Pedr a atebodd, 'Meistr, y tyrfaoedd sy'n pwyso ac yn gwasgu arnat' (8:45). Yn ôl Marc, y *disgyblion* a atebodd (Mc. 5:31), ond y mae Luc yn mynnu enwi Pedr fel yr un oedd yn ddigon hyf ar Iesu i dynnu ei sylw at y ffaith fod cynifer o bobl yn ei gyffwrdd. Dim ond y dyrfa a welai Pedr, ond roedd Iesu'n synhwyro bod unigolyn wedi troi ato am iachâd – unigolyn mewn angen, unigolyn gwylaidd, encilgar a oedd yn rhy swil neu'n rhy ddihyder i'w ddangos ei hun.

Prif bwyslais y wyrth hon yw bod gan Iesu'r sensitifrwydd i weld ac i ddelio ag angen pob unigolyn. Er nad oedd y wraig hon ond un mewn tyrfa fawr, ni allai guddio o olwg Iesu. Er bod Iesu ar frys i gyrraedd tŷ Jairus, nid oedd ar ormod o frys i roi sylw i'r un wraig anghenus hon. Ac nid ei chyflwr corfforol oedd ei hunig ofid. Yn ôl y Gyfraith Iddewig yr oedd hefyd yn aflan ac wedi ei gwahardd rhag mynychu'r synagog. O ganlyniad, yr oedd hefyd yn unig a gwrthodedig. Fel hyn y dywed y ddeddf Iddewig: 'Pan fydd gan wraig ddiferlif gwaed am lawer o ddyddiau heblaw ar adeg ei misglwyf, neu pan fydd y diferlif yn parhau ar ôl ei misglwyf, bydd yn aflan cyhyd ag y pery'r diferlif, fel ar adeg ei misglwyf. Y mae unrhyw wely y mae'n gorwedd arno ... ac y mae unrhyw beth y mae'n eistedd arno yn aflan, fel y mae yn ystod ei misglwyf' (Lef. 15:25–26).

Cyffyrddiad yn iacháu

Fe wnaeth Iesu'r hyn a waharddwyd gan y ddeddf: cyffwrdd â'r halogedig. Ond yn hytrach na'i fod ef yn cael ei halogi gan y wraig, daeth ei gyffyrddiad yn foddion iachâd iddi hi. Peidiodd ei diferlif gwaed a chafodd ei hiacháu. Ac o gael iachâd, fe gafodd hefyd ei phuro o'i haflendid fel y gallai gael ei hadfer i'r gymdeithas unwaith eto.

Pwyslais arall a geir yn yr hanesyn hwn yw bod Iesu'n ddigon grymus i iacháu'r claf, i buro'r halogedig ac i ddwyn yr unig a'r gwrthodedig yn ôl i gwmni pobl. Yn lle ei chuddio'i hun ar ymylon y dyrfa, daeth y wraig ymlaen at Iesu dan grynu a chyffesu ei bod wedi ceisio cael iachâd heb ei dangos ei hun i'r dyrfa. Ond yr un peth a wyddai i sicrwydd oedd i'r cyffyrddiad fod yn gyfrwng iachâd iddi. Gwyddai ei bod wedi cael ei gwella ar unwaith.

Mae'n bosibl fod ffydd y wraig hon yn gymysg â chred ofergoelus fod rhin sanctaidd i ddillad Iesu, a hwnnw'n deillio o'i gymeriad ac o'i gorff. Yn ôl fersiwn Mathew o'r hanes, dywedodd y wraig, 'Dim ond imi gyffwrdd â'i fantell, fe gaf fy iacháu' (Mth. 9:21). Hyd heddiw, ceir rhai sy'n credu bod rhin a gwellhad yn bosibl trwy ddwysbarchu creiriau saint. Yn y canol oesoedd, byddai eglwysi a mynachlogydd a hawliai fod ganddynt greiriau seintiau, neu hyd yn oed greiriau Iesu ei hun, yn denu pererinion wrth eu miloedd.

Ond hyd yn oed os oedd mesur o ofergoel yn gymysg â ffydd y wraig, y ffydd amherffaith honno, yn hytrach na'r weithred o gyffwrdd ag ymyl gwisg Iesu, a'i hiachaodd. Yng ngolwg Iesu, roedd ffydd ddiffygiol ac anghyflawn yn ddigon i ennyn ei ymateb. Nid oes unrhyw sôn yn yr efengylau am Iesu'n troi neb i ffwrdd am fod eu ffydd yn annigonol neu'n ddiffygiol. Yn hytrach, byddai'n cydio yn yr ychydig ffydd oedd gan berson ac yn ei defnyddio i gyflawni ei weithredoedd nerthol.

Pan ofynnodd Iesu, 'Pwy gyffyrddodd â mi?' (Lc. 8:45), yr oedd ateb Pedr yn dangos nad oedd wedi deall un ffaith bwysig am iacháu, sef nad swyngyfaredd neu hudoliaeth oedd ar waith. I'r gwrthwyneb, roedd y weithred o iacháu yn tynnu rhin o'r iachawr, fel bod nerth yn llifo ohono i'r claf. Mae'n golygu trosglwyddo bywyd ac egni o'r naill berson i'r llall. Gall hynny fod yn wir ym mhrofiad llawfeddyg heddiw; gall triniaeth lawfeddygol ar glaf gostio'n ddrud i'r meddyg mewn egni ac ymroddiad, gan ei adael yn llesg a blinedig. Mae hynny'n sicr yn wir mewn iachâd ysbrydol.

Roedd Iesu'n rhoi o'i anian a'i nerth ei hun i'r rhai a ddeuai ato i'w hiacháu. Dyna pam y teimlai fod nerth wedi mynd allan ohono pan gyffyrddodd y wraig ag ef. Roedd honno'n wers y bu'n rhaid i Pedr ei dysgu. Os oedd yn tybio mai trwy ryw allu dewiniol yr oedd Iesu'n cyflawni ei wyrthiau, roedd rhaid iddo ddeall mai rhoi yr oedd o'i fywyd a'i nerth ei hun. Ac er mwyn adfer ei nerth byddai Iesu'n encilio'n aml i unigedd y mynydd i dderbyn o allu ac anian ei Dad nefol.

Y mae'n ddiddorol fod hanes y wraig hon wedi ennill lle iddi o fewn llenyddiaeth Apocryffaidd y ganrif gyntaf. Yn y ddogfen Ladin 'Actau Pilat', cyfeirir at wraig o Tyrus a'i henw Veronica a iachawyd gan Iesu o ddiferlif gwaed dair blynedd yng nghynt. Dywedir fod ganddi yn ei meddiant liain ac arno lun o wyneb Iesu gan iddi sychu'r chwys oddi ar ei wyneb pan oedd yn cario'i groes i Galfaria. Mewn fersiwn Roegaidd o'r ddogfen, cyfeirir ati fel Bernice. Yn ôl yr hanesydd eglwysig cynnar Eusebius, gwraig gyfoethog o blith y cenedl-ddynion oedd hi; roedd yn byw yng Nghesarea Philipi ac wedi codi cofeb yn y ddinas i goffáu ei hiachâd. Faint bynnag o goel a roddwn ar yr hanesion ychwanegol hyn, tyfodd cwlt y 'Santes Veronica a'i Lliain' yn ystod y canrifoedd cynnar a'r Canol Oesoedd; a hyd heddiw rhoddir lle i'r darlun ohoni yn sychu'r gwaed a'r chwys oddi ar wyneb Iesu yn nefosiwn Gorsafoedd y Groes mewn eglwysi Catholig. Mae'n ddigon posibl fod y wraig hon, a hanes ei hiachâd, yn hysbys i'r Eglwys Fore, a bod hynny'n ddigon o reswm i Mathew, Marc a Luc gynnwys y stori amdani yn eu hefengylau.

O ofn i ffydd

Ond pam y collodd Iesu amser er mwyn rhoi cymaint o sylw i'r wraig hon ac yntau'n gwybod fod merch fach ar ei gwely angau yn aros amdano? Beth tybed oedd teimladau Pedr a'r disgyblion eraill o weld Iesu'n oedi cyhyd? Gellir dychmygu Pedr yn llawn cydymdeimlad â Jairus ei thad, ac yn awyddus i Iesu frysio i'w dŷ. Wedi i Iesu ailgychwyn ar ei daith, daeth y newydd ei fod yn rhy hwyr gan fod y ferch fach wedi marw. Beth tybed oedd teimladau Jairus tuag at Iesu'r foment honno? Beth bynnag oedd yn ei galon, trodd Iesu ato a gofyn am ddau beth ganddo: 'Paid ag ofni, dim ond credu' (Lc. 8:50). Dyna'r amodau angenrheidiol i Iesu fedru gweithredu: dim ofn; dim ond ffydd.

Mewn sawl man yn y Beibl, cyferbynnir ffydd ac ofn. Yn hanes gostegu'r storm ar Fôr Galilea, cwestiwn Iesu i'r disgyblion yw, 'Pam y mae arnoch ofn? Sut yr ydych heb ffydd o hyd? (Mc. 4:40). Ei anogaeth i Jairus oedd iddo beidio ag ofni; dim ond credu, a hynny ar waetha'r amgylchiadau. Os credu, roedd rhaid credu o ddifrif. Os ymddiried, roedd rhaid ymddiried i'r eithaf. Canlyniad hynny fyddai agor sianel i ras a gallu Duw fedru goresgyn pob ofn a dod â bywyd newydd yn ei sgil.

Cyferbyniad arwyddocaol arall yn y stori yw'r un rhwng wylo a chwerthin. Pan ddywed Iesu wrth y galarwyr am beidio ag wylo am mai cysgu'n unig oedd y ferch fach, eu hymateb oedd chwerthin ar ei ben. Gan mai galarwyr proffesiynol oedd y rhain, nid oeddent yn rhannu mewn gwirionedd yng ngalar Jairus a'i deulu. Hawdd iddyn nhw oedd troi o ffug alaru i chwerthin, heb unrhyw ystyriaeth i drasiedi'r sefyllfa. Go brin fod y teulu galarus yn ymuno yn y chwerthin. Ond doedden nhw ddim yn colli gobaith, a doedden nhw ddim chwaith yn ymuno yn y wylofain. Yn hytrach yr oeddent yn dal i lynu wrth y gobaith y gallai Iesu wneud rhywbeth i adfer eu merch.

Yr hyn a barodd i'r galarwyr chwerthin oedd geiriau Iesu, 'Peidiwch ag wylo; nid yw hi wedi marw, cysgu y mae' (Lc. 8:52). Y gair a ddefnyddiodd oedd y gair cyffredin am gwsg naturiol, sydd wedi peri i nifer o esbonwyr gredu fod Iesu'n dweud ei bod yn cysgu'n llythrennol, neu'n hytrach ei bod mewn *coma,* tebyg i *cataleptic coma* – cyflwr digon cyffredin yn y Dwyrain. Felly, yn ôl rhai esbonwyr nid gwyrth o adfer merch o farw'n fyw a geir yma, ond y 'wyrth' o waredu merch rhag marwolaeth ofnadwy trwy gael ei chladdu'n fyw, fel y digwyddai i rai yn yr un cyflwr â hi.

Roedd y tad a'r fam yn dal i obeithio ac yn dal i ymddiried yng ngallu Iesu. A hwy, ynghyd â Phedr, Iago ac Ioan, a gafodd fynd i mewn i'r ystafell yr oedd y ferch fach yn gorwedd ynddi. Roedd byd o wahaniaeth rhwng sŵn y dyrfa a'r galarwyr oddi allan a'r tawelwch dwys oddi mewn i'r ystafell. Wedi i Iesu, ynghyd â Phedr, Iago ac Ioan, gyrraedd y tŷ, bu'n rhaid iddo wahardd rhai a oedd yn ceisio mynediad i'r tŷ. Mae Mathew, gyda'i wybodaeth o arferion Iddewig, yn rhoi inni ddisgrifiad manylach o'r olygfa, ac yn cyfeirio at y 'pibyddion', sef y canwyr ffliwt a fyddai'n cael eu llogi gyda'r galarwyr ar gyfer angladd. Mae hefyd yn disgrifio cynnwrf y dyrfa (Mth. 9:23). Ni allai Iesu weithredu â'r fath sŵn o'i gwmpas. Dyna pam y gwrthododd i neb, heblaw'r tad a'r fam a'r tri disgybl, fynd i mewn i'r ystafell lle gorweddai'r ferch.

Gellir dychmygu tawelwch yr ystafell a dwyster y sefyllfa: merch ddeuddeg oed newydd farw, y rhieni mewn torcalon ond yn dal i ymddiried yn Iesu; Pedr a'r ddau ddisgybl arall yn ymwybodol o dangnefedd pwerus yn llenwi'r ystafell am fod Iesu yn y canol ac am fod ei bresenoldeb yn troi'r lle yn gysegr. Mae Luc, fel yr efengylwyr eraill, yn gynnil a diffwdan wrth ddisgrifio Iesu'n gafael yn ei llaw ac yn dweud yn uchel, 'Fy ngeneth, cod' (Lc. 8:54). Ac fe gododd y ferch ar unwaith, yn union fel pe byddai'n deffro o gwsg.

Mae Marc yn dyfynnu'r geiriau Aramaeg a ynganodd Iesu: 'Talitha cŵm' (Mc. 5:41), gan ychwanegu mai ystyr y geiriau yw, 'Fy ngeneth, rwy'n dweud wrthyt, cod'. Pam y defnyddiodd Marc y geiriau Aramaeg yn ei fersiwn ef o'r stori? Un esboniad yw bod Marc wedi derbyn ei wybodaeth ar gyfer ei efengyl oddi wrth Pedr – un o'r tri disgybl a gafodd fynd i mewn i'r ystafell gyda Iesu, ac un a oedd felly yn llygad-dyst i'r wyrth. Ni allai Pedr anghofio llais Iesu yn gorchymyn yn dawel, '*Talitha cŵm*', ac ni allai chwaith anghofio cariad, tynerwch ac awdurdod dwyfol ei eiriau. Gellir tybio fod dwyster y digwyddiad, geiriau tawel ond grymus Iesu, a'r eiliad wefreiddiol y gwelodd y ferch fach yn codi ar ei heistedd yn annatod ynghlwm ym meddwl Pedr â chlywed Iesu'n dweud y geiriau yn ei iaith ei hun, yr Aramaeg.

Os oedd geiriau Iesu yn yr Aramaeg wedi eu hargraffu eu hunain ar gof Pedr, byddai'r hyn a ddigwyddodd o ganlyniad i'r gorchymyn wedi ei syfrdanu'n llwyr. 'Yna dychwelodd ei hysbryd, a chododd ar unwaith' (Lc. 8:55). Luc yn unig sy'n dweud bod ysbryd y ferch wedi dychwelyd. Ei syniad ef yw bod ei hysbryd wedi gadael ei chorff, ond bod yr awdurdod gan Iesu i alw ei hysbryd yn ôl a'i hadfer drachefn i fywyd. Gweithred ddynol oedd codi a cherdded, ond gweithred ddwyfol oedd dwyn yr ysbryd yn ôl.

Y mae ystyr dwbl i'r gair 'codi'. Gall olygu'r weithred naturiol o godi o orwedd neu o gwsg; ond gall hefyd olygu atgyfodi. Mae'n amlwg fod Luc yn credu mai gwyrth oedd y weithred. Ond fel meddyg, mae'n ychwanegu, 'Gorchmynnodd ef roi iddi rywbeth i'w fwyta' (8:55). Roedd rhaid wrth adferiad corfforol ac ysbrydol. Yn naturiol, syfrdanwyd y rhieni a'r disgyblion, ond rhybuddiodd Iesu hwy i beidio â sôn wrth neb am yr hyn a ddigwyddodd.

Ond beth tybed fu effaith y digwyddiadau hyn – iacháu'r wraig a chanddi waedlif ac adfer merch Jairus – ar feddwl Simon Pedr? Byddai rhai pethau wedi eu hargraffu ar ei feddwl am byth. Byddai wedi dysgu fod gan Iesu gonsyrn am y person cyfan. Nid achub eneidiau yn unig a wnâi, ac nid iacháu cyrff yn unig ychwaith, ond gweinidogaethu i'r person cyfan, yn gorff, meddwl ac enaid. Byddai wedi dysgu hefyd nad oes dim yn aflan yng ngolwg Iesu.

Cysylltwyd y ddwy stori – iacháu'r wraig a gyffyrddodd â mantell Iesu, ac adfer merch Jairus – gan yr ystyrid y wraig a'r ferch fel ei gilydd yn halogedig. Halogwyd merch Jairus gan angau, ac ystyrid bod gwaedlif yn halogi dynes. Gwnaeth Iesu'r hyn a waherddid gan y ddeddf, sef cyffwrdd â'r halogedig; ond trwy wneud hynny iachawyd y wraig ac adferwyd y ferch, a dygwyd y ddwy yn ôl i'r gymdeithas. Ond yn fwy na dim, byddai Pedr wedi ei argyhoeddi o nerth ac awdurdod Iesu ac

41

o'r ffaith fod grym Duw ar waith yn ei fywyd a'i weinidogaeth. Byddai'n sicr wedi cael anhawster mawr i gydymffurfio â gorchymyn Iesu 'i beidio â sôn gair wrth neb am yr hyn oedd wedi digwydd' (8:56). Byddai wedi bod ar dân i ledaenu'r hanes.

Cwestiynau i'w trafod:

1. A yw'n deg dweud mai gweld y dyrfa a wnâi Pedr tra bo Iesu'n gweld yr unigolyn? A oes gwers yn hynny i ni?

2. O fod yn dyst i iachâd y wraig â'r diferlif gwaed, beth a ddysgodd Pedr am allu Iesu i iacháu?

3. Beth dybiwch chi oedd teimladau Pedr wrth iddo wylio'r hyn a ddigwyddodd yn ystafell merch Jairus?

CERDDED AR Y TONNAU

Mathew 14: 22–33

Er bod Marc ac Ioan, fel Mathew, yn gosod yr hanesyn hwn yn union ar ôl gwyrth Porthi'r Pum Mil, Mathew yn unig sy'n cynnwys Pedr yn y stori. Yn ôl Mathew, cymhellodd Iesu Pedr i ddod ato ar y tonnau. Cychwynnodd Pedr gerdded ato, ond pan deimlodd ei hun mewn perygl oherwydd grym y storm dechreuodd suddo, a bu rhaid i Iesu estyn llaw i'w godi'n ôl i'r cwch. Dyma'r ail dro i Iesu roi her i Pedr. Yn hanes yr helfa fawr o bysgod, gorchmynnodd Iesu iddo fynd allan i'r dŵr dwfn a gollwng ei rwydau am ddalfa (Lc. 5:4). Y tro hwn, y gorchymyn yw 'Tyrd'. Mae Pedr yn ufuddhau ar y ddau achlysur yn frwd, byrbwyll a hunanhyderus. Yn ei awydd angerddol i ddod at y Meistr mae'n gwbl ddi-hid o'r peryglon. Nid oedd heb ffydd, ond nid oedd ei ffydd eto'n ddigon cryf i'w gynnal yn y tonnau ac i oresgyn ei ofn. Awgrymir mai ei gamgymeriad oedd tynnu ei olwg oddi ar Iesu ac edrych yn hytrach ar y môr stormus o'i gwmpas. Roedd yn ddiogel pan edrychai ar Iesu, a gallai gerdded yn ddi-ofn ar y tonnau.

Encilio i'r mynydd

Wrth orchymyn i'r disgyblion fynd i'r cwch a hwylio o'i flaen i'r ochr draw, roedd yn amlwg fod Iesu'n dyheu am gael encilio i'r mynydd a chael llonydd yng nghwmni ei Dad nefol. Yn ôl fersiwn Ioan o'r stori roedd y bobl yn bwriadu cipio Iesu i'w wneud yn frenin (In. 6:15) ac yr oedd Iesu'n fwriadol yn dianc o'u gafael. Gwyddai fod y bobl, yn eu hawydd i'w wneud yn arweinydd gwleidyddol, mewn perygl o gam-ddeall natur ei weinidogaeth. A dichon fod hynny'n wir hefyd am rai o'i ddisgyblion, yn enwedig y cenedlaetholwyr pybyr yn eu mysg. Mae'n berffaith bosibl mai dyna un rheswm dros roi gorchymyn i'r disgyblion i fynd i'r cwch a hwylio i'r ochr draw: 'Yna'n ddi-oed gwnaeth i'r disgyblion fynd i'r cwch' (Mth. 14:22). Mae'r gair *gwnaeth* yn awgrymu gorchymyn pendant, a mesur o frys. Beth bynnag oedd i gyfrif am daerineb ei orchymyn, mae'n amlwg mai'r hyn oedd uchaf ym meddwl Iesu ei hun oedd ei awydd i encilio i'r mynydd.

Wedi i'r disgyblion ymadael ac i Iesu ollwng y tyrfaoedd, 'aeth i fyny'r mynydd o'r neilltu i weddïo, a phan aeth hi'n hwyr yr oedd yno ar ei ben ei hun' (14:23). Mae'r *mynydd* yn golygu un o'r bryniau uchel oedd o amgylch y llyn, lle gallai gael llonyddwch. Roedd arno angen hynny am ei fod yn dyheu am gymdeithas â Duw ei Dad, i adnewyddu ei nerth ac i geisio arweiniad. Wrth iddo encilio i'r unigeddau roedd Iesu'n canfod sawl peth a oedd yn gymorth iddo i weddïo.

Y peth cyntaf oedd y *mynydd* yr oedd yn encilio iddo. Yn y Beibl, cysylltir y mynydd â gweddi a'r profiad o bresenoldeb Duw. Ar y mynydd y bu Moses mewn cymundeb â Duw, cyn dychwelyd at y bobl â'i wyneb yn disgleirio wedi iddo fod ym mhresenoldeb y Sanctaidd. Meddai'r Salmydd, 'Codaf fy llygaid tua'r mynyddoedd; o ble y daw cymorth i mi?' (Salm 121:1). Ac felly, yn yr hanes hwn, dringodd Iesu i dawelwch y mynydd gerllaw i weddïo. Roedd delio â gofynion a galwadau'r dyrfa yn costio'n ddrud iddo'n gorfforol ac yn emosiynol. Yr hanes hwn a hanes Gardd Gethsemane yw unig gyfeiriadau Mathew at Iesu'n gweddïo. Roedd Iesu'n gweddïo yma er mwyn ei baratoi ei hunan at yr hyn oedd yn ei wynebu, fel y gallai weinidogaethu'n effeithiol ymysg y bobl ac arwain ei ddisgyblion yn gywir.

Yr ail beth a oedd o gymorth i Iesu oedd *ei bod yn hwyr:* 'a phan aeth hi'n hwyr yr oedd yno ar ei ben ei hun' (Mth. 14:23). Roedd y tywyllwch yn tawelu sŵn a rhuthr y byd. Yr hwyr oedd yr amser priodol i ymlacio'n gorfforol wedi gwaith y dydd, i ymdawelu ac i geisio yn ogystal orffwystra i'r enaid. Ond roedd yr hwyr hefyd yn cynrychioli'r gwewyr a deimlai Iesu o ddeall fod y bobl yn dymuno ei wneud yn frenin, ac yntau'n gwybod nad arwain ymgyrch wleidyddol oedd dymuniad Duw ar ei gyfer, ond cerdded llwybr dirmyg a dioddef. Ni allai wynebu'r frwydr fewnol hon heb nerth ac arweiniad ei Dad. Tywyllwch gofid a phryder sydd yn aml yn gwneud i ni fynd ar ein gliniau i geisio wyneb Duw a'i fwriadau ar ein cyfer:

> Fe all mai'r storom fawr ei grym
> a ddaw â'r pethau gorau im;
> fe all mai drygau'r byd a wna
> i'm henaid geisio'r pethau da.

Y trydydd peth a oedd yn gymorth i Iesu weddïo oedd ei fod *'yno ar ei ben ei hun'*. Roedd rhaid wrth unigedd i gymuno wyneb yn wyneb â Duw. Mae dyn wedi ei greu ar gyfer cymdeithas â'i gyd-ddyn. Mae bod heb gwmni yn gyflwr poenus iddo, ac yn achos anhapusrwydd mawr. Unigrwydd – yn enwedig unigrwydd ymhlith pobl – yw un o broblemau mawr ein cymdeithas gyfoes. Ond mae gwahaniaeth mawr rhwng *unigrwydd* ac *unigedd.* Mae unigrwydd yn greulon, ond mae unigedd yn greadigol. Mewn unigedd y gellir dod yn agos at y presenoldeb dwyfol. Mewn unigedd y gellir darganfod yr adnoddau ysbrydol sy'n dwyn maeth i'n heneidiau.

Gwyddai Iesu am y dedwyddwch a'r cymorth oedd i'w cael yng nghwmni cyfeillion. Cyfeirir yn aml yn yr efengylau at ei berthynas agos â Pedr, Iago ac Ioan. Ond gwyddai hefyd fod rhaid iddo gael amser 'ar ei ben ei hun'. Yn oriau mân y bore, ar lethrau unig y mynydd, disgwyliai wrth ei Dad nefol. Disgwyl wrth Dduw; gwrando arno; ymorffwys yn ei gariad; rhoi llais i'w bryderon a'i angen am gyfarwyddyd a nerth – dyna oedd amcan encilio i'r mynydd i gadw oed â'i Dad. Ac yno y bu hyd y bedwaredd wyliadwriaeth o'r nos, sef 'rhwng tri a chwech o'r gloch y bore' (14:25). Byddai'r Rhufeiniaid yn rhannu'r nos yn bedair gwylfa, a'r bedwaredd wylfa oedd rhwng tri a chwech o'r gloch. Yn y cyfamser, gwelai Iesu gwch y disgyblion mewn helbul ar y môr: 'Yr oedd y cwch eisoes gryn bellter oddi wrth y tir, ac mewn helbul gan y tonnau, oherwydd yr oedd y gwynt yn ei erbyn' (14:24).

'Myfi yw; peidiwch ag ofni.'

Daeth Iesu atynt 'dan gerdded ar y môr' (14:25). Os mai tua diwedd y bedwaredd wylfa o'r nos, sef cyn 6 o'r gloch y bore, y cerddodd Iesu atynt trwy'r tonnau, byddai hynny wedi digwydd fel roedd y wawr yn torri. A yw Mathew yn fwriadol yn cyplysu'r ddau beth? Yn sicr byddai'r credinwyr cynnar, yng nghanol stormydd erledigaeth, wedi derbyn cysur o'r darlun hwn o Grist yn dod atynt, gan ddod â gwawr newydd yn ei sgil. Yn adnodau 25 a 26, cyfeirir ddwywaith at Iesu'n 'cerdded ar y môr'. Mae'r gair a ddefnyddir am gerdded yn golygu 'cerdded oddi amgylch'. Yn adnod 25, gallai'r gair olygu 'cerdded ar lan y môr', sef cerdded trwy'r dŵr bas ar y lan; ac yn adnod 26, gallai olygu 'cerdded ar y môr'.

45

O gofio bod y gwynt wedi chwythu'r cwch i ganol y llyn, mae'n amlwg fod Mathew, fel Marc ac Ioan, yn dehongli'r digwyddiad fel gwyrth. Ond gwyrth neu beidio, mae'r digwyddiad hwn yn fwy na stori am Iesu'n tawelu storm ar Fôr Galilea ugain canrif yn ôl; mae'n arwydd o'r hyn a wna Iesu bob amser dros ei bobl yng nghanol stormydd bywyd. Mae'n bresennol ble bynnag y mae ei bobl mewn gwir angen amdano.

Darlunnir bywyd yn aml fel mordaith am fod y môr yn symbol addas o fywyd a'i beryglon. I ddarllenwyr cyntaf Mathew, y storm a oedd yn eu hwynebu oedd erledigaeth o du'r awdurdodau Rhufeinig. Roedd yr Eglwys yn mynd trwy storm enbyd dan yr Ymerawdwr Nero. Mwy na thebyg mai yn ystod teyrnasiad yr ymerawdwr creulon hwnnw y merthyrwyd Pedr a Paul yn Rhufain. Yma felly, daeth Iesu at ei ddisgyblion pan oeddent yng nghanol storm ar Fôr Galilea. Daeth hefyd at ei ddilynwyr cynnar yn Rhufain wrth iddynt ddioddef gormes ac erledigaeth chwerw. A phrofiad credinwyr yr oesoedd yw bod yr un Iesu'n dod atynt yng nghanol treialon bywyd.

O weld Iesu'n cerdded trwy'r storm, ymateb cyntaf y disgyblion oedd dychryn. 'Pan welodd y disgyblion ef yn cerdded ar y môr, dychrynwyd hwy nes dweud, "Drychiolaeth yw", a gweiddi gan ofn' (14:26). Roedd y storm ei hun yn ddigon i godi dychryn arnynt, ond fel y mae ofn yn esgor ar fwy o ofn, dychrynwyd hwy fwy fyth o weld ffigur dieithr yn dod atynt, i bob golwg ar wyneb y môr. Roedd Iddewon yn ofergoelus ac yn credu bod drychiolaethau o bob math i'w gweld ar y môr, a chafwyd chwedlau am ysbrydion yn ymddangos ar longau. Doedd dim syndod i'r disgyblion weiddi mewn arswyd. Ond yr oedd geiriau Iesu'n ddigon i dawelu eu hofnau: 'Ond ar unwaith siaradodd Iesu â hwy, "Codwch eich calon," meddai, "myfi yw, peidiwch ag ofni"' (14:27).

Deirgwaith yn yr efengylau clywir Iesu'n dweud, 'Codwch eich calon', ac ar y tri achlysur mae'n annog ei ddilynwyr i beidio â thristau nac i golli gobaith, ond i fod yn llawen a hyderus. Y geiriau yn yr hen gyfieithiad yw, 'Cymerwch gysur'; ac yn yr hen gyfieithiad Saesneg, 'Be of good cheer'. At y tri achlysur hyn y cyfeiriai'r esboniwr Matthew Henry pan soniodd am 'the three cheers of Jesus!' Yn yr hanesyn cyntaf, dywed

Iesu wrth y claf o'r parlys, 'Cod dy galon, fy mab; maddeuwyd dy bechodau' (Mth. 9:2). Yn yr ail, wrth rybuddio ei ddilynwyr y deuai erlid a gwrthwynebiad i'w rhan o gyfeiriad y byd, meddai Iesu, 'Yn y byd fe gewch orthrymder, ond codwch eich calon, yr wyf fi wedi gorchfygu'r byd' (In. 16:33). Ac yn y trydydd, mae Iesu'n cerdded ar y môr at ei ddisgyblion a hwythau'n tybio'u bod yn gweld drychiolaeth. 'Codwch eich calon ... myfi yw; peidiwch ag ofni' (Mth. 14:27). Neges y tri achlysur yw bod ffydd yng Nghrist yn ein galluogi i oresgyn pechod, ofn a gormes.

Gwroldeb a gwendid Pedr

Clywed llais Iesu dros sŵn y storm sy'n codi calonnau'r disgyblion ac yn eu rhyddhau o'u hofnau, ac nid yw hynny'n fwy gwir am yr un ohonynt nag am Pedr. O glywed llais ei Arglwydd a'i gyfaill, meddai, 'Arglwydd, os tydi yw, gorchymyn i mi ddod atat ar y tonnau' (14:28). Roedd ei ymateb brwd, eiddgar i orchymyn Iesu'n arwydd clir o'i ffydd; ond pan deimlodd rym y storm dechreuodd betruso a suddo, a bu raid i Iesu estyn ei law i afael ynddo. Gan mai Mathew yn unig sy'n cynnwys yr hanesyn ychwanegol hwn am Pedr, mae'n amlwg fod gan y gymdeithas yr ysgrifennai Mathew ar ei chyfer barch arbennig i Pedr. Yn gyffredinol, gwelir fod y cyfeiriadau at Pedr yn Efengyl Mathew yn cydnabod ei statws fel arweinydd yr Eglwys Fore. Roedd ei benderfyniad i wneud yr hyn a ymddangosai'n amhosibl i'r gweddill yn galw am ffydd a gwroldeb. Nid oedd yn brin o wroldeb, 'Ond pan welodd rym y gwynt brawychodd' (14:30) a gwaniodd ei ffydd.

Mae'r hanes yn adlewyrchu'n ffyddlon gymeriad Pedr – ei frwdfrydedd, ei hunanhyder, ei duedd i weithredu'n fyrbwyll yn wyneb peryglon, ei awydd angerddol i ddilyn ei Feistr i bobman, ond hefyd y ffaith i'w ofn fod yn drech na'i ffydd yn nannedd y storm. Mewn sawl man yn y Beibl, dangosir mai'r gwrthwyneb i ffydd yw *ofn*. Nid amheuaeth nac anghrediniaeth ond ofn sy'n llenwi'r galon o ganlyniad i golli golwg ar Iesu. Yn ôl Efengyl Marc, cwestiwn Iesu i'r disgyblion, wedi iddo ostegu'r storm oedd, 'Pam y mae arnoch ofn? Sut yr ydych heb ffydd o hyd?' (Mc. 4:40). Nid oedd Pedr heb ffydd; ond nid oedd ei ffydd eto'n ddigon cryf i gyflawni pethau mawr. Ond deuai amser pan fyddai ei ffydd cyn gryfed â'i frwdfrydedd ac y byddai ei ymddiriedaeth yn ei Arglwydd yn ei gynnal i gyflawni gorchestion.

Mae'n bosibl mai un o resymau Mathew dros gynnwys y cyfeiriad hwn at ymgais Pedr i gerdded ar y tonnau oedd bod y digwyddiad yn fath o ragfynegiad o wadiad Pedr o Iesu, a'i adferiad wedi'r atgyfodiad. Meddai Iesu wrtho, 'Ond yr wyf fi wedi deisyf drosot ti na fydd dy ffydd yn pallu. A thithau, pan fyddi wedi dychwelyd ataf, cadarnha dy frodyr' (Lc. 22:32). Ond yn ei gwymp a'i ddyrchafiad, yr oedd Pedr hefyd yn brototeip o bob crediniwr. Cwympo i godi drachefn oedd hanes y credinwyr cynnar, yn enwedig yn wyneb erledigaeth. A dyna yw hanes dilynwyr Crist ymhob oes. Ond mae cysur yn y sicrwydd fod Crist yn estyn ei law i godi'r methedig ac i adfer y sawl sydd, fel Pedr, yn galw arno. 'Estynnodd Iesu ei law ar unwaith a gafael ynddo gan ddweud, "Ti o ychydig ffydd, pam y petrusaist?"' (Mth. 14:31).

Mae'r llaw estynedig yn ddarlun symbolaidd cyffredin yn y Beibl. Gwelir llaw Duw fel arwydd o'i rym yn creu, yn cynnal, yn goresgyn gelynion Israel ac yn rhoi nerth i'w bobl. Yng Nghân Moses molir Duw am nerth ei law. 'Y mae nerth dy ddeheulaw, O Arglwydd, yn ogoneddus; dy ddeheulaw, O Arglwydd, a ddryllia'r gelyn' (Ex. 15:6). A cheir nifer o gyfeiriadau yn y Salmau at law nerthol Duw (gweler 17:7; 20:6; 44:3). Cafodd y darlun le'r un mor amlwg yn nefosiwn yr oesoedd. Gwelai Julian o Norwich y greadigaeth i gyd, a phob peth sydd ynddi, yn gorwedd yn ddiogel yng nghledr llaw Duw. Ac y mae emyn John Roberts, Llanfwrog, yn un enghraifft o blith llawer o'r syniad o'r llaw, 'a'i gafael ynof er nas gwelaf hi'.

Y camgymeriad a wnaeth Pedr oedd tynnu ei sylw oddi ar Iesu ac edrych yn hytrach ar rym y tonnau. Mae'n ddiogel pan yw'n edrych ar Iesu, a gall gerdded yn hyderus ar y tonnau. Calon defosiwn Cristnogol yw'r hyn a elwid gan yr hen gyfrinwyr gynt yn *contemplatio,* sef canoli'r meddwl a'r galon ar berson Crist, syllu arno, rhyfeddu ato, ei garu a'i addoli. Yn y math hwn o weddi, nid yw'r meddwl yn cynnal ymgom â Duw nac yn myfyrio ar ryw agwedd o'r gwirionedd neu adnod o'r Ysgrythur, ond yn syllu'n dawel ac yn addolgar ar wyneb Iesu. Dyna ddymuniad Pantycelyn mewn mwy nag un o'i emynau:

'Iesu, difyrrwch f'enaid drud
yw edrych ar dy wedd ...'

Colli golwg ar Iesu, ac edrych yn unig ar rym y tonnau a barodd i Pedr ddechrau suddo. Ond wrth iddo alw, 'Arglwydd, achub fi,' teimlodd law Iesu yn gafael ynddo. O ganlyniad, digwyddodd tri pheth: achubwyd ef o'r môr; gostegodd y storm; ac ymgrymodd y rhai oedd yn y cwch, a Phedr yn eu mysg, o flaen Iesu gan ddatgan, 'Yn wir, Mab Duw wyt ti' (Mth. 14:33) – geiriau sy'n mynegi ymlaen llaw gyffes fawr Pedr yng Nghesarea Philipi (16:16).

Cwestiynau i'w trafod:

1. Pam y dewisodd Iesu adael ei ddisgyblion er mwyn mynd i fyny'r mynydd o'r neilltu i weddïo? Pa mor bwysig yw i ni gael cyfnodau o dawelwch ar ein pen ein hunain?

2. Beth sydd gan yr hanesyn hwn i'w ddweud wrth Gristnogion dan erledigaeth, yn nyddiau'r Eglwys Fore a heddiw?

3. Beth a ddysgwn o'r digwyddiad hwn am natur a chymeriad Simon Pedr?

CYFFES FAWR PEDR

Mathew 16: 13-20

Pwy yw Iesu Grist? Wrth i weinidogaeth Iesu yng Ngalilea ddirwyn i ben, a chyn iddo osod ei fryd ar fynd i Jerwsalem, roedd angen iddo wynebu ei ddisgyblion â'r cwestiwn hwn. Roedd y sôn amdano wedi ymledu ar draws y wlad; cymaint felly nes y clywodd y Tywysog Herod amdano. 'Ond pwy yw hwn yr wyf yn clywed y fath bethau amdano?' holodd (Lc. 9:9). Roedd y cwestiwn hwn wedi codi o dro i dro yn ystod ei weinidogaeth yng Ngalilea. Er enghraifft, pan ymwelodd â synagog Nasareth gofynnodd y bobl, 'Onid mab y saer yw hwn? Onid Mair yw enw ei fam ef, ac Iago a Joseff a Simon a Jwdas yn frodyr iddo? Ac onid yw ei chwiorydd i gyd yma gyda ni?' (Mth. 13:55–56). Roedd pobl yn gwybod amdano fel 'Iesu' neu 'Iesu o Nasareth.'

Nid oedd hyd yn oed ei ddisgyblion agosaf yn ei adnabod yn iawn. Roedd Simon Pedr, fel gweddill y Deuddeg, wedi bod yn ei gwmni am ddwy flynedd a hanner, ond heb ddod i wybod pwy oedd Iesu mewn gwirionedd. Ond yr oedd yr amser i gychwyn ar ei daith dyngedfennol i Jerwsalem yn nesáu; a chyn cychwyn, roedd rhaid iddo wybod a oeddent wedi dod i'w adnabod drostynt eu hunain. Roedd yn bwysig iddo dreulio rhagor o amser gyda hwy i ddyfnhau eu perthynas. Gan fod ganddo gymaint mwy i'w ddysgu iddynt, roedd yn bwysig iddo dreulio rhagor o amser yn eu cwmni i'w paratoi ar gyfer yr hyn a ddigwyddai wedi iddynt gyrraedd Jerwsalem. A oeddent wedi dod i'w ddeall a'i adnabod? A oeddent yn ddigon aeddfed ac yn barod i barhau ei waith wedi iddo ef gael ei gymryd oddi wrthynt? Yr oedd dyfodol yr Efengyl a'r Ffydd Gristnogol yn y fantol.

Parthau Cesarea Philipi

Roedd rhaid i'r disgyblion ddarganfod drostynt eu hunain pwy oedd Iesu, a byddai rhaid i'r darganfyddiad ddigwydd oddi mewn iddyn nhw eu hunain ac nid trwy gael eu dysgu gan neb oddi allan. Bellach, daeth yr amser iddo ofyn, 'Pwy meddwch chwi ydwyf fi?' (16:15). Ond roedd yn bwysig ei fod yn gwneud hynny yn y lle cywir. Arweiniodd ei ddisgyblion o lan Môr Galilea, ryw bum milltir ar hugain at ffin ogleddol Israel, 'i barthau Cesarea Philipi' (16:13), dinas ag ynddi deml a sefydlwyd i hybu addoli'r Ymerawdwr, yn ogystal ag ugeiniau o demlau i dduwiau paganaidd.

Enwyd y ddinas yn *Cesarea* er cof am yr Ymerawdwr Cesar, a *Philipi* er parch i Philip y Tetrarch a ailadeiladodd y ddinas. Ond yr oedd hen hanes i'r lle. Bu'n ganolfan cyltiau paganaidd, yn enwedig y duw *Pan,* duw natur y credid iddo gael ei eni mewn ogof gerllaw. Roedd yno deml iddo. Fel y datblygodd y gred yn nwyfoldeb yr Ymerawdwr, cododd Herod Fawr yn y flwyddyn 22 CC deml enfawr o farmor gwyn a fyddai'n ganolfan i addoli'r Ymerawdwr. Roedd Cesarea yn orlawn o demlau o bob math, a'r rheiny'n cynrychioli grym ac awdurdod yr Ymerodraeth Rufeinig yn ogystal â llu o gyltiau paganaidd.

Ond roedd i'r lle hefyd gysylltiadau pwysig ag Iddewiaeth gan mai o ogof yn y mynydd gerllaw'r ddinas y tarddai afon Iorddonen – afon a oedd yn cynrychioli hanes a chrefydd Israel dros y canrifoedd.

Gosododd Iesu ei hun yn erbyn cefndir crefydd ac addoliad paganaidd, ac awdurdod gwleidyddol a gormesol yr Ymerodraeth Rufeinig gyda'i holl rwysg a'i ysblander a oedd wedi ei ganoli ar gyffesu'r Ymerawdwr yn dduw. Yno y gofynnodd am ddedfryd o'i blaid ei hun. Dyma saer o Galilea, gyda deuddeg o ddilynwyr cyffredin o'i amgylch, yn meiddio gofyn, yn anuniongyrchol, beth yw barn pobl amdano. Wedi bod cyhyd yn ei gwmni a than ddylanwad ei ddysgeidiaeth, daeth yn bryd i gwmni bychan ei ddisgyblion wynebu'r cwestiwn, 'Pwy yw hwn?'

Cyn holi ei ddisgyblion, mae Iesu'n gofyn beth yw barn y bobl yn gyffredinol amdano: 'Pwy y mae pobl yn dweud yw Mab y Dyn?' (16:13). Yn wahanol i Marc a Luc, mae Mathew yn ychwanegu'r term 'Mab y Dyn' at y cwestiwn; ac wrth wneud hynny mae'n dangos mai cwestiwn yw hwn amdano ef ei hun. Roedd mwy nag un ystyr i'r ymadrodd 'Mab y Dyn'. Gallai olygu dyn cyffredin, proffwyd, arweinydd, neu'r Meseia.

Yr ateb a gafodd i'w gwestiwn oedd bod pobl yn ei ystyried yn ailymgnawdoliad o rai o wŷr mawr y genedl. 'Mae rhai'n dweud Ioan Fedyddiwr' (16:14). Cawsai Ioan y fath ddylanwad yn ystod ei weinidogaeth fel bod rhai o'r farn iddo atgyfodi. Roedd eraill o'r farn mai Elias oedd Iesu. Ystyrid Elias y mwyaf o'r hen broffwydi, a chredai'r rabiniaid y byddai Elias yn dychwelyd fel rhagflaenydd y Meseia. Barn arall eto oedd mai Iesu oedd 'Jeremeia neu un o'r proffwydi'. Roedd rhai Iddewon yn credu y byddai Jeremeia'n dychwelyd cyn dyfodiad y Meseia, i baratoi'r deml ar gyfer ei ymddangosiad ac er mwyn i ogoniant Duw ei amlygu ei hun unwaith eto ymysg y bobl. Ond hyd yn oed os oedd rhai'n amharod i uniaethu Iesu ag Elias a Jeremeia, roeddent yn sicr yn barod i'w ystyried yn broffwyd, yn gennad arbennig oddi wrth Dduw. Er bod syniadau'r dyrfa yn aruchel, roedd yn amlwg i Iesu nad oeddent eto wedi gweld ei wir fawredd.

I Iesu, barn ei ddisgyblion oedd yn bwysig. Heb drafod dim ar syniadau'r dyrfa, trodd Iesu ei gwestiwn atyn nhw: '"A chwithau," meddai wrthynt, "pwy meddwch *chwi* ydwyf fi?"' (16:15). Y cwestiwn yn awr oedd, a oedd ei ddilynwyr agosaf wedi dod i'w adnabod ac i gredu ynddo.

Datganiad Pedr

O orfod wynebu'r cwestiwn gellir dychmygu y bu eiliad neu ddau o ddistawrwydd ymhlith y disgyblion. Pedr, y parotaf ei farn bob amser, a fentrodd ateb. Roedd un ar ddeg ohonynt yn ofni dweud dim, ond roedd Pedr yn ddigon dewr i ateb ar eu rhan: "Ti yw'r Meseia, Mab y Duw byw" (16:16). Oherwydd ei gyffes fawr, daethpwyd i ystyried Pedr fel prif lefarydd y Deuddeg. Oherwydd ei argyhoeddiad sicr fod i Iesu berthynas mor agos â Duw fel y gellid ei ddisgrifio fel 'Mab' Duw y daethpwyd i'w gydnabod fel prif arweinydd yr Eglwys Fore. Oherwydd ei allu i lefaru'n huawdl y pregethodd ei bregeth fawr yn Jerwsalem ar ddydd y Pentecost. I Iddewon, a fu'n disgwyl dros fil o flynyddoedd am ddyfodiad Meseia Duw, byddai clywed y geiriau, 'Ti yw'r Meseia!' yn brofiad syfrdanol. Roedd yr un y buont am genedlaethau yn dyheu am ei weld wedi ymddangos yn eu plith.

Mae fersiynau'r efengylau eraill o gyffes Pedr ychydig yn wahanol. 'Ti yw'r Meseia' sydd gan Marc (Mc. 8:29). 'Meseia Duw' yw'r geiriau yn Luc (Lc. 9:20). Gan Mathew y mae'r fersiwn hiraf: 'Ti yw'r Meseia, Mab y Duw byw'. Yr un yw ystyr *Meseia* a *Christ* (yr eneiniog un); daw'r cyntaf o'r ddau derm o'r Hebraeg a'r ail o'r Roeg. Fel y byddai brenin yn cael ei eneinio, byddai'r Meseia yn cael ei eneinio gan Dduw i fod yn Frenin dwyfol ar ei bobl.

Mae Pedr, felly, yn defnyddio'r teitl mwyaf anrhydeddus y gwyddai amdano er mwyn gosod Iesu ar ei ben ei hun. Nid oes unrhyw dermau dynol addas i ddisgrifio dirgelwch a rhyfeddod person a gwaith Iesu. Mae'n bur sicr nad oedd Pedr yn deall holl oblygiadau diwinyddol ei gyffes. Byddai'r Tadau eglwysig cynnar yn dadlau'n hir dros gwestiwn natur Crist fel dyn ac fel Duw, fel y gwnaeth diwinyddion dros y canrifoedd hyd heddiw. Ond yr oedd wedi dweud digon fel y gallai Iesu ddatgan, 'Gwyn dy fyd, Simon fab Jona, oherwydd nid cig a gwaed a ddatguddiodd hyn iti ond fy Nhad, sydd yn y nefoedd' (Mth. 16:17).

Mathew yn unig sy'n cofnodi geiriau Iesu'n cymeradwyo Pedr a'i gyffes. 'Nid cig a gwaed', nid crebwyll na gallu meddyliol, nid hyfforddiant gan unrhyw athro a arweiniodd Pedr i weld gogoniant Iesu fel Meseia, ond datguddiad oddi wrth Dduw. Gweledigaeth, a ddaw fel fflach oddi wrth Dduw ei hun, sy'n peri i'r gwirionedd wawrio arno. Er mor bwysig yn ein bywyd Cristnogol yw meddwl ac ymresymu, ac er mor bwysig yw dysgu oddi wrth rai mwy deallus a gwybodus na ni, daw gwir argyhoeddiad oddi mewn i ninnau trwy oleuni ac arweiniad yr Ysbryd Glân. Dywed Paul hefyd iddo dderbyn datguddiad ac arweiniad uniongyrchol oddi wrth Dduw 'a'm galwodd trwy ei ras ... [a] dewis datguddio ei Fab ynof fi, er mwyn i mi ei bregethu ymhlith y Cenhedloedd; ac ar unwaith, heb ymgynghori â neb dynol ... euthum i ffwrdd i Arabia' (Gal. 1:15–17). Daw *gwybodaeth am* Dduw trwy ddysgu a rhesymu; daw *adnabyddiaeth o* Dduw trwy ddatguddiad. Trwy foment o ddatguddiad dwyfol, gwawriodd y gwirionedd ar feddwl Pedr: hwn yw'r Crist, y Meseia dwyfol, yr un y buom yn disgwyl cyhyd amdano. Heb ofni cerydd na dadl nac anghytundeb, lleisiodd ei argyhoeddiad; a gwyddai'r disgyblion eraill yn eu calonnau iddo ateb yn gywir.

Ar y graig hon

Ac yna, yn nisgrifiad Mathew o'r digwyddiad ceir tair adnod a fu'n asgwrn cynnen ymhlith Cristnogion dros y canrifoedd, yn enwedig rhwng Protestaniaid a Chatholigion (Mth. 16:18–20). Dywed Iesu, 'Ac rwyf fi'n dweud wrthyt mai ti yw Pedr, ac ar y graig hon yr adeiladaf fy eglwys, ac ni chaiff holl bwerau Hades y trechaf arni'. Gan nad yw efengylau Marc na Luc yn cynnwys y geiriau hyn, mae rhai esbonwyr wedi awgrymu nad geiriau o enau Iesu mohonynt ond ychwanegiad gan awdur Efengyl Mathew, a oedd o bosib yn perthyn i eglwys Syria – eglwys yr oedd ganddi feddwl uchel o Pedr ac a oedd yn cydnabod ei arweiniad.

Gan fod Marc hefyd yn rhoi sylw amlwg i Pedr, mae'n rhyfedd nad yw'n cynnwys unrhyw gofnod am Iesu'n galw Pedr yn 'graig' ac yn sylfaen ei eglwys. Mae'n cofnodi cerydd Pedr, ond nid ei ddyrchafiad (Mc. 8:23). At hynny hefyd, pwyslais yr epistolau, sydd yn hŷn o dipyn na Mathew, yw mai Crist yw'r graig a sylfaen ei Eglwys: 'Ni all neb osod sylfaen arall yn lle'r un sydd wedi ei gosod, ac Iesu Grist yw honno' (1 Cor. 3:11). A dywed Paul wrth yr Effesiaid, 'Yr ydych wedi eich adeiladu ar sylfaen yr apostolion a'r proffwydi, a'r conglfaen yw Crist Iesu ei hun' (Eff. 2:20).

Sut, felly, y dylid esbonio geiriau Iesu wrth Pedr? Hyd yn oed os na ddywedodd Iesu'r geiriau hyn yn llythrennol ac mai barn rhai o aelodau'r Eglwys Fore sy'n cael ei hadlewyrchu yma, mae pethau pwysig yn cael eu dweud am Pedr.

Yn y lle cyntaf, *rhoddir enw newydd iddo, sef Petros,* sy'n dynodi *craig.* Ceir yma chwarae ar eiriau. *Petros* (gair tebyg i Pedr) yw'r gair Groeg am 'graig'; ac yn yr Aramaeg, mamiaith Pedr, 'craig' yw *Ceffas (kêpha).* Ar un ystyr, mae'n air anghymwys iawn i ddisgrifio cymeriad byrbwyll ac anwadal. Ond nid cymeriad Pedr yw'r graig, ond ei ffydd a'i gyffes.

Yn ail, *dywed Iesu mai ar y ffydd hon yr adeiledir ei Eglwys.* Ar gred a chyffes debyg i eiddo Pedr y mae Iesu'n adeiladu cymdeithas ei bobl, yr Israel newydd, yr *ecclesia.* Er bod y gair 'eglwys' yn ymddangos yn aml yn yr Actau a'r epistolau, dyma'r unig dro y gwelir y gair o fewn y pedair efengyl. Ei ystyr yw 'cynulliad o bobl', tebyg i gynulliad o ddinasyddion wedi eu galw ynghyd i drafod materion o bwys i'r ddinas. Prin y byddai Iesu ei hun wedi defnyddio'r gair, ond roedd yn amlwg yn fwriad ganddo i ffurfio cymdeithas o rai oedd yn ei gyffesu'n Feseia ac yn gyfrwng i barhau ei waith o estyn teyrnas Dduw yn y byd. Pedr oedd y cyntaf i wneud proffes gyhoeddus o'i ffydd yn Iesu fel Meseia Duw. Ond nid ef oedd yr unig un. Byddai eraill yn ei ddilyn: Ioan, y disgybl annwyl; Andreas ffyddlon; Paul y cenhadwr beiddgar a llu o rai tebyg. Ar eu ffydd a'u proffes hwy y medrodd Iesu adeiladu ei Eglwys. Yn ei lythyr cyntaf, dywed Pedr ei hun mai ar 'y maen bywiol', a wrthodwyd gan bobl ond a ddewiswyd gan Dduw, 'yr ydych chwithau hefyd, fel meini bywiol, yn cael eich adeiladu yn dŷ ysbrydol' (1 Pedr 2:5). Nid yw hynny'n lleihau dim ar gyfraniad a phwysigrwydd Pedr. Yn yr Eglwys Fore, ystyriwyd mai cyffes Pedr oedd y datganiad cyhoeddus cyntaf o ffydd yng Nghrist – ffydd a oedd fel craig y byddai eraill, fel meini bywiol, yn adeiladu arni

Yn drydydd, *dywed Iesu na allai holl bwerau angau ddinistrio ei Eglwys.* 'Ni chaiff holl bwerau Hades y trechaf arni' (Mth. 16:18). Yn yr hen gyfieithiad ceir y geiriau, 'a phyrth uffern nis gorchfygant hi'. Ond 'Hades' a geir yn y gwreiddiol, ac i'r Iddew 'Hades' oedd trigfan y meirw. Ac felly, dweud wna Iesu nad yw'r gallu gan angau i gau allan y rhai sy'n perthyn i gymdeithas ei bobl ef – y rhai sy'n credu ynddo fel Meseia Duw. Mae porth yn cau pethau allan, i'w caethiwo a'u carcharu. Ond Iesu yw'r un sydd wedi dinistrio pŵer marwolaeth. Ef yw'r un na all pyrth angau ei garcharu. Yn ei bregeth fawr ar ddydd y Pentecost, meddai Pedr am Iesu, 'Ond cyfododd Duw ef, gan ei ryddhau o wewyr angau, oherwydd nid oedd dichon i angau ei ddal yn ei afael ... oherwydd ni fyddi'n gadael fy enaid yn Hades, nac yn gadael i'th Sanct weld llygredigaeth' (Act. 2:24, 27).

Mae'n bosibl, felly, fod Iesu'n cyfeirio at fuddugoliaeth ei atgyfodiad, a oedd eto i ddod, fel petai'n dweud, 'Yr ydych wedi gweld a chredu mai myfi yw'r Crist, y Meseia. Ym mhen amser caf fy nghroeshoelio a bydd pyrth Hades yn cau arnaf. Ond ni fyddant yn gallu fy nal yn gaeth. Dof yn rhydd, a chewch chwithau rannu yn fy mywyd atgyfodedig. Ni fydd pyrth angau'n cau ar fy Eglwys i.'

Yn dilyn o hynny, gall geiriau Iesu hefyd olygu na all holl rymusterau angau a drygioni – holl ymosodiadau ac erledigaethau'r canrifoedd – ddinistrio Eglwys Crist. Mae dwy fil o flynyddoedd o hanes wedi profi hynny. Bu llawer o ymosod ar yr Eglwys dros y canrifoedd, gan gynnwys y ganrif hon, ond mae'n dal yn fyw.

Yn bedwerydd, *dywed Iesu ei fod yn rhoi i Pedr allweddau teyrnas nefoedd.* Mae'n mynd yn ei flaen i ddatgan, 'a beth bynnag a waherddi ar y ddaear a waherddir yn y nefoedd, a beth bynnag a ganiatei ar y ddaear a ganiateir yn y nefoedd' (Mth. 16:19). Yn yr hen fyd, byddai'r gofal am allweddau palas brenhinol yn nwylo'r pen stiward. Ef fyddai'n gyfrifol am agor a chau'r pyrth. Yn Eseia 22:22 cyfeirir at benodi Eliacim fab Hilceia i ofalu am allwedd tŷ Dafydd. Ef oedd yn penderfynu pa bryd y dylid cau ac agor y pyrth, a phwy a gâi fynd i mewn ac allan trwyddynt. Yn Llyfr Datguddiad (1:18; 3:7), ym meddiant Iesu y mae allweddau marwolaeth a Hades, a chanddo ef y mae allwedd Dafydd. Yr hyn a ddywed Iesu wrth Pedr yw y byddai amser yn dod pan fyddai Pedr yn stiward y deyrnas, a'i fraint ef fyddai agor y pyrth er mwyn i bobl ddod i mewn. *Agor* porth y deyrnas, *nid ei gau,* fyddai ei waith. A dyna'n union a ddigwyddodd. Ar y Pentecost, agorodd y drws i dair mil o eneidiau i ddod i mewn (Ac. 2:41). Agorodd y drws i Cornelius a'i deulu (10:1–43), ac o ganlyniad taflwyd y drws ar agor led y pen i dderbyn y Cenedl-ddynion i'r Eglwys. A thros y canrifoedd mae eraill wedi parhau'r dasg o agor y pyrth i holl bobl y byd ddod i mewn i deyrnas Crist.

Fel arweinydd yn yr Eglwys, byddai gan Pedr hefyd yr awdurdod i wahardd ac i ganiatáu. Golygai hynny fod ganddo ef, fel yr arweinwyr eraill, yr hawl a'r cyfrifoldeb i arwain pobl i edifeirwch, i gyhoeddi maddeuant Duw a'i gariad mawr yn Iesu Grist, ac felly i wahardd pob pechod a drygioni. Yn ogystal, byddai cyfrifoldeb ar yr arweinwyr i wneud penderfyniadau ynglŷn â bywyd a threfn yr Eglwys. Nid i Pedr yn unig y rhoddwyd yr awdurdod i fugeilio a disgyblu, ond i'r holl ddisgyblion fel rhai oedd yn credu ynddo ac yn ei gyffesu gerbron y byd (Mth. 18:18).

Cwestiynau i'w trafod:

1. Pa mor arwyddocaol yw hi fod Pedr wedi gwneud ei gyffes fawr yng Nghesarea Philipi o bob man?

2. Dywed Iesu nad cig a gwaed a ddatguddiodd ei natur ddwyfol i Pedr, ond ei Dad nefol. Beth yw ystyr dweud fod Duw yn datguddio'r gwirionedd inni?

3. Ai cymeriad Pedr ynteu ei ffydd yw'r 'graig' y caiff yr Eglwys ei hadeiladu arni?

CERYDD A CHROES

Mathew 16:21–28

Er bod Pedr wedi datgan yn gyhoeddus yng Nghesarea Philipi ei gred mai Iesu oedd y Meseia, 'Mab y Duw byw' (Mth. 16:16), a bod Iesu wedi ei ganmol am iddo ddirnad y gwir, daw'r hanes i ben gyda rhybudd i'r disgyblion 'beidio â dweud wrth neb mai ef oedd y Meseia' (16:20). Er bod y disgyblion wedi deall a derbyn mai Iesu oedd y Meseia disgwyliedig, doedden nhw ddim wedi deall beth oedd ymhlyg yn hynny. Roedd eu syniad hwy am Feseia yn wahanol iawn i syniad Iesu.

Y syniad poblogaidd oedd o arwr milwrol, brenin pwerus a fyddai'n trechu'r Rhufeiniaid, yn eu hysgubo o wlad Palestina ac yn rhyddhau'r bobl ac adfer gogoniant Israel. Roedd syniad Iesu'n gwbl wahanol. Dyna pam y rhoddodd orchymyn i'w ddisgyblion i beidio â dweud dim wrth neb am eu darganfyddiad. Pe baent wedi mynd i blith y bobl i bregethu fod y Meseia wedi ymddangos yn eu plith, mae'n bosibl mai canlyniad hynny fyddai rhyw fath o wrthryfel arfog gan rai o'r Iddewon, a hwnnw'n cael ei drechu mewn dim amser gan y Rhufeiniaid. Cyn iddynt fynd i gyhoeddi Iesu'n Feseia, roedd rhaid iddynt ddeall beth a olygai Iesu wrth hynny. Roedd ei raglen Feseianaidd ef yn sylfaenol wahanol i ddisgwyliadau gwleidyddol y werin bobl, ac yn wahanol i ddisgwyliadau Pedr hefyd, gyda'r canlyniad iddo dderbyn cerydd chwyrn gan Iesu.

Meseia gwahanol

Yn gyntaf oll, roedd rhaid iddo egluro'i swyddogaeth Feseianaidd wahanol i'w ddisgyblion. Roedd rhaid sicrhau eu bod nhw'n deall yn union natur a chanlyniadau ei weinidogaeth wrth iddynt gychwyn ar eu taith i Jerwsalem. 'O'r amser hwnnw y dechreuodd Iesu ddangos i'w ddisgyblion fod yn rhaid iddo fynd i Jerwsalem, a dioddef llawer gan yr henuriaid a'r prif offeiriaid a'r ysgrifenyddion, a'i ladd, a'r trydydd dydd ei gyfodi' (16:21).

Yn ôl cofnod Marc o'r geiriau hyn, cyfeiriodd Iesu ato'i hun fel 'Mab y Dyn'. 'Dechreuodd eu dysgu bod yn rhaid i Fab y Dyn ddioddef llawer' (Mc. 8:31). Fel y cyfeiriwyd eisoes, gallai'r term 'Mab y Dyn' olygu ffigwr Meseianaidd, ond gallai hefyd olygu dyn – dyn yn ei feidroldeb a'i wendid. Mae'n ymddangos fod Iesu'n dewis teitl amwys o'r fath a oedd yn cyfuno'r ddau ystyr, sef nerth dwyfol a gwendid dynol, i ddisgrifio'i swyddogaeth ei hun.

Mae'n amhosibl dweud pryd yn union y sylweddolodd Iesu y byddai'n rhaid iddo ddioddef a marw os oedd i gyflawni ei genhadaeth. Yn raddol y daeth i ddeall hynny, ond daeth yn glir iddo y byddai syniadau poblogaidd y dyrfa, a gwrthwynebiad yr awdurdodau Iddewig a Rhufeinig, yn sicr o arwain at wrthdaro a dioddefaint a fyddai'n arwain at ei farwolaeth. Yn ôl y tair efengyl – Mathew, Marc a Luc – hysbysodd Iesu ei ddisgyblion deirgwaith am ei farwolaeth a'i atgyfodiad (Mth. 16:21–28; 17:22–23; 20:17–19; Mc. 8:31 – 9:1; 9:30–32; 10:32–34; Lc. 9:22–27, 43–45; 18:31–34). Y cwestiwn yw, i ba raddau y gallai Iesu fod wedi rhagweld ei ddioddefiadau a'i farwolaeth ei hun, ac yn enwedig ei atgyfodiad? Nid yw'n anodd dychmygu y gallai fod wedi rhagweld y byddai gwrthdaro rhyngddo a'r Sanhedrin – yr henuriaid a'r prif offeiriaid a'r ysgrifenyddion – a fyddai'n arwain at ei ladd. Roedd hadau'r gwrthdaro wedi eu hau yn gynnar yn ei weinidogaeth, ac ni fyddai digwyddiadau Jerwsalem ond penllanw'r ffrwd o elyniaeth a fu'n cronni ers amser.

Wedi dweud hynny, byddai Iesu hefyd yn ymwybodol o'r syniad a fodolai o fewn Iddewiaeth y byddai cyfnod o gystuddiau'n wynebu pobl Dduw cyn eu llwyddiant terfynol, pan fyddai Duw'n dod i arbed ei bobl ac i adfer gogoniant Israel. Ni phwysleisir hynny'n fwy eglur yn unman nag yng Nghaneuon y Gwas Dioddefus ym mhroffwydoliaeth Eseia (Es. 52:13 – 53:12). Trwy ddioddefiadau'r Gwas Dioddefus, dieuog y deuai achubiaeth i Israel, pa un bynnag ai unigolyn (o bosibl y Meseia y disgwylid amdano) ynteu'r genedl gyfan fyddai hwnnw. Yn sicr, cafodd y gân hon, a oedd yn adleisio'i brofiad, ddylanwad ar feddwl Iesu. Roedd marwolaeth Ioan Fedyddiwr hefyd yn dangos yn glir y gallai'r un dynged fod yn ei aros yntau wedi iddo gyrraedd Jerwsalem.

Ond os gallai Iesu ragweld ei ddioddefiadau a'i farwolaeth, a oedd hefyd yn rhagweld ei atgyfodiad 'ar y trydydd dydd'? Mae nifer o esbonwyr wedi awgrymu mai geiriau a roddwyd yng ngenau Iesu gan yr Eglwys Fore, wedi'r atgyfodiad, oedd y cyfeiriadau at y digwyddiad hwnnw. Awgrymodd eraill fod Iesu'n benthyg geiriau o broffwydoliaeth Hosea: 'Fe'n hadfywia ar ôl deuddydd, a'n codi ar y trydydd dydd, inni fyw yn ei ŵydd' (Hos. 6:2). Nid yw'n amhosibl wrth gwrs i Iesu ragweld ei atgyfodiad a'r adnewyddiad a ddeuai i'w Eglwys a'i chenhadaeth yn sgil hynny. Ond mae rhai'n mynnu ei bod yn llawer mwy tebygol y byddai wedi rhagweld yn fras ei dynged ei hun wedi iddo ef a'r disgyblion gyrraedd Jerwsalem, ond mai'r Eglwys Fore yn ddiweddarach a ychwanegodd y cyfeiriad at yr atgyfodiad ar y trydydd dydd.

Pe byddai Iesu wedi sôn yn benodol am ei atgyfodiad, mae'n anodd deall pam y byddai'r disgyblion wedi eu llethu o glywed y byddai'n rhaid iddo ddioddef llawer a chael ei ladd. Os oedd Iesu wedi sôn am atgyfodiad, nid oedd hynny wedi symud dim ar yr ymdeimlad o ofn a thristwch ymhlith ei ddisgyblion. Ac ni allai'r disgyblion dderbyn y syniad o Feseia'n dioddef ac yn cael ei ladd gan ei bobl ei hun. A'r un a ymatebodd yn chwyrn i'r fath syniad o Feseia dioddefus oedd Simon Pedr.

Protest a cherydd Pedr

Ychydig ynghynt, datguddiwyd i Pedr mai Iesu oedd Meseia Duw. Gellid dychmygu y byddai wedi ei godi i'w seithfed nef gan ymateb Iesu i'w gyffes. Ond yna syrthiodd ar unwaith i'r ddaear. Pan ddywedodd Iesu y byddai'n mynd i Jerwsalem i ddioddef llawer dan law'r henuriaid a'r prif offeiriaid ac i gael ei ladd, protestiodd Pedr yn chwyrn: 'A chymerodd Pedr ef a dechrau ei geryddu gan ddweud, "Na ato Duw, Arglwydd. Ni chaiff hyn ddigwydd i ti"' (Mth. 16:22). Magwyd Pedr gyda'r syniad o Feseia buddugoliaethus a fyddai'n trechu ei elynion ac yn adfer gogoniant y genedl. Roedd y syniad o Feseia dioddefus yn marw ar groes yn gwbl wrthun iddo.

Mae'r geiriau 'Cymerodd Pedr ef' yn awgrymu fod Pedr wedi rhoi braich amddiffynnol o amgylch Iesu, fel pe bai am ei warchod rhag y fath dynged. Yna dechreuodd ei geryddu. Roedd yr ensyniad fod dioddefaint a marwolaeth yn ei wynebu yn ormod i Pedr, ac yn galw am gerydd. Ond Pedr ei hun a gafodd y cerydd llymaf mewn geiriau sy'n ddigon i'n brawychu: 'Dos ymaith o'm golwg, Satan; maen tramgwydd ydwyt imi, oherwydd nid ar bethau Duw y mae dy fryd ond ar bethau dynol' (16:23). Rhaid bod y gair 'Satan' wedi brifo Pedr yn arw, ond gwelai Iesu yn ei eiriau ymdrech i'w droi nôl i'r llwybr cywir – llwybr ufudd-dod i ewyllys ei Dad nefol.

Gall geiriau Iesu, 'Dos ymaith o'm golwg', olygu 'dos o'm ffordd' neu 'dos y tu ôl i mi', a gall y cyfeiriad at 'Satan' awgrymu fod y cof am y temtiad yn yr anialwch ar ddechrau ei weinidogaeth yng Ngalilea yn dod yn ôl iddo. Bryd hynny dywedodd wrth Satan, a oedd yn ceisio'i ddenu oddi ar y llwybr oedd gan Dduw ar ei gyfer, 'Dos ymaith, Satan' (4:10). Cafodd ei demtio i gynnig bara i'r bobl. 'Rho bethau materol iddyn nhw,' meddai'r temtiwr, 'a byddant yn dy ddilyn yn heidiau'. 'Dangos dy allu dwyfol trwy gyflawni campau rhyfeddol, a byddant yn dod ar dy ôl.' 'Cymer rym ac awdurdod dynol i orfodi dy ewyllys ar bobl, a byddant yn dy dderbyn a'th ddilyn fel brenin bydol.' A thrwy gydol ei weinidogaeth cafodd Iesu ei demtio i ildio i ddulliau ac i lwybrau gwahanol. Ond gwrthododd bob temtasiwn a ddeuai ar ei draws.

'Dos ymaith o'm golwg, Satan', meddai wrth Pedr. Gorchymyn oedd hwn i Satan, a oedd yn siarad trwy Pedr, i symud y tu ôl iddo yn hytrach na sefyll rhyngddo ef a'r groes. Nid oedd dim yn fwy sicr i Iesu na'r ffaith ei fod, wrth ddewis ffordd y groes, yn cyflawni ewyllys Duw. Ond roedd cerdded y ffordd honno'n golygu ymdrech galed iddo. Gwyddai beth oedd grym y temtasiwn i ddewis llwybr haws na llwybr dioddefaint. O glywed y temtasiwn o enau Pedr, ei ddisgybl a'i gyfaill, daeth ei grym ato o'r newydd. Meddai'r esboniwr Michael Green, 'Mae Satan ar ei gryfaf pan ddaw at ddyn yn rhith cyfaill a than gochl cariad a chydymdeimlad'. Defnyddiodd Iesu eiriau cryf iawn am ei gyfaill er mwyn dinoethi'r temtasiwn a'i oresgyn.

Ond os oedd cael ei gyfarch fel 'Satan' wedi brifo Pedr, byddai'r geiriau 'maen tramgwydd ydwyt imi' (16:24), wedi ei frifo'n fwy fyth.

Ychydig ynghynt roedd Iesu wedi ei alw'n *Petros*, y Graig, ac wedi datgan mai ar y graig honno y byddai'n adeiladu ei Eglwys. Yn awr, mae'r garreg sylfaen wedi troi'n faen tramgwydd. Mae geiriau Iesu yn atgoffa pawb ohonom mai meini bywiol ydym yn adeiladaeth Eglwys Crist – naill ai meini y gall Crist adeiladu arnynt, neu feini tramgwydd sy'n atal ei waith. Bai mawr Pedr oedd iddo roi ei fryd ar bethau dynol yn hytrach nag ar bethau Duw. Mae gan Dduw ei ffordd ei hun o estyn ei deyrnas; nid ffordd grym a thrais ac awdurdod dynol, ond ffordd gostyngeiddrwydd, dioddefaint a chymod. Ond yn aml dros y canrifoedd, mae rhai Cristnogion wedi troi oddi wrth ffordd y deyrnas ac wedi cefnogi rhyfel a thrais; wedi defnyddio'r stanc, y crocbren a phoenydio i orfodi eu dehongliad hwy o'r Efengyl ar eraill; wedi hybu'r fasnach caethion ac wedi rhoi elw bydol o flaen egwyddorion teyrnas Dduw. Bu'r rhain yn feini tramgwydd, gau broffwydi a dilynwyr 'Satan'. Ond fe ddilynodd eraill yn ffyddlon ffordd y Crist dioddefus gan fod yn feini byw yn adeilad ei Eglwys yn y byd.

Ffordd y groes

O glywed Iesu'n cyhoeddi fod dioddefaint a marwolaeth yn ei ddisgwyl yn Jerwsalem meddai Pedr, 'Na ato Duw, Arglwydd. Ni chaiff hyn ddigwydd i ti' (16:22). Pam y dywedodd hyn? Ai oherwydd awydd gwirioneddol i amddiffyn Iesu rhag y fath dynged? Neu ai poeni oedd am ei ddiogelwch ei hun a'i gyd-ddisgyblion? Os oedd bryd yr awdurdodau yn Jerwsalem ar ladd Iesu, oni fydden nhw hefyd am waed ei ddisgyblion? Aeth Iesu ymlaen i ddangos i'w ddisgyblion fod disgwyl iddynt hwythau gerdded yr un llwybr ag yntau. Felly daeth at drobwynt, nid yn unig yn ei ddysgeidiaeth amdano'i hun ond hefyd yn ei ddysgeidiaeth am ystyr ac amodau bod yn ddisgyblion iddo: 'Yna dywedodd Iesu wrth ei ddisgyblion, "Os myn neb ddod ar fy ôl i, rhaid iddo ymwadu ag ef ei hun a chodi ei groes a'm canlyn i' (16:24). Os yw'r Meseia yn dewis cerdded llwybr dioddefaint, bydd rhaid i'w ddilynwyr hefyd ddilyn llwybr tebyg.

Mae tair nodwedd i'r llwybr hwn. Yn gyntaf, *ymwadu â'r hunan*. Rhaid anghofio'r hunan a sefydlu'r meddwl yn gyfan gwbl ar Dduw. Yn lle e wneud ei hun a'i hawliau a'i bleserau yn brif nod ei fywyd a'i ymdrechion rhaid iddo ymwadu â hunanoldeb o'r fath a gosod ei fryd yn llwyr ar bwrpas ac ewyllys Duw ar ei gyfer. Mae dod yn ddisgybl i Iesu Grist yn golygu symud ffocws bywyd oddi wrth yr hunan, a'i osod ar Dduw. Mae'n golygu ymwrthod â bywyd hunan-ganolog a derbyn yn ei le fywyd Duw-ganolog. Mae'n golygu dweud 'Na' wrth yr hunan ac 'Ie' wrth Dduw. Greddf naturiol dyn yw ei warchod ei hun a'i fuddiannau. Mae'r pwyslais a geir mewn seicoleg fodern i bobl sylweddoli'r hunan, ceisio boddhad yr hunan a datblygu potensial yr hunan, yn groes i ddysgeidiaeth ac esiampl Iesu i ymwadu â'r hunan. Dyna a wnaeth Iesu ei hun, ac y mae'n galw ar bob un sydd am ei ddilyn i wneud yr un modd.

Ail nodwedd bywyd y disgybl yw ei fod *i godi ei groes.* Rhaid iddo ddygymod yn barhaus â chondemniad eraill arno. Gwyddai'r Iddewon yn iawn beth oedd dwyn y groes. Croeshoeliwyd cannoedd ohonynt dan deyrnasiad y Rhufeiniaid. Yr arferiad oedd bod y sawl a gondemniwyd yn cario ei groes i ddangos ei fod dan gondemniad ac yn wrthrych gwaradwydd a chywilydd. I rai Cristnogion heddiw, gall codi'r groes olygu merthyrdod a marwolaeth dros eu ffydd, yn enwedig mewn gwledydd Islamaidd. Dylem gofio yn ein gweddïau amdanynt hwy a phawb arall drwy'r byd sy'n dioddef am eu ffydd yng Nghrist. I eraill gall codi'r groes olygu dwyn siomedigaethau, cywilydd, gwrthwynebiad, gwawd neu amgylchiadau anodd. Nid yr un yw croes pawb. Sylwch mai gorchymyn Iesu yw bod pob un yn codi *ei* groes. Ni all neb gario croes Iesu ei hun. Galwyd ar Simon o Cyrene i ddwyn croes Iesu ar y ffordd i Galfaria. Ond nid dwyn y groes a wnaeth Simon mewn gwirionedd, ond cario pren. Iesu'n unig fedrai ddwyn baich y dioddef a'r ing, euogrwydd a phechod y ddynoliaeth. Croes rhai yw eu hamgylchiadau, fel poen, unigrwydd, tlodi ac anabledd; croes eraill yw eu gofal am berthynas sy'n wael neu'n llesg; croes eraill wedyn yw eu natur wrthnysig eu hunain. Pa groes bynnag a osodir arnom mewn bywyd, ein cyfrifoldeb yw dwyn y groes honno yng ngoleuni ac yn nerth croes Crist ei hun.

Trydedd nodwedd bywyd y disgybl yw *canlyn Iesu.* Hanfod y bywyd Cristnogol yw perthynas â pherson, nid teyrngarwch i egwyddor neu sefydliad neu gredo. Gofyn i ni ei ddilyn a wna Iesu; nid ei efelychu'n unig, ond cerdded yn ei gwmni, ceisio'i ewyllys, dysgu ganddo, a rhannu ein gofidiau a'n hofnau a'n pryderon ag ef. Yn fwy na dim, mae dilyn Iesu'n golygu treulio amser yn ei gwmni mewn gweddi, mewn distawrwydd ac mewn myfyrdod.

Yna, aeth Iesu ymlaen i gyhoeddi egwyddor sylfaenol y bywyd Cristnogol: 'Oherwydd pwy bynnag a fyn gadw ei fywyd, fe'i cyll, ond pwy bynnag a gyll ei fywyd er fy mwyn i, fe'i caiff' (16:25). Y syniad poblogaidd yw mai cyfrifoldeb cyntaf dyn yw edrych ar ei ôl ei hun. Ond mae egwyddor fawr Crist yn dweud yn wahanol. Mae'r sawl sy'n ceisio'i hawliau, ei gysuron, ei lwyddiant, ei ddiogelwch a'i eiddo ei hun o flaen popeth arall – yn eu colli. Hynny yw, mae'n colli golwg ar amcan a diben bywyd. Y gwrthwyneb sy'n wir. Mae ystyr a llawnder bywyd i'w ganfod mewn gwasanaeth i gyd-ddyn ac mewn ymdrech dros Dduw a'i deyrnas. Wrth ymgolli mewn gwasanaeth, ac wrth sianelu pob dawn i hybu'r deyrnas, mae dyn yn canfod bywyd. Mae'r sawl sydd am gadw ei fywyd, gan geisio cysur, diogelwch a llwyddiant, mor brysur yn ceisio'r pethau hyn nes ei fod yn colli'r hyn y mae'n ei geisio. Ar y llaw arall, mae'r gŵr sy'n rhoi heibio'r ymchwil am gysuron a phethau'r byd hwn, ac yn ymgolli yn hytrach mewn gwasanaeth i eraill ac i Dduw yn canfod bywyd – bywyd tragwyddol ei ansawdd na fedr gelyn nac angau ei ddileu.

Daw'r adran hon i ben gyda Iesu'n cyferbynnu elw bydol ac enaid. Gall dyn dreulio'i holl fywyd yn ennill ac yn cadw pethau, a chanfod yn y diwedd ei fod wedi 'fforffedu ei fywyd' (16:26). Yn y cyswllt hwn, mae 'bywyd' yn gyfystyr â phersonoliaeth neu enaid neu'r hunan, sef hanfod ein bod. Ac o fforffedu ei fywyd, 'Beth a rydd rhywun yn gyfnewid am ei fywyd?' (16:26). Beth fydd ganddo i'w gynnig yn lle ei enaid – ei bersonoliaeth – a gollwyd? Yr ateb wrth gwrs yw 'dim byd o gwbl'. Colled lwyr yw ennill pethau, hyd yn oed ennill y byd i gyd, ar draul colli enaid. Mae dilyn Iesu'n gofyn am ymwadu â'r hunan, dwyn pa groes bynnag a ddaw inni ar lwybr bywyd, a rhoi ein hunain yn llwyr mewn cariad a gwasanaeth iddo.

Cwestiynau i'w trafod:

1. Pam y defnyddiodd Iesu air mor gryf â 'Satan' wrth geryddu Pedr?

2. A oes gwrthdaro rhwng dysgeidiaeth Iesu am ymwadu â'r hunan a syniadau pobl yn ein hoes faterol ni?

3. Beth dybiwch chi oedd cyflwr meddwl Pedr wrth wynebu'r daith i Jerwsalem?

AR BEN Y MYNYDD GYDA IESU

Mathew 17: 1–13

Oddeutu wythnos wedi i Pedr wneud ei gyffes yng Nghesarea Philipi ac i Iesu ragfynegi ei farwolaeth, penderfynodd Iesu ymneilltuo i fynydd uchel gan fynd â Pedr, Iago ac Ioan yn gwmni iddo. Hwy oedd agosaf ato o blith y Deuddeg, a hwy fyddai debycaf o gydymdeimlo â'i feddyliau. Bu llawer o ddyfalu ynghylch lleoliad y mynydd hwn. Tabor yng Ngalilea oedd y lleoliad traddodiadol, ond y farn gyffredinol bellach yw mai Mynydd Hermon a olygir, gan ei fod yn nes at Gesarea Philipi, ac yn cyd-fynd â disgrifiad Mathew o'r 'mynydd uchel' – mae Hermon dros 9,000 o droedfeddi o uchder. Byddai wedi cymryd rhai oriau iddynt gyrraedd copa'r mynydd, ac erbyn hynny byddai wedi dechrau nosi. Dywed Luc, 'Yr oedd Pedr a'r rhai oedd gydag ef wedi eu llethu gan gwsg; ond deffroesant a gweld ei ogoniant ef' (Lc. 9:32). Ond nid lleoliad nac enw'r mynydd sy'n bwysig ond ei arwyddocâd fel mangre datguddiad dwyfol.

Mae'r cyfeiriad at 'chwe diwrnod' (Mth. 17:1) cyn i Iesu eu cymryd i fyny'r mynydd yn ein hatgoffa o hanes Moses yn dringo mynydd Sinai mewn ufudd-dod i orchymyn Duw. 'Arhosodd gogoniant yr Arglwydd ar Fynydd Sinai, a gorchuddiodd y cwmwl y mynydd am chwe diwrnod' (Ex. 24:16). Am chwe diwrnod bu'r tri disgybl yn meddwl am yr hyn a ddigwyddodd yng Nghesarea Philipi, ac yn araf treiddiodd geiriau Iesu a'r cyfarwyddyd a roddodd iddynt am natur ac ystyr y bywyd Cristnogol yn ddyfnach, ddyfnach i'w calonnau. I Pedr, yn sicr ddigon, bu'n gyfnod o ystyried yn ofalus y ganmoliaeth a'r cerydd a gafodd gan Iesu, a thros y chwe diwrnod byddai wedi penderfynu ei fod am wneud ei orau glas i ddilyn Iesu'n fwy ffyddlon ac ymroddgar.

Gweledigaeth yn dilyn cyffes
Wedi cyrraedd pen y mynydd cafodd y tri disgybl brofiad rhyfeddol o weld gogoniant dwyfol Iesu'n disgleirio trwyddo. Gwnaeth y profiad argraff ddofn ar y tri, cymaint felly nes bod awduron y tair efengyl,

66

Mathew, Marc a Luc wedi cynnwys yr hanes yn eu hefengylau.

I Pedr, roedd gweddnewidiad Iesu'n gadarnhad o'i gyffes mai Iesu oedd y 'Meseia, Mab y Duw byw' (Mth. 16:16). Roedd Pedr wedi gwneud ei ddatganiad mawr *cyn* gweld ei ogoniant dwyfol ar ben y mynydd. Fe'i gwelodd â'i lygaid *wedi* iddo'n gyntaf ei weld trwy ffydd. Dyna yw natur y profiad Cristnogol – cyffesu'n gyntaf trwy ffydd, ac yna gweld y gwirionedd yn ein bywyd a'n profiad. Mae Iesu'n disgwyl i ni gyffesu ein ffydd ynddo, ac yna mae'n ei ddatguddio'i hun i ni. Ym mharagraff olaf ei gyfrol fawr, *The Quest of the Historical Jesus,* dywed Albert Schweitzer fod Iesu'n dod atom fel un anhysbys, na wyddom mo'i enw, ac yn ein galw fel y galwodd y disgyblion cyntaf ar lannau'r llyn. A bydd yn ei ddatguddio'i hun i'r rhai sy'n ufuddhau iddo. Meddai Schweitzer, 'A thrwy ryw ryfeddod a dirgelwch anhraethadwy, dônt i wybod yn eu profiad personol pwy yw ef'.

Sut ellir esbonio'r stori ryfedd ac arallfydol hon? Mae Iesu ei hun yn cyfeirio at y profiad fel *gweledigaeth.* 'Wrth iddynt ddod i lawr o'r mynydd gorchmynnodd Iesu iddynt, "Peidiwch â dweud wrth neb am y weledigaeth nes y bydd Mab y Dyn wedi ei gyfodi oddi wrth y meirw" (Mth. 17:21). Mae rhai esbonwyr yn tybio mai stori sy'n perthyn i'r hanesion am atgyfodiad Iesu yw hon, ond ei bod wedi ei cham-leoli a'i gwthio'n ôl i gyfnod ei weinidogaeth. Ond o ystyried fod y tair efengyl yn dyddio'r digwyddiad yn ofalus, yn union wedi cyffes Cesarea Philipi, mae hynny'n annhebygol. Mae rhai wedyn yn tybio mai chwedl noeth yw'r hanes, ond mae'r ffaith fod y tair efengyl yn rhoi sylw manwl i'r stori, a bod y tair yn cyfeirio at Pedr, Iago ac Ioan fel llygad-dystion, yn ei gwneud yn fwy tebygol mai profiad real ac ysgytiol a ddisgrifir yma – gweledigaeth gyfrin sy'n amlygu gogoniant dwyfol Iesu.

Mae'n llawer mwy tebygol mai profiad cyfriniol a gafodd y tri disgybl ar ben y mynydd. Dywed Luc i Iesu gymryd y tri gydag ef 'a mynd i fyny'r mynydd i weddïo' (Lc. 9:28). A hithau wedi nosi roedd y tri disgybl wedi eu llethu gan gwsg. Ond deffroesant a gweld gogoniant dwyfol Iesu yn disgleirio trwyddo. Yn ôl Luc, tra oedd Iesu'n gweddïo 'newidiodd gwedd ei wyneb a disgleiriodd ei wisg yn llachar wyn' (9:29). Ac yntau trwy weddi mewn perthynas agos, ddofn â'i Dad nefol tywynnodd disgleirdeb nefol arno a thrwyddo.

Yn hanes nifer o gyfrinwyr mawr y gorffennol, ceir tystiolaeth o brofiadau rhyfeddol a gawsant mewn munudau o weddi ddwys. Dywed Paul am ei brofiad ef o gael ei gipio i fyny i'r drydedd nef a chlywed 'traethu anhraethadwy' (2. Cor. 12:3–4). Dywedir y byddai disgyblion Ffransis o Assisi'n cymryd cipolwg ar eu meistr pan fyddai'n gweddïo er mwyn gweld y disgleirdeb a dorrai dros ei wyneb. A cheir sawl enghraifft o brofiadau cyfriniol o'r fath gan Evelyn Underhill yn ei chyfrol *Mysticism*. Gallwn gredu bod Iesu hefyd wedi cael y fath brofiad rhyfeddol nes i hynny effeithio ar ei wedd allanol. Meddai Mathew, 'Gweddnewidiwyd ef yn eu gŵydd hwy, a disgleiriodd ei wyneb fel yr haul, ac aeth ei ddillad yn wyn fel y goleuni' (Mth. 17:2). Tynnwyd y gorchudd oddi ar lygaid y tri disgybl a gwelsant natur ddwyfol eu Harglwydd. Am ennyd, diflannodd Iesu o Nasareth, mab y saer, yr athro a'r proffwyd, a gwelsant y Meseia tragwyddol.

Ond beth am gynnwys y weledigaeth? Pam yn union y dewisodd Iesu fynd i fyny'r mynydd i weddïo? Roedd wedi cael ateb gan Pedr i un cwestiwn holl bwysig, 'Pwy meddwch chwi ydwyf fi?' Roedd wedi ei fodloni fod ei ddilynwyr yn gwybod pwy yn union ydoedd. Roedd wedi dod i sylweddoli hefyd mai pen draw'r daith i Jerwsalem fyddai dioddefaint a marwolaeth ar groes. Ond ai dyna'n wir oedd bwriad Duw? Ac yntau ar fin cymryd cam tyngedfennol, roedd rhaid bod yn gwbl sicr ei fod yn cyflawni ewyllys ei Dad nefol. Doedd dim amdani ond neilltuo i le unig i dreulio amser yn dawel mewn gweddi a cheisio goleuni ac arweiniad sicr oddi wrth Dduw.

Tair elfen y weledigaeth

Daeth yr arweiniad. Cafodd Iesu gadarnhad ei fod ar y llwybr cywir. Digwyddodd tri pheth arwyddocaol yn y weledigaeth. Yn gyntaf, *cafodd gadarnhad o'r gorffennol*. A'i ogoniant dwyfol yn disgleirio fel yr haul, a hyd yn oed ei ddillad a'i wyneb yn llachar wyn, ymddangosodd Moses ac Elias iddo. Cafodd Iesu gadarnhad gan y ddau berson pwysicaf o orffennol cenedl Israel – Moses, rhoddwr y Gyfraith, ac Elias, a ystyriwyd y mwyaf o'r proffwydi. Yn ôl Luc, roedd y ddau'n siarad â Iesu 'am ei ymadawiad, y weithred yr oedd i'w chyflawni yn Jerwsalem' (Lc. 9:31). Ymddangosodd y ddau er mwyn arwyddo fod Iesu'n cyflawni holl ddisgwyliadau'r Gyfraith Iddewig a'r proffwydi a oedd wedi cyhoeddi y deuai Meseia Duw i waredu ei bobl. Roedd gweld Iesu yn ei ogoniant yng nghwmni'r ddau yn brawf digonol iddynt nad oedd yn troi cefn ar y Gyfraith nac yn dibrisio'r proffwydi.

Gwêl nifer o esbonwyr arwyddocâd arbennig i'r hyn a ddywed Luc am Moses ac Elias yn siarad â Iesu am ei 'ymadawiad', sef ei *ecsodus.* Dyna'r gair a gysylltir ag ymadawiad cenedl Israel o'i chaethiwed yn yr Aifft. Yr awgrym yw y bydd ymadawiad Iesu yn rhyddhau pobl o gaethiwed pechod, fel y rhyddhaodd yr Ecsodus cyntaf y genedl o'r Aifft. Er mai taith a fydd yn golygu dioddefaint, gwarth a marwolaeth ar groes sy'n ei wynebu, bydd y daith honno'n daith ogoneddus trwy farwolaeth i fywyd.

Yr ail beth arwyddocaol yn y weledigaeth oedd y *cwmwl gwyn yn cysgodi drostynt.* Yn yr Hen Destament, roedd y cwmwl yn arwydd o bresenoldeb Duw. Aeth Moses i ganol y cwmwl wrth ddringo mynydd Sinai (Ex. 24:15–18). Symbol yw'r cwmwl o'r *shekinah,* y gogoniant dwyfol. Mae sawl cyfeiriad yn yr Hen Destament at gwmwl y *shekinah.* Yr arwydd fod Duw'n arwain ei bobl ar eu taith trwy'r anialwch oedd 'colofn o niwl' (13:21). Wedi i'r gwaith o godi a gwisgo'r tabernacl ddod i ben, 'gorchuddiodd cwmwl babell y cyfarfod, ac yr oedd gogoniant yr Arglwydd yn llenwi'r tabernacl' (40:34). Ac ar achlysur cysegru teml Solomon llanwyd y lle â'r cwmwl dwyfol (1 Bren. 8:10–11). Profiad unigryw i Pedr, Iago ac Ioan oedd cael sefyll yn y cwmwl golau, ym mhresenoldeb Duw ei hun, a chael cip ar ogoniant dwyfol Iesu. Ac i Iesu, roedd teimlo'r cwmwl gwyn yn lapio amdano'n rhoi iddo'r sicrwydd ei fod yn cerdded llwybr ewyllys Duw a bod Duw gydag ef i'w gynnal a'i nerthu.

A'r trydydd peth arwyddocaol yn y weledigaeth oedd y *llais a ddaeth o'r cwmwl.* O ganol dirgelwch y cwmwl daeth llais yn datgan, 'Hwn yw fy Mab, yr Anwylyd; ynddo ef yr wyf yn ymhyfrydu' (Math. 17:5). Yn ei

69

fedydd, cyfarchodd y llais Iesu ei hun, 'Ti yw fy Mab, yr Anwylyd' (Mc. 1:11). Ond yma, yn hanes y gweddnewidiad, mae'r llais yn cyfarch y tri disgybl ac yn cadarnhau gwirionedd cyffes Pedr yng Nghesarea Philipi. Roedd y llais hefyd yn eu hannog i wrando arno'n wastad, i blygu i'w awdurdod ac i ufuddhau iddo: 'gwrandewch arno' (Mth. 17:5). Diben y weledigaeth yw cadarnhau ffydd y disgyblion, ond hefyd eu hannog i barhau i wrando ar Iesu ac i ufuddhau iddo, gan fod ganddo eto lawer mwy i'w ddysgu, yn enwedig ynghylch yr hyn a fyddai'n digwydd iddo wedi iddynt gyrraedd Jerwsalem.

Mae'r gweddnewidiad yn cyfeirio at y *gorffennol,* y *presennol* a'r *dyfodol.* Cynrychioli gorffennol y genedl a wna Moses ac Elias, sy'n ymddangos er mwyn cyhoeddi bod Iesu'n cyflawni holl ddyheadau'r Gyfraith a'r proffwydi. Mae'r llais o'r nef yn cyfarch Iesu a'i ddisgyblion yn y presennol, gan ddatgan fod y gogoniant dwyfol i'w weld yn awr yn Iesu. 'Hwn *yw* fy Mab, yr Anwylyd' a ddywedir, y presennol. Cyfeirio at y dyfodol a wna'r geiriau 'gwrandewch arno'. Mae Iesu am dywys ei ddilynwyr ymlaen i'r dyfodol – i Jerwsalem a'r groes, ac yna ar ôl ei atgyfodiad allan i'r byd ac at yr holl genhedloedd.

Ymateb Pedr fyrbwyll

O'r tri disgybl, dim ond Pedr a ddywedodd beth oedd ar ei galon. Yng nghanol gwefr y weledigaeth, ac ym mhresenoldeb Moses ac Elias, methai Pedr ag ymatal rhag gwneud hynny. A'r disgyblion eraill yn syfrdan, wedi eu llethu gan y profiad, roedd rhaid i Pedr ddweud, 'Arglwydd, y mae'n dda ein bod ni yma' (17:4). Mae Marc yn ychwanegu, 'Oherwydd ni wyddai beth i'w ddweud: yr oeddent wedi dychryn cymaint' (Mc. 9:6). Pedr druan! Roedd ei feddwl yn gymysgfa o ryfeddod ac ofn a dryswch. Roedd yr awyrgylch, y weledigaeth a'r gymdeithas wrth fodd ei galon; ymhell o sŵn y byd terfysglyd, ymhell oddi wrth y sôn am ddioddefaint yn Jerwsalem, yno ar ben y mynydd yr oedd hamdden a thawelwch i syllu ar ogoniant Iesu.

Beth bynnag oedd ar ei feddwl, ac er mor fyrbwyll ei eiriau, rhoddodd Pedr fynegiant i deimlad crefyddol diffuant. Yn y geiriau syml, 'Arglwydd y mae'n dda ein bod ni yma', mynegodd lawenydd, rhyfeddod, gwerthfawrogiad ac addoliad. Un o effeithiau ffydd fyw yw'r gallu i ymateb yn werthfawrogol a diolchgar i fywyd a'i amrywiol brofiadau. Yr un pethau ag a oedd yn llonni calon Pedr sydd gennym ni i'w dathlu ac i ddiolch amdanynt.

Yn gyntaf, *mae'n dda i ni fod yma i gofio'n ddiolchgar am y rhai a fu yma o'n blaenau.* Yng nghwmni Moses ac Elias roedd Pedr yn ymwybodol o gyfoeth y gorffennol, a theimlai'r fraint o gael bod yn rhan o etifeddiaeth mor gyfoethog. A dylem ninnau fod yn ddiolchgar am yr olyniaeth gyfoethog o saint, cenhadon, merthyron a ffyddloniaid Crist a fu o'n blaenau ac sy'n parhau gyda ni o fewn y cwmwl tystion – yr Eglwys anweledig yn y nef sy'n un â ni yn ein haddoliad a'n cenhadaeth heddiw.

Yn ail, *mae'n dda i ni fod yma i ni fwynhau cymdeithas â'n gilydd.* Cyfeillion agos oedd gyda Iesu ar fynydd y gweddnewidiad – Pedr, Iago ac Ioan – a'u cymdeithas wedi ei dyfnhau a'i chyfoethogi gan bresenoldeb Moses, Elias â Iesu. *Koinonia* yw gair y Testament Newydd am y gymdeithas hon. O rannu yng nghymdeithas Eglwys Crist gallwn ninnau, fel Pedr, ddweud mai da yw i ni fod yma.

Yn drydydd, *mae'n dda i fod yma i gael golwg ar ogoniant Iesu.* Profiad rhyfeddaf Pedr a'i gyfeillion ar ben y mynydd oedd gweld gogoniant dwyfol Iesu'n disgleirio trwy ei ddyndod. Hanfod defosiwn ac addoliad i ninnau yw edrych ar ddisgleirdeb person Iesu. Yr awydd i weld ei wyneb ac i ymhyfrydu yn ei degwch yw un o themâu amlycaf Pantycelyn:

> 'Rwy'n chwennych gweld ei degwch ef
> sy uwch popeth is y rhod,
> na welodd lluoedd nefoedd bur
> gyffelyb iddo'i erioed.

Trwy addoliad a gweddi, trwy air a sacrament, trwy salm ac emyn, trwy fawl a distawrwydd mae'r llen yn codi a gogoniant Iesu'n dod i'r amlwg.

Ac yn bedwerydd, *mae'n dda i ni fod yma i gael ein harfogi ar gyfer ein gwaith yn y byd.* Chafodd Pedr ddim aros ar ben y mynydd; roedd rhaid dychwelyd i ganol y byd a'i angen. Roedd rhaid iddo droi oddi wrth y weledigaeth i wynebu'r gwaith o wasanaethu a thystio ac ymestyn y deyrnas. Mae'n dda i ninnau fod yma i gael ein cymhwyso i fod yn Gristnogion ac yn dystion effeithiol yn y bywyd bob dydd ymhlith pobl.

Roedd Pedr yn awyddus i estyn y profiad a pharhau i fwynhau'r cwmni ar ben y mynydd. Cynigiodd wneud tair pabell, un i Iesu, un i Moses ac un i Elias (Mth. 17:4). Oherwydd dwyster y profiad yr oedd am dabernaclu'r digwyddiad a'i gadw'n barhaol, fel y ceisiodd yr Iddewon dabernaclu Duw yn yr anialwch. A'r un modd, mae crefyddwyr ym mhob oes wedi ceisio cadw Duw o fewn terfynau eu temlau a'u cyfundrefnau crefyddol ac athrawiaethol. Neu maent wedi ceisio parhau profiadau ysbrydol aruchel – profiadau 'pen y mynydd' – a gafwyd mewn cyfnodau o ddiwygiad crefyddol grymus. Ceir hanesion am gyfarfodydd diwygiad o ganu a gweddïo, yn parhau hyd oriau mân y bore. Dyna oedd dymuniad Pedr, ond ni chai wneud hynny. Rhaid oedd dod i lawr o'r mynydd ac ymroi i wynebu'r hyn a ddigwyddai yn Jerwsalem.

Ymateb y disgyblion i'r weledigaeth ac i'r llais nefol a oedd yn cadarnhau safle Iesu oedd syrthio ar eu hwynebau mewn dychryn mawr (17:6). Ni feiddient edrych ar fawredd sanctaidd eu Harglwydd. Ond mae eu hofn yn cilio wrth iddynt dcimlo cyffyrddiad tyner Iesu: 'Daeth Iesu atynt a chyffwrdd â hwy gan ddweud, "Codwch, a pheidiwch ag ofni"' (17:7). Gwelsant fod y weledigaeth wedi mynd heibio, y cwmni a'r cwmwl wedi diflannu, a neb ond Iesu'n unig ar ôl. Os oedd y profiad rhyfeddol wedi pasio roedd Iesu'n aros, ac roedd hynny'n ddigon.

Wrth ddisgyn o'r mynydd siarsiodd Iesu hwy unwaith eto i beidio â dweud wrth neb am y weledigaeth a gawsant 'nes y bydd Mab y Dyn wedi ei gyfodi oddi wrth y meirw' (17:9). Dim ond wedi'r atgyfodiad y deuai gogoniant Iesu'n amlwg i bawb arall. Cafodd Pedr, Iago ac Ioan gipolwg ac ernes o'r gogoniant hwnnw, ond gwelsant na ddeuai'r gogoniant hwnnw i'r amlwg eto heb i'w Harglwydd gerdded llwybr dioddefaint a'r groes.

Cwestiynau i'w trafod:

1. Beth, yn eich tyb chi, oedd ystyr y gweddnewidiad i'r disgyblion, ac yn arbennig i Pedr?

2. Pam oedd Pedr yn awyddus i godi tair pabell ar y mynydd, un i Iesu, un i Moses ac un i Elias?

3. Ym mha ystyr y gallwn ni heddiw 'weld' gogoniant dwyfol Iesu?

TALU TRETH A MADDAU BAI

Mathew 17:22–27; 18:21–22

Rai blynyddoedd yn ôl, gosodwyd poster oddi allan i eglwys yn ninas Lerpwl ac arno'r geiriau, 'Iesu yw'r Ateb'. O fewn diwrnod neu ddau, roedd rhywun wedi gosod oddi tano'r geiriau, 'Ond beth yw'r Cwestiwn?' Cyhuddiad a ddygir gan rai yn erbyn diwinyddion yw eu bod yn brysur yn trafod cwestiynau nad oes neb yn eu gofyn! Ar ddau achlysur gwahanol daeth Pedr at Iesu gyda dau gwestiwn, a'r rheiny'n gwestiynau cwbl berthnasol i'n hoes ni fel i'w oes ei hun. A ddylent fel dilynwyr Crist dalu trethi? A pha mor aml y dylid maddau i gyfaill sy'n pechu yn ein herbyn?

Mae'n bur debyg fod y rhain yn gwestiynau a flinai aelodau'r Eglwys Fore yng nghyfnod Mathew, a'i fod yntau wedi cofio am ddau achlysur pan drafodwyd y ddau bwnc gan Iesu yn ystod ei weinidogaeth. Gan fod Pedr yn gysylltiedig â'r ddau achlysur, tybed ai oddi wrth Pedr ei hun y cafodd awdur efengyl Mathew'r hanes?

Treth y Deml

Cyfarfu Iesu â'i ddisgyblion yng Ngalilea. Yr awgrym oedd iddynt deithio ar wahân a chyfarfod wedyn mewn man penodol yng Ngalilea. Dywed Marc nad oedd Iesu am i neb arall wybod am y daith, ac mai'r ffordd orau o sicrhau hynny oedd i bob un ddilyn ei ffordd ei hun yno a chyfarfod mewn lle oedd wedi ei drefnu. Wedi iddynt ddod ynghyd, rhybuddiodd Iesu hwy eto, am yr ail waith, y byddai Mab y Dyn yn cael ei ddraddodi i ddwylo pobl, 'ac fe'i lladdant ef, a'r trydydd dydd fe'i cyfodir' (Mth. 17:23). Byddai'n eu rhybuddio eto, am y trydydd tro, wedi iddynt nesu at Jerwsalem a diwedd y daith (20:17–19). Mae'r rhybuddion yn debyg i gloch fawr yn canu, fel pe byddai Iesu am atgoffa'i ddisgyblion yn barhaus o'r hyn oedd o'u blaenau wedi iddynt gyrraedd Jerwsalem. Ceir un ychwanegiad i'r rhybudd y tro hwn, sef fod Mab y Dyn 'i'w ddraddodi i ddwylo pobl' (17:22). Ac yn wahanol i'r tro cynt hefyd, ni cheir protest o fath yn y byd gan y disgyblion. Y cwbl a ddywedir yw, 'aethant yn drist iawn'.

Gan Mathew yn unig y ceir yr hanesyn sy'n dilyn (17:24–27). O weld mor amlwg yw Pedr yn yr hanes, gellir tybio ei fod ef yn fath o ddolen gyswllt rhwng Iesu a'r awdurdodau. Hwn fyddai ymweliad olaf Iesu a'i ddisgyblion â Capernaum – y ddinas a fu'n gartref iddo am dair blynedd. Wedi iddynt gyrraedd yno, gwelwyd fod casglyddion treth y deml wrthi'n ddiwyd yn casglu'r hyn oedd yn ddyledus oddi wrth y bobl tuag at gynnal addoliad ac aberthau'r deml. Doedd a wnelo'r dreth hon ddim oll â threth y llywodraeth Rufeinig a gesglid gan y publicanod. Treth Iddewig ar Iddewon oedd hon, ar gyfer amcanion y deml a'i hoffeiriadaeth a'i threfn aberthau dyddiol fore a hwyr. Defnyddid yr arian hefyd i atgyweirio adeiladau'r deml, i ddarparu gwisgoedd yr offeiriaid ac i brynu llestri aur ac arian

Roedd cynnal y deml a'i defodau'n gostus, a chasglwyd treth flynyddol ar sail gorchymyn Duw i Moses i gynnal cyfrifiad o holl bobl Israel ac i ofalu bod pawb yn rhoi offrwm unwaith y flwyddyn at wasanaeth y tabernacl: 'Y mae pob un a rifir yn y cyfrifiad i roi'n offrwm i'r Arglwydd hanner sicl, yn cyfateb i sicl y cysegr' (Ex. 30:13). Yr oedd pob un dros ugain oed i roi offrwm; a disgwylid i'r cyfoethog a'r tlawd roi'r un faint.

Trefnwyd y casgliad blynyddol yn ofalus. Ar ddydd cyntaf mis Adar (ein mis Mawrth ni), gwnaed cyhoeddiad ym mhob tref a phentref fod y dreth i'w chasglu rhwng y pymthegfed a'r ugeinfed o'r mis. Gosodwyd blychau i bobl dalu'r dreth iddynt. Nid oedd pawb yn y dyddiau hynny, mwy na heddiw, yn brydlon wrth dalu eu dyledion. Pe baent heb dalu erbyn y pumed ar hugain o fis Adar, byddai'n rhaid iddynt fynd i Jerwsalem i dalu i gist arbennig yn y Deml. Cai Iddewon mewn gwledydd tramor hyd at y Pentecost, neu ŵyl y Pebyll, i dalu'r dreth, ac yr oeddent hwy'n nodedig o selog am dalu. Cwynai rhai swyddogion Rhufeinig fod cymaint o arian yn cael ei gasglu a'i anfon o'r Eidal i Jerwsalem; ac am gyfnod gwaharddwyd anfon arian treth o Asia Leiaf. Fel arall, yr unig rai a oedd yn rhydd o dalu'r dreth oedd offeiriaid, merched, caethweision a rhai dan ugain oed.

Daeth rhai o swyddogion y dreth at Pedr i ofyn iddo a oedd Iesu wedi talu treth y deml. Mae'n bosibl eu bod yn gofyn hynny am fod Iesu'n symud o le i le, a'i bod felly'n bosibl nad oedd wedi ei thalu yn unman. Ond mae'n fwy tebygol mai oherwydd eu gelyniaeth at Iesu y maent yn gofyn hyn, er mwyn cael achos i'w feirniadu am yr hyn a dybient hwy a fyddai yn anuniongrededd ac yn ddiffyg parch at reolau a gofynion y Gyfraith. Mae'n debyg iddynt gael siom pan atebodd Pedr, heb betruso, fod Iesu wedi talu (Mth. 17:25).

Wedi iddo fynd i mewn i'r tŷ gwyddai Iesu, cyn i Pedr ddweud dim, fod y mater wedi ei drafod gyda swyddogion y dreth. Mae'n bosibl fod Iesu o fewn clyw pan holwyd Pedr. Sut bynnag, achubodd Iesu'r blaen arno trwy ofyn, 'Simon, beth yw dy farn di? Gan bwy y mae brenhinoedd y byd yn derbyn tollau a threthi? Ai gan eu dinasyddion eu hunain ynteu gan estroniaid?' (17:26). Roedd 'brenhinoedd y byd' yn derm a ddefnyddid gan Iddewon i wahaniaethu rhwng yr awdurdodau gwleidyddol a Duw a'r awdurdodau crefyddol. Yn ei gwestiwn i Pedr, mae Iesu'n holi am dalu 'tollau a threthi' i frenhinoedd y byd, nid am dreth y deml fel y cyfryw. Mae felly'n codi'r egwyddor gyffredinol o dalu trethi o bob math.

Y drefn arferol yn yr hen fyd oedd i frenin godi trethi, nid ar ei bobl ei hun, ond ar y bobloedd a'r cenhedloedd eraill oedd o dan ei deyrnasiad. Roedd teulu'r brenin yn rhydd oddi wrth bob treth yn rhinwedd eu perthynas ag ef. 'Felly y mae'r dinasyddion yn rhydd o'r dreth' (17:26), meddai Iesu. Gan na fyddai brenin daearol yn gosod treth ar ei deulu ei hun ond yn hytrach ar estroniaid, oni ellid hawlio bod Iesu a'r disgyblion hwythau'n rhydd o'r dreth yn sgil y ffaith eu bod hwythau'n aelodau o 'deulu' Duw? A chan mai treth y deml oedd dan sylw, gellid hawlio fod Iesu'n rhydd o'r dreth honno hefyd gan ei fod yn Fab Duw. Hawliai'r offeiriaid eu bod yn rhydd o dreth y deml yn rhinwedd eu perthynas â Duw a'u gwasanaeth iddo; mwy o lawer y gallai Iesu, fel Mab Duw, hawlio'r un rhyddid. Ar sail y ddadl honno y dywed Iesu, 'Felly y mae'r dinasyddion yn rhydd o'r dreth' (17:26).

Fodd bynnag, o ran y modd y gweinyddid treth y deml roedd un gwahaniaeth sylfaenol rhwng oes Iesu ac oes awdur Efengyl Mathew. Wedi i'r deml gael ei dinistrio yn OC 70 gorfodwyd pob gwryw o Iddew a oedd mewn oedran cyflawn i dalu'r dreth i drysorfa'r duw Rhufeinig

Iwpiter Capitolinus. Yn naturiol, byddai cryn wrthwynebiad ymhlith Iddewon a Christnogion i orfod talu treth i dduw paganaidd, a gellid tybio y byddai hynny'n bwnc llosg yn yr eglwysi ifainc ac yn y synagogau. Beth fyddai gan Iesu i'w ddweud? A ddylent dalu'r dreth ai peidio?

Rhag peri tramgwydd

Ateb Iesu oedd y dylid talu'r dreth. Gallai ef a'i ddisgyblion hawlio bod eu perthynas unigryw â Duw, a'r ffaith eu bod yn ddinasyddion teyrnas 'arall', yn eu rhyddhau oddi wrth ofynion unrhyw gyfundrefn ddaearol, *ond er hynny,* dylent gyfaddawdu a thalu'r dreth. Nid ydym fel rheol yn cysylltu Iesu â chyfaddawd, ac mae ambell un o'r farn y dylai'r Cristion wrthod gwneud cyfaddawd ar unrhyw fater sy'n groes i'w gydwybod. Ond nid gwrthod cyfaddawdu ar unrhyw fater yw ffordd Iesu, ond yn hytrach bod yn ddigon doeth i wybod pryd i gyfaddawdu a phryd i beidio â gwneud hynny.

Dylid talu'r dreth, meddai Iesu, 'rhag inni beri tramgwydd iddynt' (17:27), hynny yw i'r awdurdodau. Yn ddiweddarach, pan ddeuai'r Cristnogion cynnar i wrthdrawiad ag Iddewon a Rhufeiniaid, byddai angen deall a doethineb i beidio â pheri tramgwydd diachos trwy fynnu sefyll yn gadarn a gwrthod ildio ar faterion llai pwysig. Nid arwydd o wendid yw gweithredu felly, ond yn hytrach arwydd o gryfder. Gall y Cristion dogmatig ac ystyfnig wneud niwed mawr trwy sefyll dros fater bychan a dibwys gan anghofio fod egwyddor cariad yn galw arno i beidio ag achosi tramgwydd diangen.

Cawn ein hatgoffa o weddi enwog Reinhold Niebuhr:
   'Arglwydd rho inni'r
   serenedd i dderbyn yn dawel y pethau na ellir eu newid,
   y dewrder i newid y pethau y gellir eu newid,
   a'r ddoethineb i fedru gwahaniaethu rhyngddynt.'

Y mae angen doethineb a dewrder i dderbyn y pethau na ellir eu newid, hyd yn oed pan yw hynny'n galw am barodrwydd i gyfaddawdu. Nid yw'n werth 'sefyll ar egwyddor' gydag unrhyw fater os yw hynny'n rhwystr i eraill ddod i adnabod cariad Duw. Roedd yr Apostol Paul wedi deall dysgeidiaeth ei Arglwydd yn hyn o beth: 'I'r gweiniaid, euthum yn wan, er mwyn ennill y gweiniaid. Yr wyf wedi mynd yn bob peth i bawb, er mwyn imi, mewn rhyw fodd neu'i gilydd, achub rhai' (1 Cor. 9: 22).

Wedi i Iesu rybuddio'i ddilynwyr rhag gwrthod talu eu trethi, dywed wrth Pedr am fynd i bysgota. Byddai'n cael darn arian yng ngheg y pysgodyn cyntaf a ddaliai, a gallai dalu'r dreth 'drosof fi a thithau' â'r darn arian hwnnw (Mth. 17:27). Yr oeddent ymhlith pysgotwyr yng Nghapernaum, ac mae'n bosibl mai dywediad cyffredin gan y trigolion oedd y cyfeiriad at ddarn arian yn safn pysgodyn. Yn llenyddiaeth yr Iddewon ceir nifer o chwedlau am ddynion yn dal pysgod â thrysorau gwerthfawr ynddynt. Ceir chwedl debyg yn y Gymraeg am y Dywysoges Nesta, gwraig y Tywysog Maelgwn, a gollodd ei modrwy briodas wrth ymdrochi yn Afon Elwy, ond trwy gymorth gwyrthiol Asaff Sant daeth y fodrwy werthfawr i'r golwg ym mol pysgodyn.

Y tebyg yw bod geiriau Iesu yma yn ffigurol. Eu hystyr yw y gallai Pedr fel pysgotwr, trwy ei waith bob dydd, dalu'r dreth drostynt ill dau. Nid oedd rhaid iddo ond dal pysgodyn a'i werthu. Dros y blynyddoedd, datblygodd y dywediad ffigurol yn stori am wyrth – gwyrth a oedd yn mynegi gallu goruwchnaturiol Iesu a gofal rhagluniaeth dros ei bobl. Ond roedd arweiniad Iesu'n gwbl glir. Dylid talu trethi i awdurdodau gwleidyddol a chrefyddol, hyd yn oed os yw hynny'n golygu cyfaddawdu mewn perthynas â rhai materion, rhag achosi tramgwydd ac anghydfod diangen.

Pa sawl gwaith y dylid maddau?

Daeth Pedr at Iesu gyda chwestiwn arall: 'Arglwydd, pa sawl gwaith y mae fy nghyfaill i bechu yn fy erbyn a minnau i faddau iddo?' (18:21). Ychydig cyn hynny, roedd Iesu wedi rhoi arweiniad ar sut i ddelio ag aelod o'r gymdeithas Gristnogol a oedd wedi pechu yn erbyn aelod arall (18:15–17). Awgrymir tri cham. Yn gyntaf, siarad ag ef yn bersonol wyneb yn wyneb, er mwyn dangos ei fai iddo a cheisio cymod. Yn ail, os na fydd yn gwrando dylid mynd ato gydag un neu ddau eraill o aelodau'r gymdeithas i geisio'i gael i wella'i ffordd. Ac yn drydydd, os na fyddai'n edifarhau dylid dwyn ei achos gerbron yr eglwys. Os na fyddai'r eglwys yn llwyddo i'w gael i newid ei agwedd, ni fyddai dim amdani ond ei ystyried 'fel un o'r Cenhedloedd a'r casglwyr trethi' (18:17). Dywed rhai bod y cyfarwyddiadau hyn yn perthyn i ddull yr eglwysi cynnar ym Mhalestina o ddisgyblu aelodau oedd yn tramgwyddo, yn hytrach na chyfarwyddiadau Iesu ei hun. Dangosant mai prif ddyletswydd y gymdeithas Gristnogol yn ogystal â'r aelod unigol yw cael y troseddwr i edifarhau ac yna ei adfer.

Dyna'r cefndir i gwestiwn Pedr. Ni fedrwn ond dyfalu beth a gododd y cwestiwn yn ei feddwl. A oedd un o'i gyd-ddisgyblion wedi ei dramgwyddo? Neu a fu mewn dadl boeth â chyfaill a oedd yn wrthwynebus i genhadaeth Iesu? Yn fersiwn Luc o eiriau Iesu, cyfeirir at y rhai oedd yn 'achosion cwymp' (Lc. 17:1). Yna dywed Iesu, 'Os pecha dy gyfaill, cerydda ef; os edifarha, maddau iddo; os pecha yn dy erbyn saith gwaith mewn diwrnod, ac eto troi'n ôl atat saith gwaith gan ddweud, "Y mae'n edifar gennyf", maddau iddo' (17:3–4). Yn ôl Luc, mae edifeirwch yn amod maddeuant, ond nid felly yn fersiwn Mathew.

Gwyddai Pedr yn iawn fod arno ddyletswydd i faddau. Yr hyn a'i poenai oedd pa sawl gwaith y dylai faddau i un a oedd yn parhau i bechu yn ei erbyn: 'Ai hyd seithwaith?' (Mth 18:21). Mae sawr Iddewiaeth ar ei gwestiwn. Tuedd y grefydd Iddewig, gyda'i phwyslais ar ufuddhau i ddeddfau, oedd meddwl am ddaioni yn nhermau gweithredoedd. Mesurid daioni dyn yn ôl nifer ei weithredoedd da, a chredai'r rabiniaid y byddai Duw'r Barnwr, yn y farn ddiwethaf, yn rhifo gweithredoedd dyn gan gyfosod y rhai drwg a'r rhai da. Os byddai rhif y gweithredoedd da'n fwy niferus na rhif y gweithredoedd drwg, byddai dyn yn gadwedig, ond os fel arall, byddai'n golledig.

Ystyriai Pedr faddeuant yn nhermau gweithredoedd da. Roedd am gael gwybod gan Iesu pa sawl gweithred o faddeuant oedd yn ddigonol i ddeiliaid y deyrnas. Ei syniad ef oedd bod dyn yn ehangu ac ymestyn ei gyfiawnder trwy amlhau ei weithredoedd da ryw nifer arbennig o weithiau. Ac felly mater o rifyddeg oedd cyfiawnder. Mentrodd gynnig ei ateb ei hun: 'Ai hyd seithwaith?' Roedd hynny'n ychwanegiad sylweddol at y rhif a ystyrid yn deilwng mewn Iddewiaeth. Yn y Talmwd, dywed un o'r rabiniaid: 'Os pecha dyn yn erbyn ei gyd-ddyn unwaith, maddeuer iddo; maddeuer iddo'r ail waith; maddeuer iddo'r drydedd waith, ond na faddeuer iddo'r bedwaredd waith'. Yr un modd, sonia'r proffwyd Amos am Dduw'n maddau i elynion Israel deirgwaith, ond ddim mwy na hynny. Gallai Pedr, ar y llaw arall, ei ystyried ei hun yn fawrfrydig, gan ei fod ef yn barod i faddau ddwywaith cymaint â hynny, hyd at saith gwaith.

Mae Iesu'n ateb y cwestiwn trwy gynnig rhif: 'Nid hyd seithwaith a ddywedaf wrthyt, ond hyd saith deg seithwaith' (18:22) – y math o rif a wnâi rifo yn ddiystyr. Nid oes sicrwydd pa un ai 70 x 7 neu 70 + 7 a olygir. Ond nid yw hynny o bwys. Ceir geiriau tebyg yn Genesis 4:24, yng Nghân Lamech: 'Os dielir am Cain seithwaith, yna Lamech saith ddengwaith a seithwaith'. Hynny yw, os dielir Cain lawer gwaith, dielir Lamech yn ddiddiwedd. Tuedd naturiol dyn yw dymuno dial yn ddiderfyn, ond mae Iesu Grist yn mynnu bod ei ddilynwyr yn maddau yn ddiderfyn. Dywed Iesu nad trwy rifo llawer gweithred o faddeuant y daw person yn Gristion, ond trwy beidio â rhifo o gwbl. Dyma'r tro cyntaf i neb sôn am faddeuant nad oedd iddo na therfyn na diwedd.

Nid gweithredoedd i'w rhifo yw maddeuant i'r Cristion, ond agwedd meddwl a chyflwr ysbrydol sy'n ymateb ar unwaith i gamwri a chamymddwyn yn amyneddgar a maddeugar. Ni ellir creu'r agwedd hon drwy bentyrru gweithredoedd o faddeuant, ond trwy feithrin yn y galon drugaredd a gras Duw ei hun. Fel enghraifft o'r ysbryd hwn, mae Iesu yn mynd ymlaen i ddysgu, trwy Ddameg y Gwas Anfaddeugar, na all Duw faddau i ddyn, ac na all dyn dderbyn maddeuant Duw, oni bai ei fod yn barod i faddau i'w gyd-ddyn.

Mae'r Testament Newydd yn datgan yn gwbl glir mai'r peth cyntaf a'r peth pwysicaf y mae Duw yn ei gynnig i ni yn ei Fab Iesu Grist yw maddeuant. Maddeuant sy'n ein dwyn i gymod â Duw ac â'n cyd-ddyn ac â ni ein hunain. Yn ei gyfrol *Christian Belief,* dywed Alec Vidler y gellir crynhoi hanfod y Ffydd Gristnogol yn y geiriau, 'Credaf yn Nuw sy'n maddau pechodau yn Iesu Grist'. Mae ein dyled yn fawr i Pedr am roi llais i gwestiwn sy'n ofid i bawb ohonom ym mhob cyfnod, sef a oes ffin ac amodau i faddeuant? Dengys Iesu fod maddeuant diderfyn a diamod yn gwbl sylfaenol i'r ffordd y mae'r Cristion yn ymateb i fywyd ac i eraill. A gwelir y maddeuant hwnnw ar waith yng ngeiriau Iesu ei hun oddi ar y groes: 'O Dad, maddau iddynt, oherwydd ni wyddant beth y maent yn ei wneud' (Lc. 23:34).

Cwestiynau i'w trafod:

1. Ai gwir dweud fod gwrthod cyfaddawdu yn gallu bod, ar rai adegau, yn wendid? A oes unrhyw adegau pan yw'n iawn i'r Cristion wrthod talu trethi?

2. Beth yw ystyr ac arwyddocâd cyfeiriad Iesu at y pysgodyn â darn arian yn ei geg?

3. A yw maddeuant, heb iddo na therfyn nac amod, yn bosibl i ni fodau meidrol?

GWERS MEWN GOSTYNGEIDDRWYDD

Ioan 13: 1–17

Roedd Iesu wedi cyrraedd Jerwsalem, wedi cael derbyniad brwdfrydig gan y bobl wrth iddo fynd i mewn i'r ddinas, wedi glanhau llys y Deml o'r masnachwyr a'r cyfnewidwyr arian, wedi manteisio ar bob cyfle i ddysgu'r bobl, ac wedi ennyn gwrthwynebiad ffyrnig yr awdurdodau crefyddol a oedd yn cynllwynio i roi taw arno unwaith ac am byth. Nid oes unrhyw gyfeiriad at Pedr fel y cyfryw yn yr hanesion hyn nes y deuwn at drefniant Iesu i ddathlu Gŵyl y Pasg gyda'i ddisgyblion. Mae Mathew, Marc a Luc yn adrodd amdano'n anfon dau ddisgybl i'r ddinas i chwilio am ddyn a oedd yn cario ystên o ddŵr ac a fyddai'n eu harwain i dŷ lle byddai goruwch ystafell fawr wedi ei threfnu ar eu cyfer. Luc yw'r unig un o'r efengylau sy'n nodi mai Pedr ac Ioan oedd y ddau a anfonwyd ar y perwyl hwn (Lc. 22:7–13).

Yn nhawelwch yr ystafell honno y rhannodd Iesu ei swper olaf gyda'i ddisgyblion. Yno hefyd y golchodd eu traed gan roi iddynt wers mewn gostyngeiddrwydd, ac yno hefyd y rhagfynegodd y byddai'n cael ei fradychu. Yn wahanol i'r tair efengyl arall, nid oes gan Ioan yn ei efengyl ef gyfeiriad at sefydlu Sacrament Swper yr Arglwydd. Nid diffyg diddordeb yn y sacrament sy'n cyfrif am hynny, fel y dengys ei drafodaeth ar Fara'r Bywyd (In. 6:32–59). Mae'n bosibl iddo ystyried fod yr hanes am sefydlu'r Swper yn ddigon cyfarwydd i aelodau'r Eglwys heb iddo yntau orfod ei ddisgrifio.

Gweithred symbolaidd

Mae Ioan yn datgan i Iesu 'yn ystod swper' (In. 13:2) roi ei wisg o'r neilltu, clymu tywel am ei ganol, a dechrau golchi traed y disgyblion. Dywed Ioan ei fod yn ymwybodol 'fod ei awr wedi dod, iddo ymadael â'r byd hwn a mynd at y Tad' (13:1), ei fod yn caru ei ddisgyblion hyd yr eithaf, ei fod yn gwybod i'r Tad roi pob peth yn ei ddwylo a'i fod ar fin mynd yn ôl at y Tad. Mae'n ymwybodol o'i safle dwyfol a'r dasg ogoneddus sydd o'i flaen. Ond trwy gymryd arno statws isel a chyflawni swydd caethwas y bydd yn datgelu natur ei berson a'i waith. Mae'n fwriadol yn cyflawni gweithred symbolaidd neu ddamhegol i gyfleu ei gariad at ei ddisgyblion a'i hunanymwadiad llwyr, ac i roi arwydd o'r weithred fwy gostyngedig fyth y mae ar fin ei chyflawni, sef marw drostynt ar y groes. Ond mae hon hefyd yn weithred o lanhau y mae'n rhaid wrthi er mwyn eu paratoi a'u cymhwyso ar gyfer eu gwaith yn y byd.

Gallwn ddychmygu'r disgyblion wedi eu syfrdanu'n llwyr wrth weld Iesu'n gwisgo fel caethwas ac yn symud o'r naill i'r llall i olchi eu traed. Pan ddeuai pobl i wledd mewn tŷ wedi cerdded ffyrdd llychlyd mewn sandalau, y disgwyliad cyntaf oedd y byddai rhywun yn golchi eu traed. Caethwas a fyddai'n arfer cyflawni'r dasg hon, ond pan nad oedd caethwas ar gael yr arferiad oedd bod yr ieuengaf yn y cwmni yn gwneud y gwaith. Gallwn ddychmygu'r disgyblion yn edrych ar ei gilydd, a phob un ohonynt yn amharod i ymostwng i gyflawni tasg mor wasaidd. Wrth iddynt edrych ar ei gilydd mewn cyfyng gyngor, cododd Iesu gan roi ei ddillad o'r neilltu a gwisgo ffedog caethwas; rhwymodd dywel am ei ganol a phlygodd i olchi eu traed. Mae Ioan yn disgrifio'r cyfan yn gynnil ac effeithiol.

Cyflawnodd Iesu'r gwasanaeth hwn er ei fod yn ymwybodol o'i urddas a'i awdurdod fel Mab Duw. Ond trwy wasanaethu ei ddisgyblion mewn modd mor isel rhoddodd iddynt wers mewn gostyngeiddrwydd a gwir fawredd – gwers yr oedd arnynt wir angen amdani a hwythau newydd fod yn dadlau pwy oedd fwyaf. Yn fersiwn Luc o'r Swper Olaf ceir y geiriau hyn: 'Cododd cweryl hefyd yn eu plith: prun ohonynt oedd i'w gyfrif y mwyaf?' (Lc. 22:24). Hyd yn oed yn ystod eu pryd bwyd olaf â'u Harglwydd, a hynny yng nghysgod y groes, roedd ei ddisgyblion yn dal i ddadlau pwy ohonynt oedd bwysicaf. Er nad yw Luc yn sôn am Iesu'n golchi eu traed, mae'n cyfeirio at y wers lafar a roddodd Iesu iddynt: 'Bydded y mwyaf yn eich plith fel yr ieuengaf, a'r arweinydd fel un sy'n gweini. Pwy sydd fwyaf, yr un sy'n eistedd wrth y bwrdd neu'r un sy'n gweini? Onid yr un sy'n eistedd? Ond yr wyf fi yn eich plith fel un sy'n gweini' (22:26–27).

Yn ôl Ioan, mae Iesu'n dysgu'r un wers trwy ddameg actol. Mae sawl dramodydd wedi dweud na ellir cyfleu'r pethau mwyaf ar lafar yn unig, bod rhaid eu hactio. Ond nid gwers mewn gostyngeiddrwydd yn unig a geir yma. Mae hon yn weithred symbolaidd hefyd, yn arwydd o'r dioddefaint a'r aberth achubol yr oedd ar fin eu cyflawni.

Y mae'r gwesteion yn lled orwedd wrth y bwrdd yn droednoeth. Wedi rhoi ei wisg o'r neilltu, mae Iesu'n mynd at bob un yn ei dro i olchi eu traed a'u gwneud yn lân. Drannoeth, wrth farw ar y groes, byddai'n diosg ei wisg o gnawd ac yn glanhau ei ddilynwyr a'i Eglwys. Mae ymateb y disgyblion yn ddadlennol. Mae Jwdas fab Simon Iscariot eisoes wedi mynd i afael Satan ac yn bwriadu bradychu Iesu.

Ymateb Pedr

Yna, daw Pedr i ganol y darlun. Pan ddaeth Iesu ato i olchi ei draed ei ymateb oedd, 'Arglwydd, a wyt ti am olchi fy nhraed i?' (In.13:6). Mae'r syndod yn amlwg yn ei gwestiwn, a'r fath syniad yn codi braw arno. Dywed Iesu wrtho fod ystyr i'w weithred nad yw Pedr hyd yma wedi ei ddeall, ond fe ddeuai i wybod maes o law. 'Ni wyddost ti ar hyn o bryd beth yr wyf fi am ei wneud, ond fe ddoi i wybod ar ôl hyn' (13:7), sef ar ôl y groes a'r atgyfodiad. Ond yr hyn a wna Pedr yw ailadrodd ei wrthwynebiad: 'Ni chei di olchi fy nhraed i byth'. Iddo ef, peth cwbl wrthun yw'r syniad am Iesu'n ei ddarostwng ei hun i wneud gwaith caethwas.

Yn Oriel Tate yn Llundain gwelir darlun enwog yr arlunydd Fictorianaidd Ford Madox Brown o Iesu'n golchi traed Pedr. Yn y darlun, mae'r disgyblion eraill yn eistedd o amgylch y bwrdd gan edrych mewn braw a syndod ar Iesu'n golchi eu traed. Ond wyneb Pedr yw canolbwynt y darlun. Mae'n gwyro'i ben, fel pe bai'n teimlo cywilydd. Mae ei dalcen yn grychlyd a'i wyneb yn gyfuniad o ddicter a dryswch ac anfodlonrwydd dwfn. Balchder ac ystyfnigrwydd Pedr sy'n ei rwystro rhag derbyn yr hyn sydd gan Iesu i'w roi iddo, sef arwydd symbolaidd o'i gariad a'i gyfeillgarwch a'r aberth y bydd, yn fuan, yn ei gwneud ar y groes.

Cam cyntaf ein hymateb i'r Efengyl yw'r parodrwydd i dderbyn yr hyn y mae Duw'n ei gynnig i ni – ei ras, ei gariad a'i faddeuant. Er mor bwysig yw *rhoi* – rhoi at Gymorth Cristnogol, at gynnal yr Achos, at y Genhadaeth ac achosion da o bob math – mae rhywbeth pwysicach, sef y parodrwydd i dderbyn yn llawen a diolchgar yr hyn y mae Duw'n ei gynnig i ni yn Iesu Grist. Y cyfrinydd Meistr Eckhart a ddywedodd, 'Ni all neb roi, mewn gwasanaeth a gweithredoedd da, mwy nag a dderbyniodd oddi wrth yr Arglwydd'. Mae Ieuan Gwyllt yn mynegi'r un gwirionedd yn berffaith yn ei emyn:

> Yr Iesu sy'n fy ngwadd
> i dderbyn gyda'i saint
> ffydd, gobaith, cariad pur a hedd
> a phob rhyw nefol fraint.

Wedi i Pedr am yr eildro wrthod cynnig Iesu i olchi ei draed – 'Ni chei di olchi fy nhraed i byth' – meddai Iesu wrtho, 'Os na chaf dy olchi di, nid oes lle iti gyda mi' (13:8). Mewn geiriau eraill, 'Ni chei di gymdeithas â mi'. Dweud a wna Iesu nad yw'n bosibl i neb rannu cymdeithas ag ef oni fydd wedi derbyn y gras a'r cariad gwaredigol a ddaw trwy ei groes. Er na ddeallodd Pedr hynny eto, mae'n sylweddoli fod i weithred Iesu arwyddocâd dwfn. Mae'n rhoi heibio'i falchder ac yn datgan, 'Arglwydd ... nid fy nhraed yn unig, ond golch fy nwylo a'm pen hefyd' (13:9).

Dywed Iesu nad yw hynny'n angenrheidiol. 'Dywedodd Iesu wrtho, "Y mae'r sawl sydd wedi ymolchi drosto yn lân i gyd, ac nid oes arno angen golchi dim ond ei draed"' (13:10). Byddai gwestai'n golchi ei holl gorff cyn mynd i wledd, fel na fyddai angen ond golchi ei draed wedi cyrraedd yno. Yr un modd, mae'r sawl a lanhawyd unwaith gan Grist trwy dderbyn maddeuant a bywyd newydd wrth y groes wedi ei lanhau unwaith ac am byth.

Mae golchi'r traed yn atgof o'r glanhad cyflawn a geir trwy aberth Iesu ac a wneir yn effeithiol yn sacrament y bedydd. Y ffordd i mewn i'r gymdeithas o gredinwyr, corff Crist, yw trwy fedydd. Mae bedydd yn cynnwys diosg yr hen natur ddynol, gwisgo mantell gostyngeiddrwydd a golchi ymaith bob balchder a hunanbwysigrwydd. Ei falchder oedd yn rhwystro Pedr rhag cael golchi ei draed gan Iesu. Yr hyn a rwystrai Jwdas oedd ei fwriad i fradychu Iesu. Er bod Iesu wedi golchi ei draed, nid oedd Jwdas wedi derbyn y glanhad mewnol a ddeuai trwy'r groes a'r atgyfodiad. Ni allai unrhyw fesur o ddŵr ei lanhau o'i bechod, sy'n awgrymu bod ei sefyllfa'n gwbl anobeithiol, gan ei fod wedi ei roi ei hun i ddwylo Satan. Meddai Iesu, "'Ac yr ydych chwi yn lân, ond nid pawb ohonoch." Oherwydd gwyddai pwy oedd am ei fradychu' (13:10–11).

Esiampl o ostyngeiddrwydd

Wedi iddo gyflawni swydd y caethwas trwy olchi traed ei ddisgyblion, mae Iesu'n ymwisgo i gymryd ei le drachefn wrth y bwrdd fel Arglwydd a Meistr. Y meistr yw'r gwas, a'r gwas yw'r meistr. Nid yw'r disgyblion yn deall hyn. Mae'r syniad yn gwbl ddieithr iddynt. Maent wedi arfer â'i gyfarch fel 'athro' ac 'arglwydd'. Ond mae Iesu'n awr yn chwyldroi'n llwyr y syniad arferol am allu ac awdurdod. Mae'n troi oddi wrth ystyr symbolaidd golchi'r traed at ei ystyr ymarferol fel esiampl o'r gostyngeiddrwydd a ddisgwylir oddi wrth ei ddilynwyr: 'Os wyf fi, felly, a minnau'n Arglwydd ac yn Athro, wedi golchi eich traed chwi, fe ddylech chwithau hefyd olchi traed eich gilydd' (13:14).

Diogelu eu hurddas a'u hawdurdod oedd prif gonsyrn y disgyblion wrth geisio blaenoriaeth ac wrth ddadlau ynghylch pwy ohonynt oedd fwyaf. Dengys Iesu nad mater o statws ond o wasanaeth yw gwir urddas a gwir awdurdod. Mewn mwy nag un man yn yr efengylau, mae'n dysgu mai trwy roi ein hunain mewn cariad, tosturi a gwasanaeth i Dduw ac i gyd-ddyn y mae canfod gwir fawredd. Mewn ateb i gais mam Iago ac Ioan i'w meibion gael lleoedd amlwg yn y deyrnas, meddai Iesu wrth ei ddisgyblion: 'Gwyddoch fod llywodraethwyr y Cenhedloedd yn arglwyddiaethu arnynt, a'u gwŷr mawr yn dangos eu hawdurdod drostynt. Ond nid felly y mae i fod yn eich plith chwi; yn hytrach, pwy bynnag sydd am fod yn fawr yn eich plith, rhaid iddo fod yn was i chwi, a phwy bynnag sydd am fod yn flaenaf yn eich plith, rhaid iddo fod yn gaethwas i chwi, fel Mab y Dyn, na ddaeth i gael ei wasanaethu ond wasanaethu, ac i roi ei einioes yn bridwerth dros lawer' (Mth. 20:25–28). Ac mewn fersiwn ychydig yn wahanol o'r un stori a adroddir gan Luc, dywed Iesu: 'Bydded y mwyaf yn eich plith fel yr ieuengaf, a'r arweinydd fel un sy'n gweini. Pwy sydd fwyaf, yr un sy'n eistedd wrth y bwrdd neu'r un sy'n gweini? Onid yr un sy'n eistedd? Ond yr wyf fi yn eich plith fel un sy'n gweini' (Lc. 22:26–27).

Dyna'r patrwm a osodwyd gan Iesu yn ei ddysgeidiaeth. Ond nid yw dysgeidiaeth haniaethol yn ddigon. Meddai Iesu, 'Yr wyf wedi rhoi esiampl i chwi; yr ydych chwithau i wneud fel yr wyf fi wedi ei wneud i chwi' (In. 13:15). Gellir cydsynio â delfryd haniaethol aruchel ond methu dro ar ôl tro ag ymgyrraedd ati. Ond nid gosod delfryd amhosibl ger bron ei ddilynwyr a wna Iesu, ond gosod esiampl. Pan ddywed wrthym am garu ein gilydd, mae'n rhoi i ni esiampl o'r cariad hwnnw ynddo ef ei hun. Pan ddywed wrthym am faddau saith deg seithwaith, mae'r maddeuant diderfyn hwnnw i'w weld ar waith ynddo ef ei hun. A phan ddywed wrthym am godi'r groes beunydd a'i ganlyn ef, mae'n gofyn i ni ei efelychu ef yn ei ddioddefiadau.

Un o glasuron ysbrydol yr oesau yw *De imitatione Christi,* gan y cyfrinydd Almaenig, Thomas á Kempis (1380–1471). Nod a diben y bywyd Cristnogol, yn ôl á Kempis, yw efelychu Iesu yn ei gariad a'i ostyngeiddrwydd a'i berthynas agos â Duw ei Dad. Daeth Duw atom, meddai, yn ei Fab i roi esiampl i ni o'r bywyd perffaith. Nid digon oedd *dweud* wrthym sut i ymddwyn a sut i geisio Duw. Roedd rhaid wrth *esiampl ddynol* i ddangos i ni sut i fyw, sut i feddwl, sut i weithredu a sut i lefaru. Rhaid i ni fedru gweld y bywyd perffaith mewn un sy'n ymgnawdoliad o'r perffaith. Esiampl, nid geiriau, sydd eu hangen arnom i'n hysbrydoli i ymroi i'r bywyd ysbrydol ac i fywyd o wasanaeth i Dduw a'i deyrnas.

Renan a ddywedodd, 'Y mae'r ddynoliaeth yn ymgyrraedd at ddelfryd ond yn ei cheisio mewn person, nid mewn syniadau haniaethol – person sy'n ymgnawdoliad o'r ddelfryd ac o ddyheadau a gobeithion yr oesau. Mae'r ddelfryd honno i'w chanfod yn Iesu o Nasareth.'

Disgwylir i ddilynwyr Iesu efelychu eu Harglwydd, nid o reidrwydd trwy olchi traed ei gilydd yn llythrennol, ond trwy gyflawni gwasanaeth gostynedig ac anhunanol pryd bynnag y daw cyfle. Ystyr *esiampl* yw patrwm – nod i ymgyrraedd ato. Teitlau a roddwyd i Iesu gan ei ddisgyblion yw *Arglwydd* ac *Athro* – a hynny hyd yn oed pan yw'n ymagweddu fel caethwas. Y pryd hynny, deil i fod yn Arglwydd ac yn Athro, ond mewn ystyr newydd a gwahanol. Mae'n fawr pan yw'n gwneud ei hun yn fychan. Mae ei ogoniant dwyfol i'w weld pan yw'n plygu at ddyn yn ei wendid a'i angen, ac yn ei wasanaethu.

Dichon i Pedr a'r disgyblion eraill glywed Iesu droeon yn sôn am ogoniant gwyleidd-dra a gwasanaeth. Ond yn yr oruwch ystafell y gwelsant y gogoniant hwnnw yn ei weithred o olchi eu traed, ac wrth iddo drwy hynny roi iddynt hwy ac i ninnau esiampl i'w hefelychu. 'Os gwyddoch y pethau hyn, gwyn eich byd os gweithredwch arnynt' (In. 13:17). Ond y mae un nad yw'n gweithredu arnynt, ac y mae Iesu'n gwybod yn union pwy ydyw: 'Nid wyf yn siarad amdanoch i gyd. Yr wyf fi'n gwybod pwy a ddewisais' (13:18).

Wrth ddod â'r adran hon i ben, mae Ioan yn ein cyfeirio at warth a chywilydd Jwdas. Mae'r darlun ohono'n eistedd wrth yr un bwrdd â Iesu, yn rhannu bara ag ef ac yna'n mynd allan i'w fradychu, yn achos syndod a siom. Mae Iesu'n dyfynnu rhan o Salm 41:9. Meddai'r adnod gyfan, 'Y mae hyd yn oed fy nghyfaill agos, y bûm yn ymddiried ynddo, ac a fu'n bwyta wrth fy mwrdd, yn codi ei sawdl yn f'erbyn'. Yng nghyfnod Iesu, arwydd o gyfeillgarwch a ffyddlondeb oedd i berson fwyta wrth fwrdd cyfaill a chydnabod. Gweithred warthus fyddai i'r gwestai hwnnw wedyn droi yn erbyn ei gyfaill neu ymosod arno. I'r Salmydd, mae diffyg ffyddlondeb cyfaill yn peri'r loes fwyaf: 'Ond nid gelyn a'm gwawdiodd – gallwn oddef hynny; nid un o'm caseion a'm bychanodd – gallwn guddio rhag hwnnw; ond ti, fy nghydradd, fy nghydymaith, fy nghydnabod' (Salm 55:12–13). Mae Iesu fel pe bai'n gwneud ei apêl olaf i Jwdas trwy ddangos iddo'r siom sydd yn ei galon.

Ar yr un pryd, mae Iesu'n pwysleisio fod yr holl sefyllfa, hyd yn oed cynllwyn Jwdas, rywfodd wedi ei weu i mewn i bwrpas Duw, a'i fod yn anfon y gweddill ohonynt i'w gynrychioli ef yn y byd, fel yr oedd ef wedi cynrychioli ei Dad nefol yn y byd.

Cwestiynau i'w trafod:

1. Beth, dybiwch chi, oedd teimladau Pedr pan welodd mai bwriad y Meistr oedd golchi ei draed ef a thraed ei gyd-ddisgyblion?

2. A ydych yn cytuno mai esiampl, yn hytrach na dysgeidiaeth haniaethol, sy'n ein hysbrydoli i efelychu Iesu?

3. Gan nad yw Iesu'n enwi Jwdas Iscariot fel y cyfryw pan yw'n cyfeirio at 'un sy'n bwyta fy mara i', beth yn eich barn chi oedd yn mynd trwy feddyliau gweddill y disgyblion, yn enwedig Pedr?

YNG NGARDD GETHSEMANE

Mathew 26:36–46; Ioan 18:4–11

I Iddewon, roedd gwledd y Pasg yn wasanaeth o addoliad yn ogystal â phryd bwyd. Ar derfyn y wledd, roedd yn arferiad i ganu'r *Hallel* fawr, sef Salmau 113 i 115, wrth y bwrdd. Pan gyfeirir at Iesu a'r disgyblion yn canu emyn (Mth. 26:30), mae'n fwy na thebyg iddynt ganu rhan olaf yr *Hallel*. Moliant i Dduw am ei fawredd, ei iachawdwriaeth wrth iddo achub y genedl o gaethiwed yn yr Aifft, a'r sicrwydd y bydd yn ffyddlon i'w bobl hyd byth yw thema'r Salmau hyn.

Gyda geiriau'r *Hallel* yn dal ar ei feddwl, arweiniodd Iesu ei ddisgyblion o'r ddinas a thros nant Cidron. (Ioan yn unig sy'n cyfeirio at Cidron, y nant y llifai gwaed yr ŵyn a leddid yn y Deml iddi.) Wedi croesi'r nant, daethant i lecyn a elwid Gethsemane, wrth droed Mynydd yr Olewydd. Ystyr y gair *Gethsemane* yw lle ag ynddo olewydd. Yno, meddai Ioan, yr oedd gardd. Dywed Luc yr arferai Iesu fynd yno gyda'i ddisgyblion, ond go brin iddo fynd yno o'r blaen gyda'i feddwl mor gythryblus ag ydoedd y tro hwn.

Roedd rhai gerddi ar lechweddau'r mynydd, a chawsai Iesu o bosibl ganiatâd gan ryw gyfaill cefnog i ddefnyddio'i ardd yn achlysurol. Gallwn ddychmygu y byddai Iesu a'i ddisgyblion yn mynd i'r ardd ar adegau i gael llonydd a thawelwch. Yno y dymunai fynd yn awr i weddïo am nerth i wynebu'r treial a'i hwynebai.

Yr ardd

Mae'n arwyddocaol mai i ardd y dymunai Iesu encilio i weddïo. Yn draddodiadol, ystyrid gardd yn symbol o fywyd, o brydferthwch ac o dyfiant. I ardd yr âi pobl i ymlacio, i fwynhau distawrwydd ac i rodianna. Mewn gardd y byddai plant yn chwarae a chariadon yn cadw oed. Ystyrid gardd yn gyfystyr â pharadwys. Mewn gardd y lleolir hanes Adda ac Efa a chychwyn stori'r ddynoliaeth. Nid damwain yw hi fod

Iesu yng Ngardd Gethsemane. I'r llecyn tawel, hyfryd hwn y daeth i ymbil am nerth i wynebu'r hyn sydd o'i flaen.

Nid yw am geisio osgoi ei dynged a ffoi i ddiogelwch. Nid yw am geisio'i amddiffyn ei hun trwy ymosod yn dreisgar ar ei elynion. Mae wedi dod at y groesffordd olaf ar ei daith i'r groes. Yn ei demtiad yn yr anialwch roedd wedi dewis cyfeiriad arbennig i'w weinidogaeth. Yn awr, yn Gethsemane, mae'n dewis llwybr ei farwolaeth. Nid yw'n rhy hwyr iddo newid ei lwybr a dianc ac osgoi'r groes. Ond gwyddai yn ei galon na allai droi oddi wrth lwybr cariad. Byddai hynny'n fradychiad o holl gyfeiriad ei weinidogaeth.

Er y byddai Iesu'n cerdded y llwybr hwn ar ei ben ei hun, teimlai'r angen am gwmni a chefnogaeth ei ffrindiau ar y daith. Roedd Iesu wedi dewis ei ddisgyblion yn wreiddiol 'fel y byddent gydag ef' (Mc. 3:14). Ac yn awr ei ing a'i ofn mwyaf mae'n dda ganddo gael eu cwmni, er na allent hwy fynd yr holl ffordd gydag ef. Diddorol yw sylwi fod Mathew yn defnyddio'r gair *gyda* deirgwaith yn yr hanes. 'Daeth Iesu *gyda hwy* i le a elwir Gethsemane' (Mth. 26:36); 'Arhoswch yma a gwyliwch *gyda mi*' (26:38); 'Oni allech wylio am un awr *gyda mi?*' (26:40).

Gadawodd i rai ohonynt orffwys: 'Eisteddwch yma tra byddaf fi'n mynd fan draw i weddïo'. Ond aeth â'r tri agosaf ato – 'Pedr a dau fab Sebedeus' (26:36–37) – ymhellach i mewn i'r ardd. Dyma Pedr, unwaith eto, gyda'r ddau frawd, Iago ac Ioan, yn cael rhannu gyda Iesu un o'i brofiadau mwyaf dwys ac ingol. Fel y datblyga'r hanes, mae Pedr yn chwarae rhan fwyfwy amlwg. Ond er i Iesu gymryd y tri ohonynt i mewn ymhellach i'r ardd, mae'n eu gadael hwythau ac 'aeth ymlaen ymhellach' (26:39) – geiriau sy'n awgrymu na fedr y tri fynd gyda'u Harglwydd i ddyfnder ei ing a'i ofid. Mae'r baich sydd ar ei enaid yn rhy drwm i'w rannu, hyd yn oed â'i ddisgyblion agosaf. 'Dechreuodd deimlo tristwch a thrallod dwys' (26:37).

Mae'r gair *trallod* yn y cyswllt hwn yn golygu gofid, penbleth, methu gwybod i ble i droi na beth i'w wneud. Mae'n ofid llethol, yn awgrymu'r awydd angerddol i osgoi rhywbeth atgas. Nid ofn y boen ac ingoedd angau ar groes a barai i Iesu fod yn drist yng Ngethsemane. Yr hyn sy'n peri ing i'w enaid yw ei fod yn sefyll ar groesffordd. Ar y naill law yr oedd ing, unigrwydd, gwaradwydd ac angau yn ei wynebu. Ar y llaw arall yr oedd yn parhau i gael ei demtio i gefnu ar lwybr y groes ac i ddianc i ddiogelwch. Ond yr hyn oedd uchaf yn ei feddwl oedd na allai gefnu ar fwriad achubol ei Dad nefol.

Syrthiodd ar ei wyneb a gweddïo, 'Fy Nhad, os yw'n bosibl, boed i'r cwpan hwn fynd heibio i mi; ond nid fel y mynnaf fi, ond fel y mynni di' (26:39). Roedd yr Iddew yn gyfarwydd â'r darlun o gwpan fel symbol o ddioddefaint. Ond yr hyn a ddarlunnir yma yw brwydr ysbrydol na all neb ohonom amgyffred ei phoen a'i gwewyr. Ni allwn wneud dim ond sefyll o hirbell a syllu mewn syndod ar yr olygfa.

Ychydig flynyddoedd yn ôl cynhyrchodd Mel Gibson ei ffilm rymus *The Passion of the Christ*. Roedd y ffilm yn portreadu taith Iesu o ardd Gethsemane i'w farwolaeth ar Galfaria. Rhoddwyd pwyslais ar ddioddefaint corfforol Iesu – ei fflangellu, ei guro, ei wawdio, ei orfodi i gario'i groes, a manylion erchyll y croeshoeliad. Cymysg oedd yr ymateb i'r ffilm. Roedd rhai'n canmol y cynhyrchiad am ddangos dioddefiadau Iesu mewn modd realistig, ond roedd eraill, yn cynnwys ysgolheigion Beiblaidd amlwg, yn ei beirniadu am ei golygfeydd erchyll am nad yw'r efengylau eu hunain yn manylu ynghylch y dioddefaint corfforol. Ni cheir ynddynt ddisgrifiadau graffig o'r fflangellu nac o broses greulon – enbyd o greulon – y croeshoelio. Mae eu disgrifiadau'n gynnil, gynnil. 'A chan ei fod yn awyddus i fodloni'r dyrfa ... traddododd Iesu, ar ôl ei fflangellu, i'w groeshoelio' (Mc. 15:15). 'A chydag ef croeshoeliasant ddau leidr, un ar y dde ac un ar y chwith iddo' (15:27).

Pam y cynildeb? Pam na cheir disgrifiadau graffig o ddioddefiadau a chroeshoeliad Iesu? Nid ar ddioddefiadau corfforol Iesu y mae pwyslais yr efengylau, ond ar ei ddioddefiadau ysbrydol ac emosiynol. Nid y fflangellau a fyddai'n rhwygo'i gorff, na'r hoelion a fyddai'n tyllu ei ddwylo a'i draed oedd ei ofn mwyaf. Yr hyn a barai ing i'w enaid oedd a fedrai ef gyflawni bwriad Duw ac aberthu popeth er mwyn cerdded llwybr y groes i'r pen? Y cwestiynau hyn a'i gyrrodd ar ei liniau i geisio goleuni a nerth ei Dad nefol. Ar ben y cyfan, yr hyn a barai ing meddwl iddo oedd gwendid ac anwadalwch ei ddilynwyr, dallineb arweinwyr ei genedl, a'r posibilrwydd y gallai ei weinidogaeth fod yn fethiant llwyr.

Yn ei gyfrol o ysgrifau *Yr Hen Gwpan Cymun,* mae E. Tegla Davies yn dychmygu beth oedd yn mynd trwy feddwl Iesu yng ngardd Gethsemane: 'Pedr, a addunedodd ffyddlondeb hyd angau, ar fin ei wadu; Jwdas yn ei fradychu ar ei ffordd o'r Cymun Sanctaidd; y tri gŵr dethol yn cysgu yng ngardd y gwewyr, a'r gweddill yn ffoi ... Y cwbl wedi mynd a'i adael yn unig. Beth allai ymateb yr Arglwydd fod i hyn oll? Onid gofyn mewn anobaith a oedd y fath wehilion yn werth eu hachub, er ei holl barodrwydd i'w roi ei hun er eu mwyn? A dyma ddyfnder eithaf pob ing, nid aberthu er mwyn yr annheilwng, ond tywallt ei enaid i farwolaeth dros y diwerth ... Dyma wewyr Gethsemane. Yna'r llam gogoneddus: "O Dad, ni welaf fi unrhyw ystyr mewn aberthu er mwyn rhai fel hyn, ond os wyt ti yn gweld yn wahanol, parod wyf fi i wynebu'r cwbl yn ôl dy weledigaeth di."' Yn ei weddi yn yr ardd y canfu'r ffydd a'r nerth i gymryd y llam gogoneddus.

Y weddi
Cyn encilio ymhellach i'r ardd i weddïo, gofynnodd i Pedr, Iago ac Ioan, 'Arhoswch yma a gwyliwch gyda mi' (Mth. 26:38). Ond pan ddychwelodd atynt gwelodd eu bod yn cysgu. Yr oedd wedi mynd yn rhy bell ar ei lwybr iddynt fedru ei ddilyn. Pan ddychwelodd yr ail waith, gwelai eu bod yn dal i gysgu. Mae'n amlwg mai Pedr a ystyriwyd ganddo fel y prif ddisgybl, ac meddai wrtho, 'Felly! Oni allech wylio am un awr gyda mi?' (26: 40). Nid yw hyd yn oed Pedr wedi ennill y nerth i sefyll mewn argyfwng. Yr oedd straen emosiynol y dyddiau olaf hyn yn Jerwsalem wedi blino Pedr a'i gyfeillion fel na fedrent aros yn effro, er i Iesu ofyn iddynt wylio a gweddïo.

Ond nid ceryddu Pedr na'r ddau arall a wna Iesu. Roedd yn deall eu cyflwr, ac yn hytrach na'u ceryddu dangosodd gydymdeimlad â hwy. 'Y mae'r ysbryd yn barod ond y cnawd yn wan' (26:41). Mae'r Cristion yn byw yn y tyndra rhwng delfrydau uchaf yr ysbryd a gwendid cynhenid y cnawd. Wrth i Iesu ddychwelyd yr ail a'r trydydd tro, mae'r disgyblion yn dal i gysgu.

Yn wahanol i'r efengylau eraill, mae Mathew yn gwahaniaethu rhwng tair gweddi Iesu. Yn ei weddi gyntaf, mae'n gofyn onid oes ffordd arall i gyflawni ewyllys ei Dad: 'Fy Nhad, os yw'n bosibl, boed i'r cwpan hwn fynd heibio i mi' (26:39). Yn yr ail weddi, mae'n ei gyflwyno'i hun i ewyllys ei Dad: 'Fy Nhad, os nad yw'n bosibl i'r cwpan hwn fynd heibio heb i mi ei yfed, gwneler dy ewyllys di' (26:42). Yn y drydedd weddi, mae'n defnyddio'r un geiriau gan ei gyflwyno'i hun yn derfynol i gyflawni ewyllys ei Dad. Ceir yn y tair gweddi ymdeimlad Iesu o'i fabolaeth (mae'n cyfarch Duw fel ei Dad), ei awydd i ddirnad ewyllys ei Dad a phlygu iddi, a'i barodrwydd i ufuddhau yn llwyr i'r ewyllys honno wedi iddo ei chanfod.

Beth sydd gan y weddi yn Gethsemane, a gorchmynion Iesu i Pedr a'r ddau ddisgybl arall, i'w ddweud wrthym ni ac wrth yr Eglwys heddiw? Awr dywyll oedd awr Gethsemane, awr ofn a dychryn ac ansicrwydd; ac yr oedd Iesu'n teimlo'r angen am gymorth a chefnogaeth ei ffrindiau. Mae Eglwys Iesu Grist yng Nghymru heddiw yn ei Gethsemane; mae'n mynd trwy gyfnod o ddirywiad a chwalfa, cyfnod o gefnu a cholli ffydd. Fel yn y Gethsemane gyntaf, mae angen Cristnogion effro, sy'n barod i wynebu'r argyfwng ac i ganfod ffordd ymlaen. Rhoddodd Iesu orchmynion i'r disgyblion, a'r un yw ei orchmynion i'w Eglwys ac i'w bobl heddiw.

Y gorchymyn cyntaf oedd *Arhoswch.* Mae Iesu eisiau i'w ddilynwyr aros yn ei gwmni, aros yn ffyddlon i'w achos ac aros yn deyrngar i werthoedd ac egwyddorion y deyrnas. Mewn cyfnod pan yw ymlyniad wrth fudiad a chymdeithas a phlaid ac eglwys wedi mynd allan o ffasiwn, mae Iesu'n gofyn am ffyddlondeb iddo'i hun ac i'w Eglwys. Ei ail orchymyn oedd *Gwyliwch.* 'Arhoswch yma a gwyliwch gyda mi', meddai (26:38); gwylio am Jwdas a'r milwyr. Gofynnir i ninnau heddiw fod yn wylwyr dros Grist, yn bobl sy'n effro i ddigwyddiadau'r byd, yn llais ac yn gydwybod i'n cenhedlaeth a'n cyfnod. Y trydydd gorchymyn oedd *Gweddïwch.* 'Gwyliwch a gweddïwch na ddewch i gael eich profi' (26:41). Gweddi

94

sy'n ein cadw'n effro i bresenoldeb Duw ac yn dyfnhau ein perthynas ag ef. Gorchymyn Iesu yw i ni weddïo dros ein gilydd, dros ein heglwys a thros y byd yn ei helyntion a'i broblemau. Heb weddi, rydym yn ein hamddifadu'n hunain o'r adnoddau nefol sydd gan Dduw ar ein cyfer – ei nerth, ei Ysbryd a'i ras. A'r pedwerydd gorchymyn yw *Codwch*. Codi i wynebu ei fradychwr a wnaeth Iesu. Yr alwad i godi yw'r alwad i ymysgwyd o bob difaterwch a syrthni ac ymdaflu i weithio, i dystio, i garu ac i gyflawni'r gwaith a osodir i ni gan Dduw.

Y bradychu

Wedi i Iesu ddod at ei ddisgyblion a'u cael yn cysgu'r trydydd tro, gofynnodd 'A ydych yn dal i gysgu a gorffwys?' (26:45). Er hynny, dywed Iesu wrthynt am godi am ei fod ar fin cael ei fradychu: 'Codwch ac awn. Dyma fy mradychwr yn agosáu' (26:46). Roedd bellach wedi ennill brwydr fawr ei fywyd. Nid oedd am aros i'w elynion ddod i'w ddal, ond aeth ef allan yn eofn i'w cyfarfod.

Rhown sylw i ddisgrifiad Ioan o'r bradychu gan fod Ioan yn rhoi sylw arbennig i Simon Pedr a'i ymateb i ddal Iesu gan y milwyr. Dywed y pedair efengyl i Jwdas gyrraedd yr ardd gyda mintai o filwyr a swyddogion y prif offeiriaid a'r Phariseaid, gyda'r bwriad o ddal Iesu. Amcan yr awdurdodau oedd ei ddal a'i roi i farwolaeth yn ddirgel, cyn gynted â phosibl. Trefnwyd i Jwdas arwain y swyddogion at Iesu a dangos iddynt pa un oedd ef trwy ei gusanu. Roedd yn arferiad cyffredin i ddisgyblion gusanu eu hathro fel arwydd o'u perthynas ag ef a'u cariad tuag ato. Ond ffugio cariad a wnaeth Jwdas, ac arwydd o'i dwyll a'i ragrith oedd y gusan.

Nid yw Ioan yn cyfeirio o gwbl at gusan Jwdas. Nid yw'n disgrifio Jwdas yn dod ymlaen i'w gusanu, ond dywed yn hytrach fod Iesu ei hun wedi cymryd y cam cyntaf. Mae am ddangos fod Iesu'n feistr ar y sefyllfa. Nid yw'n aros i'r milwyr ddod ato, ond mae'n mynd atynt ac yn gofyn yn blaen, '"Pwy yr ydych yn ei geisio?" Atebasant ef, "Iesu o Nasareth." "Myfi yw," meddai yntau wrthynt (In. 18:4). 'Myfi yw,' meddai dair gwaith. Wedi iddo ei ddweud yr ail dro, mae'r fintai'n cilio'n ôl ac yn syrthio i'r llawr mewn ofn. Mae ei enw'n cyfleu nerth a gallu dwyfol. Ni fyddai Iesu wedi ei restio oni bai iddo ef ei hun ganiatáu i hynny ddigwydd. Nid y milwyr sy'n ei ddal; ef sy'n dewis ei osod ei hun yn eu dwylo. Mae'n ei roi ei hun yn wirfoddol er iachawdwriaeth y byd. Mae'n mynd i'r groes am fod ei 'awr' wedi dod.

I'r diwedd, mae ganddo gonsyrn am ei ddisgyblion. 'Os myfi yr ydych yn ei geisio, gadewch i'r rhain fynd', meddai (18:8). Mae ei aberth yn fodd i sicrhau rhyddid a bywyd iddynt. Mae'r Bugail Da yn rhoi ei einioes dros y defaid (10:11).

Daeth y swyddogion a'r milwyr gyda'u cleddyfau a'u ffyn. Nid oedd Iesu am i neb ei amddiffyn, ac nid oedd am adael i'w ddisgyblion wneud hynny chwaith. Ond mynnodd un ohonynt geisio gwneud hynny, gan dynnu ei gleddyf a tharo gwas yr archoffeiriad. Ioan sy'n dweud wrthym mai Pedr oedd y disgybl hwn. Yn ei wylltineb a'i orawydd i amddiffyn Iesu, doed a ddelo, fe gymerodd Pedr ei gleddyf a thorri clust dde Malchus, gwas yr archoffeiriad.

Roedd gwaharddiad llwyr rhag i neb gario arfau ar y Pasg. Ond pwy a ŵyr a wyddai Iesu fod gan Pedr gleddyf yn ei feddiant? Yn ôl Luc, roedd gan y disgyblion 'ddau gleddyf' yn yr oruwch ystafell pan oedd Iesu yn eu rhybuddio am yr amser heriol oedd o'u blaenau. Ei ymateb i hynny ar y pryd oedd, 'Dyna ddigon' (Lc. 22:38). Mae defnyddio'r cleddyf yn groes i ysbryd ac amcanion Iesu. Bwriad Iesu oedd creu cymdeithas newydd a oedd yn seiliedig ar gariad a thosturi. Nid oedd lle i'r cleddyf yn y gymdeithas honno.

Tra bo calonnau pawb arall yn berwi o lid a chasineb, mae calon Iesu'n llawn tosturi. Tra bo dwylo pawb arall wedi eu cau am waywffyn a chleddyfau, mae un llaw yn ymestyn i iacháu. Yn ôl Luc, mae Iesu'n cyffwrdd â chlust Malchus ac yn ei hadfer (22:51). Hon oedd gwyrth olaf Iesu. Nid agwedd ei elynion oedd y siom fwyaf iddo ar yr awr dywyll hon, ond methiant ei ddisgyblion. Er popeth a ddysgodd iddynt am natur ei deyrnas ac am ffordd cariad, mae Jwdas yn ei fradychu a Pedr yn rhuthro am ei gleddyf. Ond mae cyffyrddiad Iesu yn cywiro camgymeriadau ei ddilynwyr, fel y mae'n dal i adfer, iacháu a chyfannu ein bywydau ninnau.

Cwestiynau i'w trafod:

1. Beth yw ystyr gorchymyn Iesu i Pedr, Iago ac Ioan: 'Arhoswch yma a gwyliwch gyda mi'?

2. Ym mha ystyr yr oedd gweddi Iesu yn Gethsemane yn frwydr?

3. Beth y mae'r weithred o dynnu ei gleddyf ac ymosod ar was yr archoffeiriad yn ei ddweud wrthym am gymeriad Pedr?

GWADU EI FEISTR

Mathew 26:31–35; 57–58; Luc 22:54–62

Er mwyn paratoi ei ddisgyblion i wynebu'r hyn oedd o'u blaenau, rhagfynegodd Iesu fwy nag unwaith ei ddioddefiadau a'i farwolaeth. Ond dyma'r tro cyntaf iddo gyfeirio at ymateb ei ddilynwyr i hynny, sef y byddai pawb ohonynt yn cwympo o'i achos ef. Ystyr 'cwympo' yn y cyswllt hwn yw 'syrthio'n ôl' neu 'ffoi'. Rhan o'r tristwch a flinai Iesu wrth iddo ddod i Ardd Gethsemane oedd yr ymwybyddiaeth y byddai ei ddisgyblion yn cefnu arno ac yn ffoi. Roedd yn hoff o'u cwmni ac yn gwerthfawrogi'r ffaith eu bod wedi aros yn ffyddlon iddo yn ei holl brofedigaethau.

Er eu bod yn aml yn ddiddeall, bu eu cymdeithas yn gefn ac yn gymorth iddo lawer gwaith. Yn fwy nag erioed o'r blaen roedd arno eu hangen yn awr, ac eto roedd yn ofni y byddai pob un ohonynt yn ei adael.Nid cerydd na chondemniad sydd yn ei eiriau, ond ymdeimlad o unigrwydd ofnadwy wrth iddo gerdded y llwybr oedd o'i flaen. Mae'n rhybuddio'r disgyblion y byddent i gyd yn ei adael y noson honno gan ddyfynnu geiriau o broffwydoliaeth Sechareia i ddangos hynny: 'Taro'r bugail, a gwasgerir y praidd' (Sech. 13:7). Cwestiwn a fyddai'n codi'n aml yn yr Eglwys Fore oedd pam y bu i'r disgyblion gefnu ar Iesu. Yr ateb a roddwyd oedd bod hynny wedi ei broffwydo, ac felly ei fod yn rhan o bwrpas Duw. Ond mae'r geiriau'n mynegi hefyd y berthynas agos oedd yn bod rhwng Iesu a'i ddilynwyr. Dyma'r Bugail Da sy'n rhoi ei einioes dros y defaid (In. 10:11). Pan yw'r blaidd yn ymosod ar y praidd, gwasgerir y defaid ond mae'r Bugail yn aros gyda hwy. Er gwaethaf ein gwendidau a'n hanffyddlondeb ninnau, mae Iesu'r Bugail yn aros yn ffyddlon i ni. Dyma'r darlun a ysbrydolodd Frederick Faber i gyfansoddi ei emyn:

> Chwi, eneidiau, pam y crwydrwch
> fel tarfedig braidd o dref?
> Ffôl galonnau, pam y cefnwch
> ar ei ryfedd gariad ef? (cyf. J.T. Job)

Er mor dywyll y sefyllfa, mae gwroldeb a hyder Iesu'n amlwg. Wynebai yn wrol yr ing a'r unigrwydd. Ar yr un pryd, roedd yn gwbl hyderus y byddai'n cyfarfod â'i ddisgyblion eto, a hynny yng Ngalilea ar ôl ei atgyfodiad. 'Ond wedi i mi gael fy nghyfodi, af o'ch blaen chwi i Galilea' (Mth. 26:32). Gall yr adnod olygu naill ai, 'mi a'ch arweiniaf chwi i Galilea' neu 'pan ewch i Galilea, byddaf yno yn disgwyl amdanoch'. Ni cheir y geiriau gan Luc, ac mae nifer o esbonwyr yn amheus iawn o'u dilysrwydd gan gredu eu bod wedi eu colli o'u safle gwreiddiol yn naratif yr atgyfodiad. Beth bynnag am hynny, bob tro mae Iesu'n rhybuddio'r disgyblion o'i ddioddefiadau mae hefyd yn rhagfynegi ei atgyfodiad. Mae'n bosibl fod yr addewid am adferiad a geir yn y geiriau o broffwydoliaeth Sechareia, am ennyd, wedi codi calon Iesu o ddyfnder ei ing a'i unigrwydd a rhoi iddo olwg ar ddydd ei fuddugoliaeth ac adferiad ei braidd.

Gor–hyder Pedr

Nid yr addewid o atgyfodiad sydd ar feddwl Pedr, ond ei hyder y gallai ef ei hun amddiffyn ei Feistr o afael ei elynion. Mae'n mynd mor bell â'i osod ei hun ar wastad uwch na'r disgyblion eraill: 'Er iddynt gwympo bob un o'th achos di, ni chwympaf fi byth' (26:33). Fel ninnau mor aml, mae'n gwbl hyderus y medr wynebu pob bygythiad a ddaw a goresgyn pob gelyn yn ei nerth ei hun. Ond mae Iesu'n adnabod y Pedr eiddgar, brwdfrydig yn well nag y mae'n ei adnabod ei hun.

Gellir tybio'n weddol sicr mai oddi wrth Pedr ei hun y cafwyd yr hanesyn hwn gan ei fod ef wedi gorfod sylweddoli nad oedd mor gryf ag yr oedd wedi tybio. Gwelwn ei wir fawredd wrth iddo ddysgu gwers mewn gwyleidd-dra. Bron na chlywn ef yn dweud: 'Tybiais fy mod yn gryf. Ond roeddwn mor wan fel imi wadu fy Arglwydd. Roeddwn yn wan fel plentyn. Ond dysgais mai trwy nerth Iesu y mae bod yn gryf mewn gwirionedd.'

Nid yw'r efengylau'n cuddio dim ar wendidau a methiannau Pedr: ei ymateb byrbwyll ar fynydd y Gweddnewidiad; ei fethiant i gadw'n effro yng Ngardd Gethsemane; ei ymosodiad ar Malchus, gwas yr archoffeiriad; a'i lwfrdra yn llys yr archoffeiriad yn gwadu ei Arglwydd.

Pam rhestru holl feiau'r cyntaf a'r amlycaf o'r Apostolion? Onid er mwyn dangos mai yn ei wendid a'i gamgymeriadau y canfu ras a maddeuant ei Arglwydd? Onid wrth iddo faglu sawl gwaith y canfu gyfrinach mawredd, ac y profodd ras a nerth Iesu a'i gwnaeth yn ddyn newydd?

Cam yn y broses boenus o ddiosg gor-hyder Pedr oedd i Iesu ei rybuddio y byddai'n ei wadu, ac y byddai'n gwneud hynny deirgwaith 'cyn i'r ceiliog ganu' (26:34). Roedd 'caniad y ceiliog' yn ymadrodd cyffredin am y wyliadwriaeth cyn y wawr, sef y drydedd wyliadwriaeth o'r nos yn ôl y dull Rhufeinig o gyfri'r amser. Dywed Iesu wrth Pedr y byddai'n ei wadu deirgwaith cyn i'r wawr dorri. Protestio eto a wnaeth Pedr gan fynnu y byddai'n marw gyda Iesu cyn y byddai'n ei wadu. A'r un oedd addewid gweddill y disgyblion: 'Ac felly y dywedodd y disgyblion i gyd' (26:35). Ond gwireddwyd geiriau Iesu amdanynt, a phan ddaeth awr y prawf ffoi a'i adael ar ei ben ei hun a wnaethant.

Er i'r disgyblion eraill ffoi, arhosodd Pedr. Er iddo ddwyn cywilydd ar ei ben pan wadodd ei Arglwydd, ni fyddai hynny wedi digwydd iddo oni bai am ei wroldeb anghyffredin. Does dim dwywaith nad oedd Pedr yn caru ei Arglwydd. Does dim dwywaith chwaith nad oedd yn gwbl ddiffuant pan ddywedodd wrth Iesu, 'Ni'th wadaf byth' (26:35). Gyda'r un gwroldeb y cododd ei gleddyf yn erbyn gwas yr archoffeiriad mewn ymgais i amddiffyn Iesu. A hyd yn oed wedi i Iesu ei rybuddio y byddai'n ei wadu, mentrodd Pedr ddilyn y fintai a oedd wedi dal Iesu i dŷ Caiaffas yr archoffeiriad, lle'r oedd yr ysgrifenyddion a'r henuriaid wedi ymgynnull. 'Canlynodd Pedr ef o hirbell hyd at gyntedd yr archoffeiriad' (26:58).

O'r deuddeg disgybl, Pedr yw'r un sy'n dilyn Iesu bellaf ar y ffordd i'r groes. Yn wahanol i'r gweddill, nid ffoi a wnaeth Pedr ond dilyn o bell, hyd at gyntedd plas yr archoffeiriad. Ym Mhalestina, adeiladwyd tai'r cyfoethogion a'r pwysigion o amgylch cwrt agored, gyda drysau'n agor i wahanol ystafelloedd. Mentrodd Pedr ddilyn i mewn i'r cwrt, i le peryglus lle gallai gael ei ddal a'i ddwyn, fel ei Arglwydd, gerbron yr awdurdodau. Er i stori Pedr yn llys yr archoffeiriad ddiweddu mewn methiant a chywilydd, mae'n cychwyn gyda dewrder anghyffredin.

Gan fod Mathew wedi cael ei wybodaeth o'r un ffynhonnell â Marc, a bod Marc wedi cael llawer o'i ddeunydd oddi wrth Pedr, gallwn dybio mai o enau Pedr ei hun y daeth y stori amdano'n gwadu Iesu. Yn hytrach na cheisio rhoi'r digwyddiad o'i gof, a'i guddio mewn cywilydd oddi wrth ei gyd-aelodau yn yr Eglwys Fore, gwnaeth Pedr yr hanes yn ganolog i'w hanes a'i bregethu. Ond bob tro y byddai'n adrodd y stori, byddai hefyd yn pwysleisio i Iesu faddau iddo, ac mai hanfod yr Efengyl yw bod Duw, yn ei Fab Iesu Grist, yn derbyn ac yn maddau i'r troseddwr mwyaf annheilwng sy'n dod ato mewn edifeirwch.

Er mai stori am wendid a methiant Pedr yw hon, rhaid cofio ei bod hefyd yn stori am ei wroldeb a'i brofiad o drugaredd a maddeuant Iesu. Dyna'r gwahaniaeth rhwng methiant Pedr a chwymp Jwdas. Yn ei gywilydd a'i dorcalon, ni roddod Jwdas gyfle iddo'i hun i edifarhau ac i brofi maddeuant ac adferiad. Fe'i lloriwyd gan ei euogrwydd, ac fe'i crogodd ei hun. Ond dychwelodd Pedr mewn edifeirwch a gostyngeiddrwydd at Iesu; profodd ryfeddod ei drugaredd; a daeth ymhen amser yn sylfaen a phrif arweinydd yr Eglwys ifanc.

Meddai Gwenallt yn ei gerdd *Jwdas Iscariot,*

> Gresyn dy grogi cyn codi Mab y Dyn
> A rhannu eilwaith win a bara croyw ...
> Gallaset fel Pedr wylo'n chwerw dost
> A gweld dy gist yn llawn ar Bentecost.

Ond er i Pedr fentro cyn belled â chyntedd tŷ Caiaffas yr archoffeiriad a meiddio eistedd gyda'r gweision, fe wnaeth hynny yn ôl Mathew 'i weld y diwedd' (26:58) – cymal sy'n awgrymu ei fod erbyn hynny'n derbyn fod antur fawr Iesu ar ben, ei fod wedi methu, ac mai ei elynion oedd wedi ennill y dydd. Cyn hynny credai y byddai Iesu, rywfodd neu'i gilydd, yn dianc o'u gafael, yn galw am lu o angylion i'w gynorthwyo ac yn sefydlu'r deyrnas Feseianaidd yn eu plith. Wedi'r cyfan, roedd Iesu wedi dweud wrth Jwdas yng Ngardd Gethsemane, 'A wyt yn tybio na allwn ddeisyf ar fy Nhad, ac na roddai i mi yn awr fwy na deuddeg lleng o angylion?' (26:53). Ni wyddai Pedr y deuai buddugoliaeth ar y trydydd dydd ac y deuai'r deyrnas, ond mewn modd gwahanol i'r hyn a ddisgwyliai ef.

Gwadu deirgwaith

Aed â Iesu at Caiaffas yr archoffeiriad. Bu Caiaffas yn ei swydd o'r flwyddyn QC 18 hyd 36. Yr oedd yn fab yng nghyfraith i'r cyn-archoffeiriad Annas. Bu pump o feibion Annas yn archoffeiriad yn eu tro, a phob un ohonynt mor llwgr â'i dad. Roedd 'Tŷ Annas' yn ddiarhebol yn Israel am anfoesoldeb a llygredd. Daeth y Sanhedrin ynghyd i Lys Caiaffas er ei bod yn ŵyl. Mae rhai esbonwyr wedi amau cywirdeb yr hanes am ei bod yn anghyfreithlon i'r Sanhedrin gyfarfod i wrando achos ar Ŵyl y Pasg. Ond gan eu bod yn awyddus i ddelio â Iesu mor fuan â phosibl, nid oedd ymddwyn yn anghyfreithlon yn poeni llawer ar y Sadwceaid. Pan ddaeth Iesu ger eu bron cawsant anhawster i ddod o hyd i dystion dibynadwy: 'Yr oedd y prif offeiriad a'r holl Sanhedrin yn ceisio camdystiolaeth yn erbyn Iesu, er mwyn ei roi i farwolaeth, ond ni chawsant ddim, er i lawer o dystion gau ddod ymlaen' (26:59–60).

Tra oedd Iesu ar ei brawf oddi mewn i lys Caiaffas, roedd dyn arall ar ei brawf oddi allan yng nghyntedd y llys. Eisteddai Pedr gyda'r gweision o amgylch tân a gyneuwyd yng nghanol y cyntedd, gan wrando a gwylio pob symudiad am awgrym o'r hyn a oedd yn digwydd oddi mewn i'r llys. Gyda'r gweision a'r milwyr, roedd rhai o forynion yr archoffeiriad, ac yn eu plith un craffach na'r cyffredin. Pan welodd hi Pedr, meddai yn ddigon uchel i eraill glywed, 'Yr oedd hwn hefyd gydag ef' (Lc. 22:56). Atebodd Pedr nad oedd yn adnabod Iesu. Gan mai sail a man cychwyn y bywyd Cristnogol yw adnabod Iesu, ei adnabod neu ei wrthod yw'r prawf eithaf. Ond ni ddaeth Pedr i adnabod Iesu'n iawn nes i Iesu atgyfodi, ac i Pedr brofi ei faddeuant a'i gariad. Y pryd hynny y gwelodd fawredd ac y daeth i brofi'r gallu oedd ganddo mewn gwirionedd i droi disgybl gwan, ansefydlog yn 'graig'.

Nid oedd y forwyn am gael ei throi heibio mor rhwydd â hynny. Mae'n debyg iddi sôn wrth y gweision eraill am y peth. Daeth gwas arall heibio, ac meddai, 'Yr wyt tithau yn un ohonynt'. Y tro hwn awgrymir ei fod yn un o ddisgyblion Iesu. Ond gwadu hynny eto a wna Pedr: 'Nac ydwyf ddyn' (22:58). Felly, wedi gwadu Iesu mae wedyn yn gwadu pobl Iesu, ei Eglwys. Er bod Pedr yn ddigon gwrol i fentro cyn belled â llys yr archoffeiriad, yno yng nghanol gelynion Iesu nid oedd yn ddigon gwrol i ddangos ei ochr ac i sefyll dros ei Feistr. Pan welodd fod ei berthynas â Iesu'n hysbys, daeth ofn drosto rhag iddo wynebu'r un dynged ag ef. Gwadodd ei fod yn perthyn i gymdeithas y disgyblion; ond nid oedd wrth gwrs yn perthyn chwaith i gymdeithas y gelynion. Teimlai'n frawychus o unig.

Yn ôl Luc, aeth awr heibio cyn i rywun arall ddechrau taeru, 'Yn wir yr oedd hwn hefyd gydag ef, oherwydd Galilead ydyw' (22:59). Mae Mathew yn egluro iddo gael ei adnabod fel Galilead ar gyfrif ei acen. Felly, dyma ddyn a gafodd ei adnabod fel disgybl i Iesu Grist ar gyfrif ei acen; mae'n siarad yn debyg i'w Arglwydd. Mae'r un oslef a'r un geiriau ar ei wefusau ag sydd ar wefusau Iesu. Dylai Cristnogion ym mhob oes fod yn bobl y mae'r byd yn clywed acenion Crist ac iaith y deyrnas ar eu lleferydd. Wrth gwrs, mae acen yn golygu mwy na lleferydd neu oslef; mae hefyd yn cynnwys geiriau. Ac mae acen y deyrnas yn cynnwys geiriau megis cariad, tangnefedd, trugaredd, ffydd, gobaith, addfwynder a gwirionedd – geiriau sy'n fynegiant o ysbryd a chymeriad y person Crist-debyg. Ymateb Pedr oedd mynnu na wyddai ddim oll am Iesu. Ac yn ôl Mathew eto, dechreuodd regi a thyngu. Yn gyntaf, gwadodd Iesu; yn ail gwadodd gyda llw, a'r trydydd tro, fe'i gwadodd gan regi a thyngu.

Wrth *regi,* roedd Pedr yn galw am felltith Duw arno'i hun onid yw'n dweud y gwir. Ystyr *tyngu* yw galw Duw yn dyst ei fod yn dweud y gwir. Yn ei ofn a'i ddryswch, nid oedd yn ymwybodol o'r hyn a ddywedai. Ond 'ar unwaith, tra oedd yn dal i siarad, canodd y ceiliog' (22:60). Cofiodd eiriau Iesu a thorrwyd ei galon, nid gan ymosodiadau ei elynion ond gan ei ymwybyddiaeth o'i wendid a'i fethiant ei hun.

Yn ei fersiwn ef o'r hanes, mae Luc yn cynnwys sylw dwys a heriol: 'Troes yr Arglwydd ac edrych ar Pedr'. Yr edrychiad hwnnw a barodd i Pedr gofio geiriau Iesu, 'Cyn i'r ceiliog ganu heddiw, fe'm gwedi i deirgwaith' (22:61). Trywanodd yr edrychiad hwnnw gof a chalon Pedr a pheri iddo wylo'n chwerw. Gwelodd ei fethiant a'i wendid a'i lwfrdra ei hun. Ond gwelodd hefyd yn wyneb Iesu rai pethau na welodd mohonynt cyn gliried o'r blaen. Meddai'r esboniwr Richard Bauckham, *'Jesus on his way to the cross looked at Peter at the point of Peter's abject failure, as the failed Messiah looking at the failed disciple. There, on the way to the cross Peter's new beginning as a disciple began'* ('At the Cross: Meditations on People who were there', t. 34). Pwynt methiant dyfnaf Pedr oedd pwynt cychwyn ei adferiad. Beth welodd Pedr yn edrychiad Iesu?

Yn gyntaf, gwelodd *siom*. Gwyddai Iesu am gryfder a brwdfrydedd Pedr, ond gwyddai hefyd am ei or-hyder a'i ysbryd byrbwyll a'i wylltineb. Pan wadodd Pedr ei Arglwydd trodd Iesu i edrych arno, a gwelodd Pedr y siom oedd yn ei wyneb. Dyna a barodd iddo wylo'n chwerw. Cyfrannwr cyson i *Thought for the Day* (Radio 4) rai blynyddoedd yn ôl oedd C. A. Joyce, pennaeth ar garchar i droseddwyr ifanc. Un bore, adroddodd stori am fachgen yn y carchar a oedd yn gwrthod yn lân i'w fam ddod i ymweld ag ef. Pan lwyddwyd i'w gael i dderbyn ymweliad gan ei fam, gwrthododd godi ei ben. Meddai Joyce wrtho, 'Derek, edrych ar dy fam'. Cododd ei ben yn araf, edrychodd i wyneb ei fam, aeth yn wyn fel y galchen a dechreuodd feichio crio. Y gosb fwyaf iddo oedd gweld y siom a'r boen yn wyneb ei fam. Ond gwelodd hefyd ei chariad a'i maddeuant a'i chonsyrn amdano.

Yn ail, gwelodd Pedr *gydymdeimlad* yn wyneb ei Feistr. Gwyddai Iesu am frwdfrydedd Pedr a'i gyfeillgarwch a'i barodrwydd i fynd i garchar ac i farwolaeth er mwyn ei amddiffyn. Ond gwelai ef yn methu, yn syrthio'n fyr o'i amcanion ei hun ac yn syrthio'n barhaus i'r un beiau. Ond gweld ei rinweddau yn fwy na'i ddiffygion a wnâi Iesu.

Yn drydydd, gwelodd Pedr *dosturi* yn edrychiad Iesu. Cofir am Pedr fel yr un a wadodd ei Arglwydd. Ond nid dyna'r dyfarniad terfynol arno. Edrychodd Iesu arno mewn tosturi, ac wrth gerdded ffordd y groes, profodd Pedr y maddeuant a'i cododd ar ei draed drachefn ac a roddodd iddo gyfle newydd i ail-afael yng ngwaith y deyrnas.

Cwestiynau i'w trafod:

1 Pam y dewisodd Pedr ddilyn Iesu hyd at gyntedd tŷ'r archoffeiriad?

2. Pan droes Iesu i edrych ar Pedr, beth welodd Pedr yn ei edrychiad a barodd iddo wylo'n chwerw?

3. A yw'n gysur i ni fod Iesu wedi parhau i ymddiried yn Simon Pedr er ei fod yn gwybod y byddai Pedr yn gwadu ei fod yn ei adnabod?

PEDR A'R ATGYFODIAD

Ioan 20:1–10; 21:1–17

Cyfrol a fu ar un cyfnod yn gyfarwydd i sawl cenhedlaeth o fyfyrwyr diwinyddol oedd *Christian Doctrine*, gan J.S. Whale. Yn y gyfrol honno dywed yr awdur mai twyll enfawr (*'a gigantic illusion'*) fyddai'r Ffydd Gristnogol heb yr atgyfodiad. Pe byddai bywyd a gwaith Iesu wedi dod i ben gyda gwaedd o ing ac anobaith ar y groes, byddai hynny'n arwyddo fod drygioni wedi cario'r dydd, casineb a chreulondeb wedi goresgyn cariad, gobaith y ddynoliaeth am fywyd tragwyddol wedi malu'n chwilfriw, a dirgelwch bodolaeth yn dywyllach fyth.

Gwyddai'r Apostol Paul yntau mai gwag a disylwedd fyddai'r Efengyl heb atgyfodiad yr Arglwydd Iesu. Meddai wrth ysgrifennu at aelodau eglwys Corinth: 'Os nad yw Crist wedi ei gyfodi, gwagedd yw'r hyn a bregethir gennym ni, a gwagedd hefyd yw eich ffydd chwi, a ninnau hefyd wedi ein cael yn dystion twyllodrus i Dduw, am ein bod wedi tystiolaethu iddo gyfodi Crist' (1 Cor. 15:14–15). Ond cyn trafod ystyr ac arwyddocâd yr Atgyfodiad i'r bywyd Cristnogol, i genhadaeth yr Eglwys ac i atgyfodiad y meirw, mae Paul yn atgoffa'i ddarllenwyr o seiliau hanesyddol yr atgyfodiad. Roedd Iesu, meddai, wedi ei gladdu 'a'i gyfodi y trydydd dydd, yn ôl yr Ysgrythurau' (15:4). Ond pwysicach na thystiolaeth yr Ysgrythurau oedd y ffaith fod llawer o'r bobl a welodd Iesu'n fyw wedi ei groeshoeliad ar dir y byw o hyd. Yna mae Paul yn eu rhestru, ac ar ben y rhestr y mae *Ceffas* (Pedr).

Roedd yn amlwg fod Pedr yn adnabyddus i'r Corinthiaid. Sonnir am bleidiau o fewn yr Eglwys yn ymgecru ymhlith ei gilydd: 'plaid Apolos', 'plaid Ceffas' a hyd yn oed 'plaid Crist' (1 Cor. 1:12). Ceir un cyfeiriad diddorol at Ceffas a rhai o'r apostolion eraill yn mynd â'u gwragedd o amgylch gyda hwy (9:5). Ac enwir Pedr fel y cyntaf o'r tystion i atgyfodiad Iesu Grist oherwydd ei safle a'i bwysigrwydd fel yr un a ystyrid yn brif apostol yr Eglwys Fore.

Yn hanes cynharaf yr atgyfodiad yn Efengyl Marc, dywed y negesydd nefol wrth ddrws y bedd wrth y gwragedd, 'Ewch, dywedwch wrth ei ddisgyblion *ac wrth Pedr'* (Mc. 16:7). Roedd neges arbennig i Pedr, yr un a oedd wedi gwadu ei Arglwydd ac a deimlai ei fethiant a'i euogrwydd yn pwyso'n drwm arno. Byddai clywed hynny wedi codi calon Pedr. Nid cofio'i feiau a'i wendidau a wnâi Iesu, ond cofio'i edifeirwch.

Yn Luc 24:13–35 ceir hanes y daith i Emaus. Digwyddodd y wyrth wedi i'r ddau ddisgybl a fu'n cyd-deithio â Iesu, ond heb ei adnabod, wahodd y dieithryn at y bwrdd. Cymerodd Iesu'r bara a'i dorri a'i fendithio, ac 'Agorwyd eu llygaid hwy, ac adnabuasant ef' (Lc. 24:31). Er iddynt ffoi o Jerwsalem yn eu galar a'u dychryn, dewisodd y Crist byw ddod atynt i'w dwyn yn ôl i gymdeithas ag ef ei hun ac â'u cyd-ddisgyblion. Roedd rhaid dychwelyd i Jerwsalem ar unwaith i ddweud wrth y gweddill. Roedd y newyddion mor orfoleddus o ryfedd fel na allent gadw'r peth iddynt eu hunain. 'Cawsant yr un ar ddeg a'u dilynwyr wedi ymgynnull ynghyd' (24:33) ac yn cyfnewid profiadau. Cyn i'r ddau o Emaus gael cyfle i adrodd eu hanes, cawsant wybod bod y disgyblion yn Jerwsalem wedi clywed y newydd rhyfeddol fod yr Arglwydd wedi ei gyfodi, ac mai *Simon* oedd yr un oedd wedi ei weld. Roedd y Crist byw 'wedi ymddangos i Simon'. A dyna'r ddau o Emaus yn dechrau adrodd eu stori hwythau a'r modd yr oeddent wedi ei adnabod 'ar doriad y bara'.

Fel dilynwyr Crist ym mhob oes, yr ydym yn perthyn i gymdeithas o gredinwyr sy'n dod ynghyd i gyfnewid profiadau – i ddweud wrth ein gilydd sut yr ydym wedi cyfarfod â Iesu ac wedi dod i'w adnabod. Wrth i ni sôn am Iesu a thorri bara i'w gofio, daw ef yn fyw i'n plith ninnau. Wyddom ni ddim sut na phryd yr oedd Iesu wedi ymddangos i Simon Pedr. Ni roddwyd y stori honno ar gof a chadw, ond gellir dychmygu i Pedr ei hadrodd a'i hailadrodd wrth ei gyd-gredinwyr. Ond mae'n nodweddiadol o Iesu ei fod yn ei ddangos ei hun yn fyw mewn modd arbennig i'r disgybl a oedd wedi ei wadu. Oherwydd y profiadau hyn, ac eraill o bosibl na wyddom ddim amdanynt, daethpwyd i ystyried Simon Pedr fel un o'r tystion cyntaf i'r atgyfodiad ac arweinydd amlycaf yr Eglwys Fore yn ei blynyddoedd cynnar.

Gweld y bedd gwag

Caiff Simon Pedr le amlwg mewn dau adroddiad am brofiadau o'r atgyfodiad. Ceir y cyntaf yn Ioan 20:1–10. Mae tystiolaeth y Testament Newydd i atgyfodiad Crist wedi ei sylfaenu ar ddwy ffaith. Yn gyntaf, y darganfyddiad fod y bedd yn wag ar fore'r trydydd dydd; ac yn ail, ymddangosiadau Iesu yn fyw i wahanol unigolion a grwpiau o'i ddilynwyr fore'r Pasg a'r dyddiau canlynol.

Mae'r pedair efengyl yn sôn am y gwragedd yn darganfod y bedd yn wag. Nid yw'n glir faint o wragedd oedd yn bresennol, ond mae pob adroddiad yn crybwyll Mair Magdalen. Hi yn unig a enwir gan Ioan, ond mae'r 'ni' yn yr ail adnod yn awgrymu nad oedd ar ei phen ei hun. Dywedir iddynt ddod at y bedd 'tra oedd hi eto'n dywyll' (In. 20:1). Mae Ioan yn cyferbynnu'n gyson y tywyllwch a'r goleuni. I'r gwragedd, roedd yn awr dywyll ymhob ystyr. Dim ond Ioan sy'n disgrifio Mair Magdalen, wedi iddi weld fod y maen wedi ei dynnu oddi wrth y bedd, yn rhedeg i chwilio am Simon Pedr 'a'r disgybl arall, yr un yr oedd Iesu'n ei garu' (20:2). Y tebygrwydd yw mai Ioan oedd y disgybl hwnnw.

Nid oedd wedi gwawrio ar Mair fod Iesu wedi ei gyfodi. Tybiai hi yn hytrach fod rhywun wedi symud y corff o'r bedd, 'ac ni wyddom lle y maent wedi ei roi i orwedd'. Wedi clywed hynny, rhedodd y ddau ddisgybl at y bedd i weld drostynt eu hunain beth oedd wedi digwydd. Ioan a gyrhaeddodd gyntaf, ond oedodd rhag mynd i mewn i'r bedd a dim ond sylwi fod y llieiniau a fu am gorff Iesu'n gorwedd yno. Pan gyrhaeddodd Pedr, aeth i mewn ar unwaith. Gwelir yma'n fyw iawn y gwahaniaeth rhwng Pedr ac Ioan: Pedr, y gŵr eiddgar, brwd, parod i fentro; ac Ioan, y gŵr myfyrgar a chanddo ddirnadaeth ysbrydol anghyffredin. Dywedir yma am Ioan: 'Gwelodd, ac fe gredodd' (20:8). Gwelodd Pedr y bedd gwag, ond Ioan a sylweddolodd ei arwyddocâd. Nid oedd Pedr, mwy na'r gwragedd, wedi deall addewid yr Ysgrythur fod rhaid i'r Meseia atgyfodi oddi wrth y meirw. Ar y cychwyn, credai'r disgyblion a'r gwragedd fod rhywun wedi dwyn y corff. Pan aeth Ioan i mewn i'r bedd, gwelodd y dillad a'r cadachau a'r llieiniau, a deallodd ar unwaith mai digwyddiad goruwchnaturiol oedd diflaniad y corff.

Mae sawl esboniwr wedi tynnu sylw at arwyddocâd y bedd gwag. Prif amcan yr hanes yw tynnu sylw'r disgyblion oddi wrth y bedd a'r maen a symudwyd a'u cyfeirio at addewid Iesu y byddai yn eu cyfarfod yng Ngalilea: 'yn awr y mae'n mynd o'ch blaen chwi i Galilea; yno y gwelwch ef' (Mth. 28:7). Meddai N.T. Wright yn ei gyfrol fawr ar yr atgyfodiad: 'Fe symudwyd y maen oddi wrth yr agoriad i'r bedd, nid er mwyn i Iesu ddod allan, ond er mwyn i'w ddisgyblion fynd i mewn'. Er bod y disgyblion, ar y dechrau, yn araf i ddeall arwyddocâd y bedd gwag, cyn hir daethant i ddeall y dylent symud ymlaen, o Jerwsalem i Galilea, o ddigwyddiadau trist y gorffennol i obaith newydd yn y dyfodol.

Ar lan y môr

Ar lan Môr Tiberias, sef Môr Galilea, y cafodd Simon Pedr ei brofiad mwyaf ysgytiol o gyfarfod â'r Iesu atgyfodedig. Aeth saith disgybl – Thomas, Nathanael, Simon Pedr, Iago, Ioan a dau ddisgybl dienw – i Galilea. Roedd Iesu wedi gorchymyn iddyn nhw fynd i Galilea gan addo cyfarfod â nhw yno. Buont o bosibl yn aros am gryn amser, heb unrhyw olwg o Iesu. Gallwn eu dychmygu'n suddo i siom a dryswch. Oedden nhw wedi deall gorchymyn Iesu'n gywir? Oedd y profiadau gawson nhw yn Jerwsalem yn real, neu yn ddim mwy na ffrwyth dychymyg? Yn sydyn, cyhoeddodd Pedr ei fod am fynd i bysgota; ac atebodd y gweddill, 'Rydym ninnau'n dod gyda thi' (In. 21:3).

Doedd dim yn digwydd, a doedd dim golwg o Iesu. Yn hytrach na lladd amser yn gwneud dim o gwbl, penderfynodd Pedr ail-afael yn ei hen grefft. Mae'n anodd dweud beth yn union oedd ar feddwl Pedr a pham y penderfynodd fynd i bysgota. Mae ambell esboniwr wedi awgrymu iddo ddigalonni'n llwyr a phenderfynu rhoi'r gorau iddi a dychwelyd i'w hen fywyd a'i hen fywoliaeth. Mae ambell un arall yn awgrymu ei fod am encilio i gael llonydd i fyfyrio a gweddïo. Mae eraill wedyn yn credu mai arwydd o ffydd a hyder oedd y penderfyniad i fynd i bysgota, a bod yn Pedr yn disgwyl y byddai Iesu, a ddaeth atynt i'w galw oddi wrth eu cychod a'u rhwydau ar ddechrau ei weinidogaeth, yn dod eto o'u cael yn gweithio ac yn aros amdano.

Gyda'i symbolaeth arferol, mae Ioan yn nodi ei bod yn nos a bod ymgyrch bysgota'r saith disgybl y noson honno'n aflwyddiannus. Dyna ffordd Ioan o ddweud nad trwy eu nerth a'u hymroddiad eu hunain y deuai bywyd ac adfywiad. 'Pan ddaeth y bore, safodd Iesu ar y lan, ond nid oedd y disgyblion yn gwybod mai Iesu ydoedd' (21:4). Daeth Iesu yn ei ffordd a'i amser ei hun, yn y bore. Nid ei fod wedi dod am ei bod yn fore chwaith; yr oedd yn fore am fod Iesu wedi dod.

Ar gyfarwyddyd Iesu, llwyddwyd i sicrhau helfa fawr o bysgod. Roedd llwyddiant yn ganlyniad uniongyrchol i ddyfodiad Iesu ac i'w hufudd-dod hwy i'w orchymyn. Y 'disgybl annwyl' oedd y cyntaf i adnabod Iesu, ond yn gwbl nodweddiadol ohono, Pedr yw'r un sy'n ymateb yn ymarferol. Clymodd ei wisg uchaf amdano a neidiodd i'r môr er mwyn cerdded neu nofio trwy'r dŵr i gyrraedd at Iesu. Mae'r lleill yn dilyn gan lusgo'r rhwyd. Wedi cyrraedd y lan, gwelsant fod Iesu wedi dechrau paratoi pryd o fwyd. Gofynnodd am rai o'r pysgod yr oeddent newydd eu dal. Simon Pedr sy'n dringo'n ôl i'r cwch i dynnu'r rhwyd i'r lan – y gŵr eiddgar a phrysur y mae ei deimladau'n gyffro o lawenydd, euogrwydd, rhyddhad a rhyfeddod.

Ar y lan, gwahoddwyd hwy gan Iesu i ymuno ag ef mewn pryd o fwyd. "'Dewch," meddai Iesu wrthynt, "cymerwch frecwast"' (21:12). Roeddent yn swil o ofyn 'Pwy wyt ti?' Ond wrth iddynt fwyta, ac yn rhyfeddod sanctaidd y gymdeithas, 'yr oeddent yn gwybod mai yr Arglwydd ydoedd' (21:12). Y mae i'r pryd o fara a physgod gysylltiadau ewcharistaidd. Mewn darluniau o Swper yr Arglwydd ar furiau'r catacwmau yn Rhufain, ceir enghreifftiau o fara a physgod yn cael eu cydosod yn elfennau ar y bwrdd. Roedd y brecwast ar lan y môr yn atgof i'r disgyblion o'r swper a gawsant yn yr oruwch ystafell yn Jerwsalem rai dyddiau cyn hynny. Y pryd hwnnw, cymerodd Iesu fara a chwpan i arwyddo aberth ei gorff a'i waed ar y groes. Yn awr, mae'n dangos i'w ddilynwyr ei fod yn dod atynt bob tro byddant yn dod ynghyd i dorri bara er cof amdano.

Gan fod yr hanesyn hwn mor debyg i stori'r helfa bysgod yn adroddiad Luc am Iesu'n galw'r disgyblion cyntaf (Lc. 5:1–11), mae rhai esbonwyr yn tybio mai'r hanes hwnnw a geir yn y bennod hon hefyd, ond bod

Ioan wedi dewis ei osod ar ddiwedd yn hytrach nag ar ddechrau, gweinidogaeth Iesu fel alegori o genhadaeth apostolaidd yr Eglwys. Mae'r helfa fawr o bysgod yn arwydd o'i llwyddiant. Y gred oedd bod 153 o wahanol fathau o bysgod yn y môr – a bod cenhadaeth fyd-eang yr Eglwys yn cynnwys pobl o bob llwyth ac iaith a chenedl. Ni thorrodd y rhwyd, ac ni cheir na rhwyg na rhaniad yng nghenhadaeth fawr yr Eglwys. Bydd yn amgylchynu'r holl fyd ac yn ymestyn at bob cenedl.

Portha fy nefaid

Yn yr ymgom sy'n dilyn rhwng Iesu a Simon Pedr, deuwn at un o'r digwyddiadau pwysicaf ym mywyd a phrofiad Pedr; digwyddiad sy'n disgrifio'i adferiad a'r cychwyn newydd a fu yn ei hanes. Wedi'r pryd bwyd mae Iesu'n holi Simon Pedr, 'Simon fab Ioan, a wyt ti'n fy ngharu i yn fwy na'r rhain?' (In. 21:15). Gall *y rhain* olygu'r disgyblion eraill, neu'r offer pysgota – y rhwydi a'r cychod – a oedd yn arwyddion o'r bywyd secwlar ac o bethau'r byd hwn. Mae'r ddau gyda'i gilydd yn bosibl.

Ac yntau, deirgwaith, wedi gwadu unrhyw adnabyddiaeth o Iesu, rhoddir iddo'n awr gyfle deirgwaith i ddatgan ei gariad at Iesu. Ar sail ei gyffes o gariad, apwyntir Pedr yn fugail ar braidd Duw: 'Portha fy ŵyn ... bugeilia fy nefaid ... portha fy nefaid' (21:15, 16, 17). Nid oes unrhyw wahaniaeth rhwng *ŵyn* a *defaid,* os nad yw'r naill air yn cyfeirio at blant a rhai ifanc yn y ffydd, a'r llall at rai hŷn. Iesu ei hun yw Bugail Mawr y praidd, ac yn awr y mae'n neilltuo Pedr i fod yn brif fugail ei Eglwys ar y ddaear.

Bron na ellir dweud mai ar lan y môr y sefydlwyd Eglwys yr Arglwydd Iesu. Ar lan y môr y galwodd ei ddisgyblion cyntaf a rhoi iddynt y dasg genhadol o fod yn bysgotwyr dynion. Ac yma eto wedi'r atgyfodiad mae Iesu'n penodi Pedr, ynghyd â'r disgyblion eraill, i barhau ei waith o borthi a bugeilio'i bobl. Ac yn yr un modd mae'r Iesu byw yn ein cyfarfod ninnau, yn ein cyfarch fel y cyfarchodd Pedr a'r disgyblion eraill, ac yn gosod arnom yr un dasg o barhau ei weinidogaeth ar y ddaear.

Gellir aralleirio tri chwestiwn Iesu i Pedr. Yn gyntaf, *'A wyt ti'n fy ngharu i?'* Mae hwn yn gwestiwn sylfaenol i'n Cristionogaeth. Beth yw Cristion?

111

Nid yn bennaf berson sy'n *credu* rhai pethau arbennig, nac ychwaith yn *gwneud* rhai pethau penodol. Yn gyntaf ac yn flaenaf, Cristion yw un sy'n caru Iesu Grist. Un o sylfaenwyr Cymdeithas Genhadol Llundain (LMS) yn niwedd y ddeunawfed ganrif oedd Dr Edward Williams, Rotherham – Cymro Cymraeg o Ddyffryn Clwyd. Mewn erthygl sy'n sôn am y math o bobl yr oedd eu hangen ar gyfer gwaith tramor, dywedodd fod angen athrawon, meddygon, seiri, amaethwyr ac efengylwyr. Ond yn bennaf oll, *'The first requisite in all Christian workers is a glowing heart, aflame with love for the Lord Jesus'.* 'Wyt ti'n fy ngharu i?' yw cwestiwn Iesu i ninnau, fel i'w ganlynwyr ym mhob oes.

Yn ail, *'Wyt ti'n barod i barhau fy ngwaith i?'* Rhoddir y gorchymyn i Pedr deirgwaith i borthi ei ŵyn ac i fugeilio ei ddefaid. Teirgwaith y gwadodd Pedr ei Arglwydd yn llys yr archoffeiriad; mae Iesu deirgwaith yn gofyn iddo barhau ei weinidogaeth ac felly'n rhoi tri chyfle iddo ddatgan ei gariad a'i ffyddlondeb. Nid gofyn i Pedr yn unig a wna Iesu, ond trwy Pedr mae'n gofyn i'w Eglwys a'i bobl ym mhob cyfnod i fod yn gyfryngau ei gariad a'i dosturi. Iesu yw Bugail Mawr y defaid, ond mae'n ein galw i fod yn ddirprwyon iddo ac yn gyfryngau ei weinidogaeth fawr ei hun.

Yn drydydd, *'Wyt ti'n barod i'm dilyn i ble bynnag y byddaf yn dy arwain?'* Ynghyd â disgrifio swyddogaeth Pedr o fewn yr Eglwys mae Iesu'n rhagweld hefyd ei dynged fel merthyr. Mae'n bur debyg fod y geiriau 'estyn dy ddwylo i rywun arall dy wregysu, a mynd â thi lle nad wyt yn mynnu' (21:18) yn disgrifio dull ei farwolaeth, sef trwy groeshoelio. Ond er gwaethaf hyn, meddai wrth Pedr, 'Canlyn fi'. Gan mai wedi merthyrdod Pedr y cyfansoddwyd Efengyl Ioan, mae'n dilyn y ceir yma dystiolaeth sicr i'r modd y bu Pedr farw. Gwyddom iddo gael ei groeshoelio yn Rhufain yn ystod teyrnasiad yr Ymerawdwr Nero, yn OC 64.

Cwestiynau i'w trafod:

1. 'Gwelodd a chredodd.' Dyna oedd ymateb Ioan o weld y bedd yn wag. Pam nad oedd Pedr wedi ei argyhoeddi yn yr un modd?

2. Beth yn eich barn chi a olygai Pedr pan ddywedodd wrth ei gyd-ddisgyblion, 'Yr wyf fi'n mynd i bysgota'?

3. Ym mha ystyr y gellir dweud fod anogaeth Iesu i Pedr borthi ei ŵyn a bugeilio'i braidd yn arwyddo cychwyn newydd i Pedr?

Y BUGAIL A'R PREGETHWR

Actau 1:12–26; 2:14–42

Wrth symud o'r efengylau i lyfr Actau'r Apostolion gwelwn fod Simon Pedr yn dod yn fwyfwy amlwg yn hanes dechreuad a datblygiad yr Eglwys Fore. Ef yw'r cymeriad pwysicaf yn hanner cyntaf Llyfr yr Actau. Yn ôl yn Jerwsalem, gwelir y disgyblion yn cyfarfod yn yr oruwch ystafell y bwytawyd y Swper Olaf ynddi'n ôl pob tebyg. Mae'n bosibl fod yr ystafell yn nhŷ Mair, mam Ioan Marc. Yn dilyn esgyniad Iesu, mae pennod newydd yn agor yn hanes y credinwyr cynnar. Nid yw Iesu gyda hwy mwyach i'w dysgu a'u cyfarwyddo, ond yr un a ddaw i'r amlwg yn fugail ac arweinydd yr Eglwys ifanc yw Simon Pedr. Roedd Pedr, fel eraill ohonynt, yn dyst i'r esgyniad, y 'dydd y cymerwyd ef i fyny oddi wrthynt' (Ac. 1:22). Ac at Pedr y mae'r cwmni yn edrych am arweiniad yn ystod y dyddiau ansicr o ddisgwyl ac o chwilio am ffordd ymlaen.

Roedd Iesu wedi rhoi cyfarwyddyd iddynt i beidio ag ymadael o Jerwsalem ond i ddisgwyl 'am yr hyn a addawodd y Tad' (1:4), sef tywalltiad o'r Ysbryd Glân – profiad a fyddai'n eu cymhwyso i fod yn dystion i Iesu yn Jerwsalem, Jwdea, Samaria a hyd eithaf y ddaear.

Pedr y bugail

Cyfarfu'r cwmni yn yr oruwch ystafell. Enwir un ar ddeg ohonynt, sef y disgyblion gwreiddiol, gyda'r tri arweinydd Pedr, Iago ac Ioan yn cael eu henwi gyntaf. Yno hefyd yr oedd nifer o wragedd, yn cynnwys Mair, mam Iesu, a brodyr Iesu. Gyda'i gilydd roedd rhyw gant ac ugain ohonynt i gyd.

Pedr a gymerodd yr awenau. Gwelai fod angen iddynt wneud dau beth: gweddïo'n daer a disgwylgar, a dewis un o'u plith i olynu Jwdas Iscariot. Dywedir eu bod 'yn dyfalbarhau yn unfryd mewn gweddi' (1:14). Gwŷr a gwragedd dinod, diddysg a thlawd oedd y mwyafrif ohonynt, ac eto roeddent ar fin rhoi cychwyn i ymgyrch i ennill y byd Iddewig, Rhufeinig, Groegaidd a phaganaidd i Iesu Grist. Dyfalbarhad mewn gweddi am nerth yr Ysbryd Glân a drodd y cwmni bychan yn fudiad cenhadol grymus ac yn sylfaen y codwyd yr Eglwys Gristnogol arni. Gellir tybio'n ddigon teg y byddai Pedr yn cael lle amlwg wrth arwain y cyfarfodydd gweddi hyn.

Gweddi, felly, oedd y peth cyntaf y rhoddodd y rhain sylw iddo. Yr ail beth oedd ethol apostol arall yn lle Jwdas. Pedr a roddodd yr arweiniad unwaith eto pan gododd i annerch y cwmni. Eglurodd i ddechrau fod brad Jwdas wedi ei broffwydo yn yr Ysgrythurau, a bod Duw ei hun wedi bod ar waith yn dwyn barn a gwaredigaeth trwy ei hunanladdiad. Gan fod yr Arglwydd Iesu wedi dewis deuddeg apostol i gyfateb i ddeuddeg llwyth Israel, roedd rhaid dewis un i lenwi lle a swydd Jwdas o fewn yr Eglwys, yr Israel Newydd.

Yn dilyn yr adroddiad am farwolaeth Jwdas (y gellir ei ddarllen ochr yn ochr ag adroddiad Mathew) aeth Pedr ymlaen i enwi dau ddyn a oedd yn meddu ar y cymwysterau angenrheidiol i gael eu hystyried. Y ddau oedd 'Joseff, a elwid Barsabas ac a gyfenwid Jwstus, a Mathias' (Ac. 1:23). Y cymhwyster cyntaf oedd eu bod wedi dilyn Iesu yn ystod ei weinidogaeth, o fedydd Ioan hyd ei esgyniad. Hynny yw, roedd disgwyl iddynt fod ymysg y 'disgyblion' hynny heblaw'r Deuddeg a oedd wedi dilyn Iesu o le i le, o'r dechrau hyd y diwedd, ac a oedd felly'n gwbl gyfarwydd â'i ddysgeidiaeth a'i waith. Yr ail gymhwyster a'r pwysicaf oedd eu bod yn dystion i'r atgyfodiad, gan mai prif bwyslais eu pregethu ar y cychwyn fyddai bod Iesu wedi goresgyn angau ac yn fyw yn eu plith. Dyna oedd cenadwri ganolog yr apostolion, a'r genadwri honno a roddodd rym a nerth i'w tystiolaeth.

Wedi enwebu'r ddau ymgeisydd, a chyn bwrw coelbren, arweiniwyd yr eglwys mewn gweddi gan Pedr. Gosododd y mater gerbron Duw gan ofyn yn daer am ei arweiniad: 'Amlyga prun o'r ddau hyn a ddewisaist i gymryd ei le yn y weinidogaeth a'r apostolaeth hon' (1:25). Dyma'r weddi gyhoeddus gyntaf a groniclir yn hanes yr Eglwys Fore, a honno o enau'r bugail eneidiau Pedr.

Yn dilyn y weddi bwriwyd coelbren: hen ddull ymysg yr Iddewon o ganfod ewyllys Duw. Rhoddwyd cerrig ag enwau'r ymgeiswyr wedi eu torri arnynt mewn llestr. Yna, ysgydwyd y llestr nes i un garreg syrthio allan ohono. Ystyriwyd yr enw ar y garreg honno fel dewis Duw. Mathias a etholwyd. Ni wyddom unrhyw beth o gwbl am y Mathias hwn, ac er mai ef a ddewiswyd i reng yr apostolion, ni chlywir unrhyw beth pellach amdano. Ond ystyrir Pedr, ar y llaw arall, fel arweinydd amlycaf yr Eglwys ifanc.

Er na chaiff ei enwi yn nisgrifiad Luc o ddyfodiad yr Ysbryd Glân ar ddydd y Pentecost, gellir bod yn gwbl sicr y byddai Pedr yno, yn cyfranogi o'r profiad. Un o wyliau pwysig yr Iddewon oedd y Pentecost. Roedd yr Eglwys ifanc wedi ymgynnull yn ôl pob tebyg yn yr oruwch ystafell i weddïo ac i ddisgwyl yn ôl eu harfer. Ac yna disgynnodd yr Ysbryd Glân arnynt, fel gwynt ac fel tân. Cyn ei esgyniad roedd Iesu wedi addo y byddai'r Ysbryd yn dod arnynt mewn nerth, i'w harfogi i fod yn dystion iddo yn y byd ac ymhlith y cenhedloedd.

Daeth yr Ysbryd fel *gwynt.* Ystyr y gair *ysbryd* yw gwynt, awel neu anadl. Gallai'r Ysbryd symud fel storm neu fel gwynt nerthol, gan ysgubo popeth o'i flaen. Ond gallai hefyd ddod fel awel dyner i lonni'r galon ac i ddwyn ffresni ac adnewyddiad yn ei sgil. Daeth yr Ysbryd hefyd fel *tân.* Roedd tân yn arwydd o sêl wresog ac o bresenoldeb Duw'n llosgi ar allor yr enaid. Mae tân yn dinistrio, ond y mae hefyd yn puro.

Wrth i'r Ysbryd ddisgyn arnynt cynhyrfwyd y credinwyr trwyddynt; codwyd hwy i ryw brofiadau uchel; a dechreuasant lefaru â thafodau. Roedd y ffenomenon o lefaru â thafodau yn gyffredin yn yr Eglwys Fore, ac fe'i cysylltwyd â llefaru mewn seiniau annealladwy ac â stad o ecstasi crefyddol. Wrth adrodd yr hanes mae Luc yn awgrymu bod y disgyblion yn gwneud mwy na llefaru'n fyrlymus mewn iaith ddieithr. Roedd nifer fawr o Iddewon o wahanol wledydd, a ddaethai i Jerwsalem ar gyfer Gŵyl y Pentecost, yn eu clywed bob un yn ei iaith ei hun. Enwir rhyw bymtheg o wledydd. Ymhlith y bobl hyn roedd Iddewon a phroselytiaid, sef cenedl-ddynion a oedd wedi troi at y grefydd Iddewig. Disgrifir hwy fel 'pobl dduwiol o bob cenedl o dan y nef' (2:5). Dywed Luc fod y rhain i gyd yn deall y disgyblion yn llefaru yn eu hieithoedd priod eu hunain.

Yn ymarferol, byddai pawb a oedd yno'n deall naill ai Aramaeg neu Roeg neu'r ddwy. Nid fyddai rhaid wrth y wyrth ar un ystyr, ond fe'i rhoddwyd. Ond roedd yno wyrth arall hefyd, sef bod pobl o holl genhedloedd y byd, dan ddylanwad yr Ysbryd Glân, yn un â'i gilydd ac yn deall neges yr Efengyl a oedd yn cael ei chyhoeddi. Nid oedd unrhyw broblem cyfathrebu na allai'r Ysbryd ei datrys. Ymateb y gynulleidfa oedd synnu a rhyfeddu gan ofyn, 'Beth yw hyn?' Ond yr oedd eraill yn wawdlyd o ymddygiad y disgyblion ac yn dweud, 'Wedi meddwi y maent' (2:12–13).

Pedr y pregethwr
Ni ddywedir bod Pedr wedi uno yn y llefaru â thafodau, ond byddai'n rhyfedd iawn iddo beidio â gwneud. Wedi'r cwbl, dywedir yn glir fod pob un ohonynt wedi ei lenwi 'â'r Ysbryd Glân, a dechreusant lefaru â thafodau dieithr' (2:4). Wedi clywed y cyhuddiad ei fod ef a'i gyd-ddisgyblion wedi meddwi, safodd Pedr i'w hamddiffyn gan dynnu sylw at y ffaith nad oedd ond naw o'r gloch y bore! Ond yn bwysicach, gwelodd ei gyfle i bregethu'r newyddion da am ddyfodiad Iesu Grist, Meseia Duw, i'r byd. Dyma'r bregeth Gristnogol gyntaf, ac mae o bwys arbennig am mai ynddi y cyhoeddir gyntaf y ffeithiau am Iesu a ddeuai'n sail i'r Ffydd Gristnogol.

Dylid cofio nad oedd Luc yn llygad-dyst i'r digwyddiad a'i fod wedi ysgrifennu'r hanes genhedlaeth yn ddiweddarach. Mae rhai'n awgrymu felly na ellir bod yn sicr fod yr araith hon yn cynrychioli'n union, air am air, yr hyn a ddywedodd Pedr. Ond y mae'n sicr fod ei bregeth yn adlewyrchiad agos o genadwri'r Eglwys yn ystod y blynyddoedd cynnar wedi dyfodiad yr Ysbryd Glân. Priodolir pedair araith i Pedr yn Llyfr yr Actau, ac y mae'r rhain yn dangos mai'r un oedd pregeth Pedr bob tro o ran cynllun a chynnwys.

Yng nghanol tridegau'r ganrif ddiwethaf, dadansoddwyd pregethau Pedr gan yr ysgolhaig Beiblaidd enwog, C.H. Dodd. Y gair a ddefnyddiodd ef i ddisgrifio cynnwys y pregethu cynnar hwn oedd *kerygma*, sef 'cyhoeddiad' neu 'genadwri'. Roedd y *kerygma,* neu'r neges a gyhoeddwyd i'r byd, yn fynegiant o brofiad yr Eglwys yn y cyfnod ffurfiannol, allweddol yn ei hanes. Prif amcan y pregethu oedd ceisio argyhoeddi'r byd Iddewig mai Iesu oedd y Meseia hir-ddisgwyliedig. Roedd Dodd yn crynhoi cynnwys y pregethau, gan gychwyn gyda phregeth Pedr ar y Pentecost, fel a ganlyn:

1. Gwawriodd yr Oes Feseianaidd a chyflawnwyd proffwydoliaethau'r Hen Destament.
2. Gwireddwyd hyn ym mywyd, gwaith, marwolaeth ac atgyfodiad Iesu Grist.
3. Yn yr atgyfodiad, dyrchafwyd Iesu Grist i ddeheulaw Duw mewn gogoniant.
4. Arwydd o nerth a gogoniant y Crist byw yw presenoldeb yr Ysbryd Glân yn yr Eglwys.
5. Daw'r Oes Feseianaidd i'w chyflawnder yn nychweliad Crist mewn barn a gogoniant.
6. Apelir am edifeirwch a chynigir maddeuant a rhodd yr Ysbryd Glân i bawb sy'n derbyn Iesu ac yn ymrwymo i'w ddilyn.

Gwelir yr holl elfennau hyn ym mhregeth Pedr. Er mai Pedr a draddododd y bregeth, yr oedd yr un ar ddeg yn sefyll gydag ef. Yn y bregeth rhoddodd lais i'r profiad a'r argyhoeddiad a oedd yn gyffredin i bob un ohonynt. Y *kerygma* – y cyhoeddiad am Iesu o Nasareth – oedd y cynnwys, â'i themâu yn seiliedig ar dri thestun o'r Ysgrythur. Yn gynnar yn hanes yr Eglwys, casglwyd testunau o'r Ysgrythur a oedd yn cyfeirio at yr oes Feseianaidd a oedd eto i ddod, gan eu bod, i'r Cristnogion cynnar, yn rhagfynegi dyfodiad Iesu Grist.

Ar gychwyn ei bregeth, dywed Pedr ddau beth pwysig. Yn gyntaf, mae'n ateb y cyhuddiad ffôl fod y disgyblion wedi meddwi. Naw o'r gloch y bore oedd hi, ac nid oedd Iddewon defosiynol yn bwyta nac yn yfed dim cyn deg y bore ar ddydd gŵyl. Yn ail, mae'n esbonio'r hyn sydd wedi digwydd ac yn 'codi testun' o Lyfr y Proffwyd Joel. Yng nghyfnod Joel, roedd y genedl wedi dioddef ymosodiad enbyd oddi wrth bla o locustiaid. Edrychai'r wlad fel petai byddin wedi ei difetha a'i llosgi gan adael y bobl heb obaith. Ond cofiodd yr Arglwydd am ei bobl. Byddai ef ei hun yn dod i adfer y wlad ac i dywallt ei Ysbryd ar y bobl, yn hen ac ifanc. Byddai'r dydd hwnnw'n nodi dechrau cyfnod newydd yn hanes y genedl. Edrychai'r Iddewon ymlaen at y dydd hwnnw a'r oes newydd. Neges ganolog pregeth Pedr yw bod 'y dydd mawr a disglair' hwnnw (2:20) wedi gwawrio yn nyfodiad Iesu Grist. Arwydd o hynny yw bod proffwydoliaeth Joel wedi ei chyflawni ac Ysbryd yr Arglwydd wedi ei dywallt ar ei bobl.

Y sôn am Iesu o Nasareth

Wedi cyfeirio at ddisgwyliad yr Iddewon am ddyfodiad yr oes newydd ac ymddangosiad Meseia Duw, mae Pedr yn mynd ymlaen yn ei bregeth i sôn wrth ei wrandawyr am Iesu o Nasareth. Gŵr oedd hwn a oedd wedi 'ei benodi gan Dduw' (2:22). Dywed Pedr ei fod wedi gwneud pethau rhyfeddol – gwyrthiau, rhyfeddodau ac arwyddion – ac eto nid ef, ond Duw a'u gwnaeth drwyddo. Er iddynt weld y nerthoedd hyn ar waith yn ei fywyd a'i weinidogaeth, ni dderbyniodd yr Iddewon Iesu. Yn hytrach, fe'i gwrthodwyd a'i roi yn nwylo estroniaid a'i groeshoelio. Er bod ei groeshoeliad yn rhan o fwriad Duw, bu gan yr Iddewon ran yn y cynllwyn i'w ladd.

Ac os gwrthodwyd Iesu yn nyddiau ei gnawd, doedd dim rhyfedd iddo gael ei wrthod ar ôl ei farwolaeth waradwyddus ar groes. Ffolineb mawr oedd dweud mai'r un a ddedfrydwyd i'w groeshoelio oedd y Meseia. Ond nid gan y Rhufeiniaid na'r Iddewon yr oedd y gair olaf. 'Cyfododd Duw ef, gan ei ryddhau o wewyr angau' (2:24). Dywed Pedr na allai angau 'ei ddal yn ei afael'. Ni ellir meddwl am rwymau cryfach a thynnach na rhwymau angau. Ond drylliodd Duw'r rhwymau hynny i gyd, a daeth Iesu'n rhydd. Mae Pedr yn rhoi tystiolaeth ysgrythurol i'r atgyfodiad trwy ddyfynnu o Salm 16:8–11. Mae'n dadlau nad cyfeirio ato'i hun yr oedd y Brenin Dafydd yn y geiriau hyn gan ei fod ef wedi marw a chael ei gladdu. Cyfeirio yr oedd yn hytrach at 'un o'i linach' (2:30), sef y Meseia. Profodd Iesu ei fod yn Feseia wrth gyflawni geiriau'r Salm trwy atgyfodi o'r bedd.

Ceir dyfyniad pellach, y tro hwn o Salm 110:1, sy'n cyfeirio at 'yr Arglwydd', sef Duw, yn gorchymyn 'fy Arglwydd', sef y brenin, i eistedd ar ei ddeheulaw nes i'w elynion oll gael eu trechu (2:34–35). Ar sail y gred mai Dafydd oedd awdur y Salm, awgrymir mai cydnabod y Meseia fel ei Arglwydd a wnâi Dafydd, a chyhoeddi y byddai'n preswylio mewn gogoniant hyd nes iddo ddychwelyd i sefydlu ei deyrnas. Gwelir, yn nehongliad Pedr o eiriau'r Salmydd, fod yr Eglwys Fore'n credu fod Iesu bellach yn ddyrchafedig, yn Arglwydd ac yn Feseia.

Ar ben hynny, gwelir fod y *kerygma,* o ddyddiau cynnar yr Eglwys, yn cydnabod ac yn cyhoeddi Iesu fel 'Arglwydd' – gair sy'n tarddu o un o enwau'r Hen Destament am Dduw ei hun. Wrth chwilio am enw addas i ddisgrifio'r Iesu hwn a gyflawnodd ryfeddodau ac a orchfygodd angau, roedd y credinwyr cynnar mor argyhoeddedig mai Iesu oedd y Crist, Meseia Duw, fel nad oedd yn anweddus i gyfeirio ato fel 'Arglwydd'. Yn wir, Duw ei hun oedd 'wedi gwneud yn Arglwydd ac yn Feseia, yr Iesu hwn a groeshoeliasoch chwi' (2:36).

Effaith y bregeth oedd i'r bobl gael eu 'dwysbigo' a gofyn i Pedr a'r apostolion eraill am arweiniad: 'Beth a wnawn ni, gyfeillion?' (2:37). Anaml y caiff pregethwr weld effeithiau ei bregeth mewn amser mor fyr. Ond pregeth oedd hon dan arddeliad grymus yr Ysbryd Glân. Cam cyntaf yr ymateb oedd *edifeirwch,* sef cydnabyddiaeth gan y bobl fod pawb ohonynt yn gyfrifol am groeshoelio Iesu Grist. Wrth edrych ar y groes, sylweddolwn ein bod i gyd yn rhan o'r ddynoliaeth bechadurus a groeshoeliodd Fab Duw. Edifeirwch yw cydnabod hynny'n onest, a newid barn. Ond nid yw newid barn yn ddigon. Rhaid cymryd cam pellach, sef newid ymddygiad. Yng ngeiriau'r 'Rhodd Mam': 'Beth yw edifeirwch? Cyfnewidiad meddwl a buchedd'.

Yr ail gam oedd i'r bobl gael eu *bedyddio.* O'r dechrau, priodolwyd arwyddocâd arbennig i'r weithred o fedyddio. Trwy fedydd y derbyniwyd proselytiaid i'r Ffydd Iddewig. A galw rhai i edifeirwch a wnâi Ioan Fedyddiwr, a'u hannog i fynegi'r edifeirwch hwnnw trwy gael eu bedyddio yn nyfroedd yr Iorddonen. Ar y naill achlysur a'r llall, roedd y pwyslais ar edifeirwch a gwared â phechodau. Ond daw elfen newydd i mewn i fedydd yr Eglwys Fore. Mae Pedr yn cysylltu bedydd ag edifeirwch, ond y mae hefyd yn ei gysylltu ag 'enw Iesu Grist er maddeuant pechodau' (2:38). Nid y bedydd fel y cyfryw oedd yn symud pechodau, ond Iesu Grist a'i aberth ar y groes. Nid y bedydd oedd yn rhoi bywyd newydd, ond yr atgyfodiad. Nid y bedydd oedd yn argyhoeddi ac yn rhoi bywyd newydd, ond yr Ysbryd Glân. Mae 'enw Iesu' yn cynrychioli effeithiau ei groeshoeliad, ei atgyfodiad a thywalltiad ei Ysbryd. Rhan annatod o fedydd Cristnogol oedd derbyn rhodd yr Ysbryd Glân. A than ddylanwad yr Ysbryd ychwanegwyd tua thair mil i'r Eglwys y diwrnod hwnnw.

Er nad yw Luc yn cyfeirio ato'n uniongyrchol, yr oedd un arwydd pendant o ddylanwad yr Ysbryd, sef y newid amlwg ym mhersonoliaeth Pedr. Yn lle'r person mympwyol, byrbwyll a wadodd ei Arglwydd yn llys yr archoffeiriad, gwelir ar ddydd y Pentecost y cymeriad cadarn a gyhoeddodd y *kerygma* yn wrol a diflino, heb feddwl dim am ei ddiogelwch ei hun.

Cwestiynau i'w trafod:

1. *Beth oedd nodweddion Pedr fel bugail ac fel arweinydd eglwys?*

2. *Pedr y Pentecost a Pedr y gwadu – Beth oedd i gyfrif am y gwahaniaeth?*

3. *Amcan pregethu yw cyhoeddi Crist i'r byd.' Os yw hynny'n wir, sut ellir cyhoeddi Crist yn effeithiol yn ein cymdeithas gyfoes?*

IACHÁU WRTH BORTH Y DEML

Actau 3:1–26

Dywedwyd bod 'rhyfeddodau ac arwyddion lawer yn cael eu gwneud drwy'r apostolion' (Ac. 2:43) o ganlyniad i dywalltiad yr Ysbryd Glân ar y Pentecost. Yn Actau 3, ceir un enghraifft o hynny, wedi ei dewis gan Luc oherwydd yr effaith a gafodd y weithred ar y gwylwyr. Digwyddodd hyn wrth borth y deml. Soniwyd yn y bennod flaenorol am y Cristnogion cyntaf yn gweddïo'n gyson yn y deml (2:46), yn ôl arfer yr Iddewon. Yn awr, dywedir yn bendant fod dau ohonynt, sef Pedr ac Ioan, yn mynd i fyny i'r deml i addoli ar yr awr weddi, tua thri o'r gloch y prynhawn. Nid oedd y Cristnogion cynnar wedi ymwahanu oddi wrth Iddewiaeth ar y pryd. Yn ddiweddarach y daeth yr ymraniad, pan welodd y credinwyr nad oedd yr Iddewon yn barod i gredu'r newyddion da am Iesu Grist, a phan welsant hefyd fod yr Efengyl, a ddeilliodd o'r hen grefydd Iddewig, yn newydd a gwahanol.

Wrth y Porth Prydferth

Wrth nesu at borth y deml, 'yr un a elwid y Porth Prydferth' (3:2), gwelodd Pedr ac Ioan fod dyn cloff yn cael ei gludo gan rywrai a'i osod wrth y porth i ofyn am gardod gan yr addolwyr a fyddai'n mynd i mewn ac allan o'r deml. Oherwydd y cysylltiad rhwng crefydd a thosturi, bu'n arferiad dros y canrifoedd i gardotwyr eistedd neu orwedd wrth ddrysau eglwysi, temlau a mosgiau. Mae peth felly'n gyffredin iawn o hyd yng ngwledydd y Dwyrain. Yn ôl pob tebyg, roedd y Porth Prydferth rhwng Cyntedd y Cenhedloedd a Chyntedd y Merched. Mae'r hanesydd Joseffus yn cyfeirio at y 'Porth Pres', a luniwyd o efydd cywrain. Gerllaw roedd arysgrif a waharddai bawb ond Iddewon rhag mynd i mewn i gyntedd mewnol y deml. Yma, ger y porth ei hun, y gorweddai'r gŵr cloff, yn obeithiol y byddai ei gyflwr yn cyffwrdd â chalonnau a chydwybod yr addolwyr.

Gwelodd rhai esbonwyr gyferbyniad bwriadol rhwng prydferthwch y porth a hagrwch cyflwr y claf; rhwng harddwch teml Dduw ar y naill law ac afiechyd a phoen y byd ar y llall. Ni wyddom beth oedd agwedd awdurdodau'r deml at y cardotwyr a orweddai wrth y porth bob dydd ac a fyddai o bosibl yn galw'n groch am gardod. Mae'n bosibl fod addolwyr rheolaidd y deml wedi hen gynefino â'r olygfa, a bod hynny wedi eu gwneud yn ddall i'r sefyllfa. Mae'n bosibl fod eraill yn ddig ac yn cwyno am y tlodion a'r cleifion a oedd yn eu barn hwy yn anharddu'r cyntedd. Ac felly, daeth y ddau ddisgybl at y porth. Beth oedd eu hymateb hwy i broblem y dyn cloff a'i gais am gardod? Mae unrhyw berson a brofodd gariad a thynerwch Iesu Grist yn teimlo i waelod ei galon pan ddaw wyneb yn wyneb â phoen a dioddefaint. Beth sydd gan grefydd i'w ddweud yn wyneb sefyllfa o'r fath? Mae tri ymateb posibl.

Yr ymateb posibl cyntaf yw mynnu nad oes a wnelo crefydd â'r corff o gwbl. Mae bywyd wedi ei rannu rhwng y materol a'r ysbrydol, a'r ddau beth yn gwbl ar wahân. Tiriogaeth y meddyg yw cyflwr y corff a'r byd materol. Tiriogaeth y gweinidog neu'r offeiriad yw cyflwr yr enaid; ac ni ddylid cymysgu'r ddau fyd. Ond pe bai Pedr yn credu fel hyn, ni allai wneud dim ond annog y claf i ddioddef yn dawel a cheisio atal ei ysbryd rhag chwerwi.

Yr ail ymateb posibl yw gwrthod gwasanaeth y meddyg, a mynnu y gellir canfod iachâd trwy ffydd, a ffydd yn unig. Ceir yr agwedd hon yn *Christian Science* a rhai ffurfiau ar ysbrydegaeth. Eu cred hwy yw mai'r ysbrydol yn unig sy'n wir, ac fe ddaw iechyd ond i ni adael ein bywyd yn agored i'r ysbrydol ac i allu Duw.

Y trydydd ymateb posibl yw'r gred fod iachawdwriaeth yn golygu cyfanrwydd. Un yw person, a rhaid ei drin fel un ac nid fel corff ac enaid ar wahân i'w gilydd. Yn ei wyrthiau iacháu, roedd Iesu'n delio â phobl yn eu holl anghenion, corfforol ac ysbrydol. A rhoddodd orchymyn pendant i'w ddisgyblion i barhau ei weinidogaeth iacháu. 'Wedi galw ato ei ddeuddeg disgybl, rhoddodd Iesu iddynt awdurdod dros ysbrydion aflan, i'w bwrw allan, ac i iacháu pob afiechyd a phob llesgedd' (Mth. 10:1). Bellach, daeth yr awr a'r cyfle i'r disgyblion ufuddhau i orchymyn eu Harglwydd. Roedd angen ffydd a hyder i fentro gorchymyn i'r gŵr hwn, a fu'n gloff o'i enedigaeth, i godi a cherdded.

Ond cyn gwneud hynny dywedir bod Pedr wedi *syllu* arno a dweud, 'Edrych arnom' (Ac. 3:4). Gwyddai Pedr mor bwerus y gallai edrychiad fod. Pan edrychodd Iesu arno yn llys yr archoffeiriad ar ôl iddo ei wadu, torrodd ei galon (Lc. 22:61). O bosibl fod Pedr yn ceisio edrych i galon y claf, i weld a oedd yno fwy na chardotyn cyffredin yn ceisio cardod. A welai ynddo hefyd awydd gwirioneddol am adferiad corff ac enaid? Roedd y claf yn disgwyl arian. Rhaid ei fod wedi ei siomi o glywed ateb Pedr, 'Arian ac aur nid oes gennyf' (Ac. 3:6). Ond aeth ymlaen i fynegi fod ganddo rywbeth mwy o lawer i'w gynnig: 'yr hyn sydd gennyf, hynny yr wyf yn ei roi iti: yn enw Iesu Grist o Nasareth, cod a cherdda'.

Tybed a oedd y cyfeiriad at 'enw Iesu Grist o Nasareth' wedi canu cloch ym meddwl y gŵr cloff? Roedd wedi clywed Pedr yn cyhoeddi Iesu fel Meseia. Gan iddo gael ei gario bob dydd i'w osod i orwedd wrth y Porth Prydferth, tybed a oedd yno'r diwrnod y daeth Iesu ei hun i mewn i'r deml? Yn amlwg, roedd enw Iesu'n golygu rhywbeth iddo. Gafaelodd Pedr ynddo a'i godi ar ei draed. Safodd, a dechrau cerdded a mynd i mewn i'r deml gyda Pedr ac Ioan 'dan gerdded a neidio a moli Duw' (3:7).

Ffrydiodd trwy'r Eglwys Fore rym yr atgyfodiad. Os nad oedd gan y credinwyr cynnar aur ac arian, yr oedd ganddynt fywyd a grym. Dros y blynyddoedd, casglodd yr Eglwys rym a chyfoeth materol, ond collodd ei grym ysbrydol. Ceir stori am Thomas o Acwin yn cyfarfod â'r Pab Innocent III, a hwnnw'n cyfrif swm enfawr o arian. Meddai'r Pab, 'Nid oes raid i'r Eglwys ddweud mwyach, "Arian ac aur nid oes gennyf".' 'Digon gwir,' atebodd Thomas, 'ond ni all ddweud chwaith, "Cyfod a rhodia!"'

Yng Nghloestr Solomon

Wrth i Pedr ac Ioan ddod allan trwy'r Porth Prydferth roedd y gŵr a iachawyd yn cerdded gyda hwy. Roedd mor ddiolchgar fel na ellid ei rwystro rhag gweiddi a neidio a moli Duw. Gwelodd y bobl hynny, ac ymgasglodd mintai gref yng Nghloestr Solomon. Roeddent hwythau wedi rhyfeddu at y weithred a gyflawnwyd. Rhan o gyntedd colofnog o gylch ymyl allanol y deml oedd Cloestr Solomon, ac yno allan o wres yr haul y deuai'r athrawon i ddysgu'r bobl. Mae'n bur debyg mai yno y bu'r bachgen Iesu'n eistedd yng nghanol yr athrawon i wrando arnynt a'u holi (Lc. 2:46).

Sylwodd Pedr ar syndod a braw'r dyrfa, a daliodd ar y cyfle i'w hannerch. Traddododd bregeth a oedd yn debyg i'w araith ar ddydd y Pentecost. Ond gan fod yr achlysur yn wahanol, roedd y pwyslais hefyd yn wahanol. Ar ddydd y Pentecost, soniodd am nerth a phresenoldeb Ysbryd Duw'n gweithredu mewn ffordd ryfeddol. Y tro hwn, trwy weithred wyrthiol, gwelwyd grym yr Ysbryd yn galluogi disgyblion Iesu i barhau ei weinidogaeth a'i genhadaeth ar y ddaear.

Wrth weld y gŵr cloff yn cerdded ac yn neidio, roedd yn ddigon naturiol i'r dyrfa gysylltu'r digwyddiad gwyrthiol hwn â'r ddau apostol. Ond ar unwaith, gwadodd Pedr fod gan Ioan ac yntau unrhyw allu na grym dwyfol o'u heiddo eu hunain: 'Pam yr ydych yn syllu arnom ni, fel petaem wedi peri iddo gerdded trwy ein nerth neu ein duwioldeb ni ein hunain?' (Ac. 3:12). Ni allai gymryd y gogoniant oddi wrth Dduw. Ni chyflawnir unrhyw wyrth trwy nerth dyn ei hun. Offeryn ydyw i gyfryngu gallu Duw. Nid dyn sy'n defnyddio Duw, ond Duw sy'n defnyddio dyn, er ei ogoniant ei hun.

Ond sut oedd esbonio'r hyn a ddigwyddodd, bod gŵr cloff o groth ei fam yn cerdded? Roedd yr ateb gan Pedr. Tarddiad y weithred hon oedd Iesu, a ogoneddwyd gan Dduw'r tadau – Duw Abraham, Duw Isaac a Duw Jacob – ond a wrthodwyd gan ei bobl ei hun (3:13). Mae Pedr yn defnyddio sawl teitl i ddisgrifio'r Iesu hwn.

Y cyntaf yw *Gwas*. Dywed fod Duw 'wedi gogoneddu ei Was Iesu'. Teitl yw hwn sy'n deillio o Ganeuon y Gwas Dioddefus ym mhroffwydoliaeth Eseia (Es. 40–53.) Ni wyddom am bwy yr oedd y proffwyd yn sôn – ai amdano'i hun, ai am genedl Israel, ai'r gweddill ffyddlon, neu'r Meseia? Pwy bynnag oedd y Gwas, yr oedd yn gwasanaethu trwy ddioddef, ac yr oedd ei ddioddefiadau'n dod â rhyddhad ac iachawdriaeth i'w bobl. Mabwysiadodd Iesu'r ddelwedd a'i defnyddio i ddisgrifio'i weinidogaeth ei hun. 'Oherwydd Mab y Dyn, yntau, ni ddaeth i gael ei wasanaethu ond i wasanaethu, ac i roi ei einioes yn bridwerth dros lawer' (Mc. 10:45).

O ganlyniad, daeth yr Eglwys Fore i gredu bod Iesu, yn ei berson a'i waith, wedi cyflawni'n berffaith rôl y Gwas Dioddefus. Roedd yn amhosibl i Iddewon dderbyn y syniad o Feseia'n cael ei waradwyddo a'i groeshoelio, ond defnyddiwyd caneuon y Gwas i geisio'u hargyhoeddi fod Meseia croeshoeliedig wedi ei ragfynegi gan y proffwyd Eseia. A'r un pryd, roedd y caneuon yn esbonio pam y bu raid i Iesu ddioddef a marw, sef i fynegi'r cariad dwyfol a oedd yn maddau pechodau.

Yr ail deitl a ddefnyddir gan Pedr yw'r *Un sanctaidd a chyfiawn.* Dyma deitl Meseianaidd arall. Cyfeiria'r ymadrodd 'yr Un sanctaidd' at un a neilltuwyd i waith arbennig sydd, er yn byw mewn byd aflan a phechadurus, yn ei gadw ei hun yn lân a dilychwin. Roedd 'yr Un Cyfiawn' yn ymadrodd cyfarwydd o'r dyddiau cynnar, a chanddo eto gysylltiad Meseianaidd, yn deillio o Eseia 53:11, lle cyfeirir at 'Fy ngwas cyfiawn'. Defnyddir y teitl yn araith Steffan: 'lladdasant y rhai a ragfynegodd ddyfodiad yr Un Cyfiawn' (Ac. 7:52). Ac meddai Ananias wrth Paul: 'Y mae Duw ein tadau wedi dy benodi di i wybod ei ewyllys, ac i weld yr Un Cyfiawn a chlywed llais o'i enau ef' (22:14). Pechod mawr y bobl oedd gwadu'r Un Sanctaidd a Chyfiawn, a mynnu bod llofrudd yn cael ei ryddhau yn ei le.

Y trydydd teitl a ddefnyddir gan Pedr yw *Awdur Bywyd,* sef yr un sy'n rhoi bywyd ac yn arwain at fywyd yn ei lawnder. Mynegir paradocs ofnadwy yn y cyfeiriad at yr Iddewon yn ceisio lladd ffynhonnell bywyd trwy wrthod Iesu Grist, a thrwy ddewis un a ddifethai fywyd. Camgymeriad enfawr oedd tybio y gallent ddinistrio ffynhonnell bywyd. Fel y dywed Ann Griffiths:

rhoi awdwr bywyd i farwolaeth
a chladdu'r atgyfodiad mawr.

Ond yn yr un adnod, ceir hefyd gnewyllyn pregethu cynnar Pedr a'i gyd-apostolion yn y geiriau, 'ond cyfododd Duw ef oddi wrth y meirw. O hyn yr ydym ni'n dystion' (3:15). Gan Dduw yr oedd y gair olaf, a phrawf o hynny oedd gweld dyn a fu'n gloff bellach wedi derbyn llwyr wellhad. Mynegodd y gŵr ei ffydd yn yr Iesu byw; a thywalltwyd yr Ysbryd Glân ar Pedr ac Ioan, a thrwyddynt hwy ar y gŵr cloff.

O anwybodaeth i adferiad

Condemniodd Pedr yr Iddewon yn llawdrwm am iddynt groeshoelio Iesu. Llefarodd yn erbyn eu pechodau; ni chuddiodd ddim, ac nid arbedodd neb. Ond wrth barhau â'i bregeth, mae ei bwyslais yn newid. Dywed mai yn eu hanwybodaeth y bu iddynt ladd yr 'Un Cyfiawn'. Nid mewn anwybodaeth yr oedd wedi gwadu ei Arglwydd yn llys yr archoffeiriad, ac eto cafodd faddeuant ac fe'i derbyniwyd yn ôl i gwmni'r disgyblion. Mae Pedr yn dangos fod Duw ar waith ym marwolaeth Iesu ac mai trwy wrando ar y proffwydi, ac yn enwedig ar Ganeuon y Gwas Dioddefus, y ceir yr allwedd i ddeall dioddefaint Meseia Duw. 'Fel hyn y cyflawnodd Duw yr hyn a ragfynegodd drwy enau'r holl broffwydi, sef dioddefaint ei Feseia' (3:18). Hyd yma yn ei bregeth, mae Pedr wedi gweld y croeshoeliad o safbwynt dyn: yr hyn a wnaeth dynion i'r Arglwydd Iesu. Ond yn awr, mae'n edrych ar y groes o safbwynt Duw: yr hyn a wnaeth Duw ym marwolaeth Iesu. Yng nghroes Iesu ac yn ei ddioddefiadau yr oedd Duw'n cyflawni ei fwriad i achub dyn.

Roedd yr Iddewon yn credu y deuai'r Meseia mewn gallu a gogoniant i deyrnasu ar genedl Israel ac y byddent hwythau, ei bobl, yn rhannu yn ei ogoniant dwyfol, gyda'r holl deyrnasoedd yn eu gwasanaethu. Roedd y syniad o Feseia'n dioddef yn gwbl gableddus. Ond mae Pedr yn eu hannog i ddarllen eu Hysgrythurau er mwyn gweld y gwirionedd. Yr un yw'r Gwas Dioddefus a'r Meseia disgwyliedig; ac Iesu o Nasareth – yr un y maent hwy'n euog o'i ladd – yw'r Meseia hwnnw.

Er i Pedr gyhuddo'i wrandawyr o fod yn gyfrifol am ladd yr Un Cyfiawn, mae'n cydnabod mai mewn anwybodaeth y gwnaethant y fath weithred erchyll. Ond yn ei ras yr oedd Duw'n cynnig iddynt lwybr o'u heuogrwydd i ryddid a bywyd newydd. Edifeirwch oedd y llwybr hwnnw. 'Edifarhewch, ynteu, a throwch at Dduw, er mwyn dileu eich pechodau' (3:19). Yr un feddyginiaeth sydd i ninnau heddiw ag a gynigiwyd gan Pedr ar Ddydd y Pentecost, sef troi oddi wrth bechod at Dduw. Trwy eu hedifeirwch, gallai'r bobl eu datgysylltu eu hunain oddi wrth ddedfryd swyddogol arweinwyr y genedl am Iesu. Ac fe welent fod rhywbeth rhyfedd yn digwydd wedyn, sef eu bod yn cael eu rhyddhau oddi wrth eu pechodau.

Arweiniai'r profiad o ryddhad at *adfywiad*: 'Felly y daw oddi wrth yr Arglwydd dymhorau adnewyddiad' (3:19). Deuai Iesu eto mewn mawredd a gogoniant yn ei ailddyfodiad ar ddiwedd amser. Ond nid oedd rhaid aros tan hynny gan fod modd mwynhau gorffwys ac adnewyddiad yn y presennol, yn awr. Er bod Iesu'n eistedd ar orsedd ei ogoniant a'i fod yn ymddangos yn bell oddi wrthynt, y mae'n rhoi i'w ddilynwyr trwy ei Ysbryd Glân gyfnodau o dawelwch pan fydd y gwlith nefol yn disgyn arnynt. Mae Pedr yn credu bod Duw ar waith yn dwyn ei deyrnas yn nes. Roedd 'amseroedd adferiad pob peth' wedi eu rhagfynegi gan Dduw 'trwy enau ei broffwydi sanctaidd erioed' (3:21). Llefarodd Duw drwy Moses, a ddywedodd y byddai Duw yn ei amser ei hun yn codi proffwyd a fyddai'n gwneud gair a meddwl Duw'n eglur i'w bobl (Deut. 18:18–19). Parhaodd i lefaru trwy'r proffwydi a'i dilynodd, o Samuel ymlaen.

Yn awr, a Meseia Duw wedi dod i'r byd yn Iesu Grist, mae cyfrifoldeb ar y genedl – fel cenedl etholedig Duw – i ymateb i'w Was Iesu. Fe'i cyfodwyd ef oddi wrth y meirw a'i anfon atynt hwy yn gyntaf, i'w bendithio ac i'w galw i gyflawni eu cyfrifoldeb fel plant y proffwydi a phlant y cyfamod. A hwythau wedi anghofio'r genhadaeth fawr a drosglwyddwyd iddynt fel cenedl i fod yn dyst i'r cenhedloedd, cawsant gyfle arall i dderbyn ei Fab Iesu ac i gyhoeddi'r newyddion da amdano i'r holl genhedloedd.

Y tristwch mawr i Pedr a'i gyd-apostolion oedd gweld nad oedd yr Iddewon yn debygol o dderbyn Iesu, nac ychwaith yn debygol o fod yn dystion iddo. Buan y gwelsant fod Duw am ddwyn Israel Newydd, sef ei Eglwys i fodolaeth i gyflawni ei genhadaeth fawr, a'i fod am osod Pedr mewn safle arbennig i arwain yr Eglwys honno.

Cwestiynau i'w trafod:

1. *'Aur ac arian nid oes gennym.' Yn ein heglwysi heddiw, beth sydd gennym i'w gynnig i bobl yn eu gwendid a'u trueni?*

2. *Yn araith Pedr, beth yw'r cysylltiad rhwng croeshoeliad Iesu a maddeuant pechodau?*

3. *Pam oedd Pedr mor awyddus ar y dechrau i ennill ei gyd-Iddewon i Grist?*

GERBRON Y CYNGOR

Actau 4:1–22

Yn dilyn ei bregeth gyntaf ar ddydd y Pentecost, ac wedi ei araith yng Nghloestr Solomon, roedd Pedr yn prifio fel pregethwr, yn mynd yn fwy hyderus ei lefaru, yn gliriach a phendant ei genadwri, yn daerach ei apêl i'w wrandawyr i edifarhau a throi at Dduw, ac er gwaethaf gwrthwynebiad yr awdurdodau crefyddol yn ddewrach. Ar ben hynny, gwyddai mor fanteisiol oedd cael llwyfan amlwg i lefaru ohono. Gan gofio hynny, dewisodd y lle gorau yn Jerwsalem, sef Cyntedd y Cenhedloedd. Yno y gwelid y tyrfaoedd yn mynd a dod drwy'r porth ar amserau addoli yn y deml. Ac nid Iddewon yn unig fyddai'n ymweld â'r ddinas ac yn dod i weld harddwch y deml ond cenedl-ddynion hefyd. Yn y cyntedd hwn yr oedd y cyfnewidwyr arian a'u byrddau; yma hefyd y gwerthid anifeiliaid ar gyfer yr ebyrth. Chwedl un esboniwr, dyma 'Hyde Park Corner' dinas Jerwsalem, ac ni allai Pedr ac Ioan fod wedi dewis lle rhagorach yn bulpud.

Roedd Pedr yn dal i lefaru wrth y bobl a oedd wedi dod ynghyd wedi iddo iacháu'r gŵr cloff pan ddaeth i glyw awdurdodau'r deml fod tyrfa wedi ymgasglu, bod gŵr yn annerch yn huawdl ac yn frwd yng nghyntedd y deml, bod ambell waedd o orfoledd yn dod o du'r gwrandawyr, a bod syndod a braw wedi cydio yn llawer ohonynt. Er yr holl gyffro, nid oedd y sefyllfa mor derfysglyd fel bod angen galw ar y milwyr Rhufeinig i dawelu pethau. Roedd yn ddigon i swyddogion y deml a'r Sadwceaid ddod i weld drostynt eu hunain beth oedd achos y cynnwrf.

Yn y ddalfa hyd drannoeth

Gyda hwy daeth prif swyddog gwarchodlu'r deml. Ei enw swyddogol oedd y *Sagan* – offeiriad oedd o ran statws, yn ail i'r archoffeiriad. Ei gyfrifoldeb ef oedd sicrhau fod popeth yn symud yn drefnus ac yn urddasol o gwmpas y deml a'i chyffiniau. Gydag ef daeth rhai o'r Sadwceaid. Hwy oedd cyfoethogion y ddinas, ac oherwydd hynny fe'u hystyriwyd yn bobl o bwys a dylanwad. Byddai clywed fod dau ŵr dinod o'r wlad yn ddigon haerllug i bregethu heb awdurdod na chaniatâd yng nghynteddau'r deml yn sicr o'u cynhyrfu. Yr oeddent yn ddisgynyddion yr hen deuluoedd pendefigaidd offeiriadol. Oherwydd hynny, caniataodd y Rhufeiniaid iddynt ddal prif swyddi'r genedl, ac o ganlyniad yr oeddent hwythau'n barod iawn i gydweithio â'r awdurdodau Rhufeinig er mwyn diogelu eu safleoedd breiniol eu hunain. Eu prif nod fel dosbarth oedd cadw'r cyfoeth a'r awdurdod yn eu dwylo'u hunain, ac yr oedd unrhyw aflonyddwch crefyddol neu wleidyddol yn codi ofn arnynt. Eu polisi oedd cydweithredu â'r Rhufeiniaid, tawelu unrhyw gynnwrf a godai ymhlith eithafwyr crefyddol, a gwneud eu gorau i gadw'r werin bobl mewn trefn. Ceidwadwyr o'r ceidwadwyr oedd y Sadwceaid. Hawdd deall felly eu hofn o glywed am y dyrfa a'r pregethu awyr agored heb awdurdod. Rhaid oedd rhoi taw ar y ddau bregethwr answyddogol cyn i'r Rhufeiniaid glywed am yr helynt. Gan ei bod yn hwyr, nid oedd yn gyfleus ar y pryd i holi'r ddau a oedd yn achosi'r helynt, sef Pedr ac Ioan, ac felly fe'u daliwyd a'u rhoi yn y ddalfa hyd drannoeth.

Pam yr arestiwyd y ddau? Rhoddwyd dau reswm. Yn gyntaf, *am eu bod yn dysgu'r bobl.* Dim ond athrawon trwyddedig, swyddogol, oedd â'r hawl i gynnal cyfarfodydd o gylch y deml. Nid oedd y ddau apostol, mwy na'u Meistr o'u blaen, wedi eu trwyddedu i ddysgu. Ni chawsant eu haddysgu yn un o'r ysgolion Rabinaidd na'u hawdurdodi i gynnal ysgol, ac ni ofynnodd y ddau hyd yn oed am ganiatâd. Gan fod y Sadwceaid yn cadw goruchwyliaeth ofalus dros bob dim a ddigwyddai o amgylch y deml, ni allent ganiatáu i'r ddau ddihiryn hyn ddenu tyrfa mor fawr i wrando ar eu syniadau cableddus.

Yr ail reswm a roddwyd dros eu dal oedd *cynnwys eu dysgeidiaeth,* sef Iesu Grist a'r atgyfodiad. Yn wahanol i'r Phariseaid, yr oedd y Sadwceaid yn gwadu'r athrawiaethau am yr atgyfodiad ac angylion a'r bywyd tragwyddol. Yr oedd y croeshoeliad yn ffaith ddiymwad, a gallai Cristnogaeth fod wedi marw gyda Iesu ar y groes. Ond cododd Iesu ar y trydydd dydd, ac o'u cred sicr yn ei atgyfodiad y cafodd y disgyblion eu nerth. Ond yr oedd y fath ddysgeidiaeth yn fygythiad i gredo ac awdurdod y Sadwceaid. Os oedd Iesu'n fyw, dyna ddiwedd ar Sadwceaeth. Os âi'r ffydd hon ar led drwy'r wlad, byddai gwrthryfel yn erbyn eu cyfoeth a'u statws hwy yn dilyn. Dyna pam yr oedd y Sadwceaid 'yn flin am eu bod hwy'n dysgu'r bobl ac yn cyhoeddi ynglŷn â Iesu yr atgyfodiad oddi wrth y meirw' (Ac. 4:2).

Mae hon yn hen stori, ond yn stori sy'n fythol newydd. Mae crefydd real, fyw'n gwrthdaro yn erbyn crefydd swyddogol, farwaidd, sy'n methu â dal o'i mewn y peth byw chwyldroadol hwnnw sy'n deillio o Dduw.

Gan ei bod yn nesáu at ddiwedd dydd, rhoddwyd Pedr ac Ioan yn y ddalfa tan drannoeth. Ond ni allai carchar atal cenhadaeth y Crist atgyfodedig na lladd ei Eglwys. Prawf o hynny oedd y ffaith i nifer y credinwyr godi i bum mil o ganlyniad i araith Pedr. Dichon fod Luc yn fwriadol yn cyfeirio at y pum mil o ddychweledigion yn dilyn pregeth Pedr er mwyn dangos fod Duw'n arddel gwaith yr apostolion a bod grym yr atgyfodiad yn dechrau cerdded trwy'r wlad.

Mae rhai ysgolheigion wedi amcangyfrif fod poblogaeth Jerwsalem ar y pryd tua 55,000 (heb gyfri'r miloedd o ymwelwyr a phererinion a gyrhaeddai'r ddinas yn gyson). Byddai hynny'n golygu bod y 5,000 o gredinwyr yn cyfateb i 5.3% o'r boblogaeth – rhif sylweddol sy'n dangos mor rymus oedd dylanwad Pedr a'i gyd-apostolion a'i fod yn ddigon i achosi pryder i'r Sadwceaid.

Ym mha enw y gwnaethoch hyn?

Roedd llwyddiant pregethu'r apostolion a'u poblogrwydd gyda'r dyrfa'n creu problem i'r awdurdodau. Gan mai eu gwaith hwy oedd cadw trefn o fewn llysoedd y deml, digon hawdd fyddai arestio Pedr ac Ioan. Ond a hithau'n nosi, annoeth fyddai cynnull cyfarfod brys o lys y Sanhedrin, fel y digwyddodd yn achos Iesu, a phasio dedfryd gyflym er mwyn rhoi taw ar y ddau. Byddai hynny'n debygol o achosi cynnwrf ymysg y bobl. Gwell fyddai aros tan y bore a chynnal llys swyddogol i wrando'r achos yn deg ac yn agored.

Trannoeth cynhaliwyd sesiwn swyddogol o'r Sanhedrin Mawr, sef uchel-lys yr Iddewon. Yr oedd iddo saith deg un o aelodau: y llywodraethwyr, yr henuriaid a'r ysgrifenyddion. Yr archoffeiriad ei hun oedd y llywydd.

Roedd y tri dosbarth yn cynrychioli awdurdod, profiad a'r gyfraith. Y 'llywodraethwyr', sef llywodraethwyr y deml, oedd yr offeiriaid a'r archoffeiriaid, ac yr oedd pob un o'r rhain yn perthyn i sect y Sadwceaid. Hwy oedd grŵp mwyaf dylanwadol y llys. Ni ddeuai'r 'henuriaid' o unrhyw grŵp arbennig, ond fe'u hystyrid yn ddynion o brofiad a doethineb. Yr 'ysgrifenyddion' oedd y cyfreithwyr, ac yr oedd ganddynt hwy wybodaeth eang o gyfraith y genedl yn ei holl agweddau. Enwir yr archoffeiriaid. Gwyddom rywfaint am y ddau gyntaf, Annas a Chaiaffas, gan eu bod i'w gweld yn yr efengylau. Ond ni wyddom unrhyw beth am y ddau olaf, Ioan ac Alecsander. Gwyddom fod dylanwad Annas a Chaiaffas yn allweddol ym mhrawf Iesu, ac mae'n bur debyg i'r ddau fod yn llawn pryder o weld mudiad y proffwyd o Nasareth yn llwyddo gan iddynt dybio y byddai'r croeshoeliad wedi cael gwared ohono ac wedi rhoi terfyn am byth ar ei waith a'i ddylanwad.

Ni chaiff unrhyw gyhuddiad fel y cyfryw ei ddwyn yn erbyn Pedr ac Ioan. Yn hytrach, fe ofynnwyd cwestiwn iddynt: 'Trwy ba nerth neu drwy ba enw y gwnaethoch chwi hyn?' (4:7). Clywir tinc o ddirmyg yn y cwestiwn, yn enwedig yn y pwyslais ar y *chwi*. Mewn geiriau eraill, pwy oedd y rhain – dynion diddysg a gwerinwyr diddeall – i allu cyflawni'r wyrth o iacháu dyn cloff? Ni wnaed unrhyw ymgais i holi am gywirdeb yr adroddiad am y wyrth; yr oedd yn amlwg i bawb beth a ddigwyddodd. Gellid galw ar y claf ei hun i roi tystiolaeth, ond byddai hynny'n brawf di droi'n ôl o allu Iesu Grist ar waith trwy ei ddilynwyr.

Unwaith eto, mae cwestiwn ei gyhuddwyr yn rhoi cyfle i Pedr draddodi un o'i anerchiadau grymus. Yn bendant, heb flewyn ar dafod, â'r Ysbryd Glân yn ei lenwi, safodd yn gadarn gerbron y llys a chyhoeddi'r Efengyl gyda nerth a hyder. Pwysleisiodd mai am weithred dda yr holwyd hwy, a chyfeiriodd at bresenoldeb y gŵr cloff yn y llys. Dywedodd mai enw ac awdurdod Iesu a fu'n gyfrifol am y weithred iacháu: 'Bydded hysbys i chwi i gyd ac i holl bobl Israel mai trwy enw Iesu Grist o Nasareth, a groeshoeliasoch chwi ac a gyfododd Duw oddi wrth y meirw, trwy ei enw ef y mae hwn yn sefyll ger eich bron yn iach' (4:10).

Aeth Pedr ymlaen i gyhoeddi'r *kerygma,* fel y gwnaeth yn ei ddwy araith flaenorol, gan bwysleisio croeshoeliad ac atgyfodiad Iesu Grist. Dyfynnodd o Salm 118:22 – geiriau a ddefnyddiodd Iesu ei hun (Mc. 12:10): 'Y maen a ddiystyrwyd gennych chwi yr adeiladwyr, ac a ddaeth yn faen y gongl' (Ac. 4:11). Cyfeiria Pedr at y tri phrif beth yn y *kerygma.* Yn gyntaf, *croeshoeliwyd Iesu gan yr Iddewon,* ac yr oedd cyfrifoldeb arbennig ar yr awdurdodau, megis y Sanhedrin, am alw am ei groeshoelio. Yn ail, *atgyfodwyd ef o farw'n fyw,* ac yr oedd digon o dystion i'r atgyfodiad, gan gynnwys Pedr ac Ioan eu hunain. Yn drydydd, *yr oedd yr ysgrythurau yn tystio i Iesu fel Meseia Duw.* Ef oedd y maen a wrthodwyd gan y rhai a hawlient eu bod yn adeiladu Israel Duw, ond dyrchafwyd ef gan Dduw i fod yn sylfaen ac yn ben i adeilad yr Israel newydd, yr Eglwys. Y conglfaen yw'r garreg a osodwyd ar ben bwa i gydio'r cerrig wrth ei gilydd ac i roi cadernid i'r adeilad. Iesu sy'n rhoi undeb a chadernid i'r Eglwys.

Daeth Pedr a'i bregeth i ben trwy ddatgan yn hyf mai trwy Iesu Grist y cawsant hwy, ei ddilynwyr, a'r gŵr a iachawyd y fendith fwyaf sydd gan Dduw i'w rhoi, sef iachawdwriaeth. Mwy na hynny, trwy un enw yn unig y daw'r iachawdwriaeth hon i'r ddynoliaeth gyfan: 'Nid oes iachawdwriaeth yn neb arall, oblegid nid oes enw arall dan y nef, wedi ei roi i'r ddynolryw, y mae'n rhaid i ni gael ein hachub drwyddo' (4:12). Y mae'r Iesu a iachaodd y gŵr cloff yn cynnig iachawdwriaeth yng ngwir ystyr y gair – rhyddhad a iechyd i'r corff, yr enaid a'r meddwl – i bawb sy'n credu ynddo.

Gwaharddiad rhag dysgu yn enw Iesu

Gorffennodd Pedr ei araith. Anfonwyd ef ac Ioan allan er mwyn i'r llys drafod eu hachos. Ar y dechrau, ni wyddai'r archoffeiriaid a'r swyddogion beth i'w ddweud: 'yr oeddent yn rhyfeddu' (4:13). Roedd dau reswm amlwg am hynny. Yn gyntaf, hyfdra'r ddau apostol. Yr oedd tinc hyderus yn eu geiriau, ond roedd eu hosgo a'u hymddygiad hefyd yn destun syndod. Ni welai'r barnwyr unrhyw arwydd o ofn na phetruster ynddynt. Gellir eu dychmygu'n sefyll yn syth ac yn edrych oddi amgylch yn wrol, heb blygu pen nac edrych i'r llawr. Yn ychwanegol, roedd eu hacen a'u gwisg yn adrodd eu stori. Roedd aelodau'r llys yn sylwi ar eu hyder, ond ar yr un pryd yn 'sylweddoli mai lleygwyr annysgedig oeddent' (4:13). Nid eu bod yn anllythrennog, ond eu bod heb eu haddysgu mewn ysgolion Iddewig o safon. Gan na chawsant eu hyfforddi yn ysgrifenyddion neu'n rabiniaid neu'n offeiriaid, fe'u hystyriwyd yn anwybodus. Ac eto, roedd y ddau'n llefaru'n hyf ac yr oedd eu dylanwad yn fawr.

Yn ail, sylweddolent mor debyg oedd Pedr ac Ioan o ran hyder, rhwyddineb iaith a dylanwad i'r gŵr a oedd yn cael lle canolog yn eu pregethu, Iesu o Nasareth. Roedd hwnnw wedi ei groeshoelio, ac eto roedd yno'n llefaru trwy'r ddau hyn. Nid oedd eglurhad arall yn bosibl ar wahân i dderbyn bod rhywbeth o gymeriad ac awdurdod yr Iesu hwn wedi glynu wrthynt: 'Sylweddolent hefyd eu bod hwy wedi bod gyda Iesu' (4:14).

Yr oedd dau beth na allai'r llys eu gwadu. Y peth cyntaf oedd hwn: gan fod y rhain yn ddisgyblion i Iesu o Nasareth, yr oedd ei rym a'i allu ef yn dal ar waith yn y byd trwy weithgarwch ei ddilynwyr. Roedd y rhain yn llefaru'n eofn ac yn gwneud hynny yn nerth Iesu. Roedd y rhain yn iacháu cleifion ac yn gwneud hynny yn enw Iesu. Roedd y rhain yn wynebu llys barn uchaf y genedl ac yn sefyll yn dalsyth gydag Ysbryd Iesu wedi eu meddiannu. Roedd yn amlwg fod y rhain yn parhau gwaith yr un y ceisiwyd rhoi taw arno trwy ei groeshoelio.

A'r ail beth na allai'r llys ei wadu oedd bod y dystiolaeth i allu Pedr ac Ioan i'w gweld yn amlwg yn iachâd y gŵr cloff. Yr oedd yn sefyll o'u blaen yn iach: 'Y mae'n amlwg i bawb sy'n preswylio yn Jerwsalem fod gwyrth hynod wedi digwydd trwyddynt hwy, ac ni allwn ni wadu hynny' (4:16). Y dystiolaeth gryfaf i wirionedd yr Efengyl yw ei bod yn newid bywydau: y pechadur yn troi'n sant; y meddwyn yn goresgyn ei ddibyniaeth; y cybydd yn troi'n ddyngarwr ac yn adeiladu ysgol, yn ariannu ysbyty, yn sefydlu cartrefi i blant amddifad yn Affrica. Dan yr amgylchiadau, â'r claf a iachawyd yno yn eu plith yn dystiolaeth ac yn brawf o nerth y Crist byw, yr oedd y llys yn gwbl ddiymadferth.

Galwyd Pedr ac Ioan yn ôl i'r llys i glywed y dyfarniad gan y llywydd. Nid oedd yr apostolion wedi torri unrhyw gyfraith, ac yr oedd yn amlwg, yng ngoleuni'r weithred o iacháu, fod y farn gyhoeddus o'u plaid. Ni fuasai'n ddoeth eu cosbi, ond cawsant gerydd a rhybuddiwyd hwy i roi'r gorau'n llwyr i bregethu yn enw Iesu. Yr oeddent i fynd yn rhydd, ond roedd rhaid iddynt roi heibio'r arfer o siarad a dysgu am Iesu Grist. Bellach nid oeddent i ddweud yr un gair amdano'n gyhoeddus.

Hwn oedd llys uchaf y genedl, ac nid oedd modd apelio yn erbyn ei ddyfarniad. Ond i Pedr ac Ioan, yr oedd llys arall ac uwch, sef llys Duw. Ar hwnnw yr oeddent hwy'n gwrando. A gorchymyn llys Duw oedd iddynt barhau i bregethu, dweud am Iesu ac estyn iachawdwriaeth i eraill yn ei enw. A doedd gan Pedr ac Ioan ddim ofn cyhoeddi wrth lys y Sanhedrin eu penderfyniad i barhau â'u tystiolaeth gyhoeddus. 'A yw'n iawn yng ngolwg Duw wrando arnoch chwi yn hytrach nag ar Dduw? Barnwch chwi. Ni allwn ni dewi â sôn am y pethau yr ydym wedi eu gweld a'u clywed' (4:19–20).

Roedd gorchymyn Pedr ac Ioan i ymatal rhag pregethu am Iesu fel gorchymyn i lanw'r môr aros yn llonydd, neu i'r haul beidio â chodi ben bore. Mae'r sawl a daniwyd â chariad at Iesu yn gorfod dweud amdano. Dyma'r Eglwys Fore am y tro cyntaf yn dod i wrthdrawiad â'r awdurdodau gwleidyddol. Er mai llys crefyddol, mewn enw, oedd llys y Sanhedrin, llys y wladwriaeth ydoedd i bob pwrpas ymarferol.

Pryder y llys oedd y gallai gweithgareddau'r apostolion, yn enwedig eu pregethu, arwain at fudiad Meseianaidd a fyddai yn ei dro'n arwain at wrthdrawiad â'r Rhufeiniaid. Byddai hynny'n golygu y byddent hwy, fel Sadwceaid, yn colli eu safle a'u hawdurdod a'u cyfoeth. Y gobaith oedd y byddai gwahardd Pedr ac Ioan rhag pregethu'n tawelu'r cynnwrf. Ond yr oedd y rhain yn ddynion o ddycnwch a phenderfyniad a oedd wedi eu tanio â phrofiad byw o Iesu, ac ni allent beidio â rhannu'r newyddion da amdano. Wedi iddynt gael eu bygwth drachefn, gollyngwyd y ddau apostol, a bu llawenydd a gorfoledd ymhlith y bobl, 'oblegid yr oedd pawb yn gogoneddu Duw am yr hyn oedd wedi digwydd' (4:21).

Cwestiynau i'w trafod:

1. Pam oedd yr awdurdodau crefyddol yn ofni dylanwad Pedr ac Ioan?

2. Beth oedd i gyfrif am dwf cyflym yr Eglwys yn y dyddiau cynnar?

3. Pam y gwaherddir rhai pobl heddiw rhag arddangos eu ffydd trwy wisgo croes, neu fathodyn, neu rhag sôn am eu crefydd yn y gweithle? Sut ddylai Cristnogion ymateb i'r fath waharddiad?

BYWYD Y GYMUNED

Actau 4:32 – 5:16

Ym 1892 sefydlwyd yn Rhydychen urdd grefyddol Anglicanaidd dan yr enw Cymuned yr Atgyfodiad. Cyn diwedd y ganrif symudodd y Gymuned i Mirfield, yn Swydd Efrog, a thros y blynyddoedd bu'n ddylanwad pwerus ym mywyd Eglwys Loegr, yn hyfforddi offeiriaid a chenhadon, yn eu plith yr Esgob Trevor Huddleston a frwydrodd yn galed yn erbyn *apartheid* yn Ne Affrica. Yn y diffiniad swyddogol o amcanion y Gymuned dywedir, 'Gelwir Cymuned yr Atgyfodiad i dystio'n gyhoeddus ac yn broffwydol i obaith yr Atgyfodiad. Gwneir yn hysbys yn ei gweithgareddau, ei haddoliad a'i bywyd, ei hymrwymiad i hybu teyrnas Dduw.'

Gallai'r diffiniad hwn fod yn ddisgrifiad perffaith o'r Eglwys Fore fel y'i gwelir yn Llyfr yr Actau. Cymdeithas yr atgyfodiad oedd hi. O'r atgyfodiad y daeth ei grym; yr atgyfodiad a'i cynhaliodd hi; a'r atgyfodiad a'i gwnaeth yn gymuned gariadus, gyda'r aelodau yn cynnal ei gilydd yn ysbrydol ac yn economaidd. Yng ngrym yr atgyfodiad y cerddodd ymlaen yn fuddugoliaethus, heb i neb na dim fedru ei hatal. Yn yr un modd, dylai pob eglwys unigol fod yn gymuned yr atgyfodiad. Wrth ddod yn aelod o'r Eglwys – yr eglwys leol a'r Eglwys fyd-eang – mae'r Cristion yn canfod fod ei orwelion yn ymledu, bod ganddo berthynas agos o gariad a chyfeillgarwch â'i gyd-aelodau, bod ganddo gyfrifoldeb i gynorthwyo'r anghenus, a bod yna ystyr a chyfeiriad newydd i'w fywyd ei hun.

Ar ôl cael eu rhyddhau aeth Pedr ac Ioan 'at eu pobl eu hunain' (Ac. 4:23) – nid eu teuluoedd, ond aelodau'r gymuned o gredinwyr. Hwy oedd y cyntaf i dreulio noson mewn dalfa am eu ffydd. Sawl un ohonom ni, wedi'n gollwng yn rhydd o gaethiwed, afiechyd, neu alar a fyddai'n mynd gyntaf oll i gapel neu eglwys i ddiolch am ryddhad? Teimlai'r ddau apostol mai eu dyletswydd gyntaf oedd dileu pryder eu cyfeillion yn y Ffydd, ac adrodd yr hanes wrthynt. O'u gweld yn ôl yn holliach, aethant i weddïo i ddiolch i Dduw am ei ofal a'i amddiffyniad. O ganlyniad i'r weddi, 'ysgwyddwyd y lle yr oeddent wedi ymgynnull ynddo, a llanwyd hwy oll â'r Ysbryd Glân, a llefarasant air Duw yn hy' (4:31).

Pob peth yn gyffredin

Oherwydd y tebygrwydd rhwng y disgrifiadau hyn (4:23–31) a hanes tywalltiad cyntaf yr Ysbryd Glân ar ddydd y Pentecost (2:1–4), mae rhai esbonwyr wedi awgrymu mai adroddiad arall o'r un digwyddiadau a geir yma. Ond nid yw'n annhebygol fod yr un math o brofiadau ysbrydol ysgytiol yn dod i ran yr apostolion a'r credinwyr cynnar yn gyson. Eglwys yn byw yng ngrym yr Ysbryd oedd yr Eglwys Fore.

Yr oedd Ysbryd y Crist byw yn gyson yn rhoi'r gallu a'r hyder i'r apostolion i bregethu'n gyhoeddus, i iacháu cleifion, i lefaru â thafodau, i sefyll yn ddewr a hyderus mewn llys barn, ac i brofi cymdeithas gynnes mewn cydgyfarfod, torri bara a gweddïo. Ond un ochr yn unig o rym yr atgyfodiad oedd y nodweddion hynny. Bu hefyd newid mawr ym mywydau aelodau'r Eglwys ac yn eu perthynas â'i gilydd. Gwelwyd yr hunanol yn troi'n hunanaberthol. Gwelwyd undeb a chymdeithas yn ymlid croestynnu. Gwelwyd cariad Crist yn goresgyn pob casineb a drwgdeimlad. Cyfeiriwyd eisoes (2:43–45) at yr holl gredinwyr yn dal pob peth yn gyffredin, yn gwerthu eu heiddo ac yn eu rhannu rhwng pawb yn ôl fel y byddai angen pob un. Yn 4:32–37, ceir disgrifiad arall o'r egwyddor hon.

Ar un adeg, bu'n ffasiynol i gyfeirio at fywyd yr Eglwys Fore fel math o gomiwnyddiaeth, gydag eiddo a meddiannau unigolion yn dod yn eiddo i'r gymdeithas gyfan. Ond yn wahanol i gomiwnyddiaeth ffurfiol, nid oedd rheolau economaidd pendant ynglŷn â gweinyddu'r cynllun yn bodoli o fewn y gymuned Gristnogol. Yn hytrach, ysbryd haelionus yr aelodau dan ddylanwad ysbryd a natur Iesu oedd y cymhelliad i rannu eu heiddo, yn enwedig er mwyn sicrhau na fyddai'r tlawd a'r anghenus yn dioddef. Yn hynny o beth, roedd yr egwyddor 'gomiwnyddol', bod pob un yn cyfrannu yn ôl ei allu ac yn derbyn yn ôl ei angen, yn gweithredu'n naturiol a gwirfoddol.

Tua'r un adeg, roedd yna gymdeithas arall a oedd yn arfer rhannu eu heiddo rhwng eu cyd-aelodau, sef Cymdeithas yr Eseniaid yng nghyffiniau'r Môr Marw. Roedd yn rheol ganddynt hwy fod pob un a fyddai'n ymuno â hwy'n gorfod cyflwyno ei holl eiddo at wasanaeth y gymdeithas. O ganlyniad, nid oedd neb yn dlawd yn eu plith. Gan ddilyn esiampl rhai cymunedau Morafaidd yn y ddeunawfed ganrif, gosododd Howel Harris reol debyg ar bawb a fynnai ymuno â Theulu Trefeca. Ond mae'n amlwg oddi wrth dystiolaeth Llyfr yr Actau na ofynnwyd i neb ildio popeth a oedd ganddo cyn cael ei dderbyn i'r gymuned Gristnogol.

Grym yr Ysbryd Glân oedd yn denu pobl i'r Eglwys, gan lenwi eu bywyd a newid eu personoliaeth o ran eu hagwedd at Dduw ac at gyd-ddyn. Deuai gofal am ei gilydd yn naturiol iddynt. Yn Llyfr yr Actau, mae Luc yn cyflwyno i'w ddarllenwyr Barnabas yn batrwm o hyn. Roedd Barnabas yn enghraifft lachar o un a weithredai yn ôl ysbryd haelionus, diffuant y gymdeithas Gristnogol. Joseff oedd ei briod enw, ond rhoddodd yr apostolion iddo'r enw arall hwn, Barnabas, sy'n golygu 'Mab Anogaeth'. Dywedwyd amdano ei fod yn Gypriad o'i enedigaeth ac yn Lefiad, sef aelod o deulu offeiriadol ond heb fod yn offeiriad ei hun. Roedd yn gefnder i Ioan Marc. Mae'n amlwg ei fod yn ŵr cyfoethog, yn dirfeddiannwr ar yr ynys, ac yn berson tyner a charedig. Wyddom ni ddim sut y daeth dan ddylanwad y Ffydd Gristnogol, ond mae'n ddigon hawdd dychmygu iddo glywed am Iesu Grist a'r digwyddiadau cyffrous yn yr Eglwys gan Mair, mam Ioan Marc. Mae'r enw 'Mab Anogaeth' a roddwyd iddo gan yr apostolion yn dweud llawer am ei gymeriad.

Mae tarddiad yr enw wedi bod yn destun dadl rhwng esbonwyr, ond mae'r gair Groeg *paracletos* yn golygu 'eiriolwr', sef rhywun sy'n cynorthwyo, yn diddanu, yn sefyll o blaid un arall, ac felly un sy'n annog ac yn calonogi. Dyna'r darlun o Barnabas a geir yn Llyfr yr Actau, sy'n cadarnhau fod yr enw yn yr ystyr hwn yn arbennig o addas. Barnabas gyflwynodd Saul i'r apostolion ar ôl ei dröedigaeth (9:27). Fe'i hanfonwyd i oruchwylio'r eglwys newydd yn Antiochia yn Syria, ac arhosodd yno am flwyddyn gyfan ar ôl mynd i Darsus i geisio Saul (11:22). Yng Nghyngor Jerwsalem (Ac. 15), dadleuodd yn gryf o blaid derbyn y cenhedloedd i'r Eglwys. Aeth gyda Saul ar ei daith genhadol gyntaf; ond am nad oedd Saul yn fodlon i Ioan Marc ddod hefo nhw ar yr ail daith genhadol, ymwahanodd y ddau a chymerodd Barnabas Ioan Marc gydag ef i Gyprus. Ond dros dro y bu'r anghydfod, a gwelir Paul yn cyfeirio'n gynnes ato yn 1 Corinthiaid 9:6.

O'r hyn a wyddom am Barnabas, gellir ei ddisgrifio fel bonheddwr o Gristion na fu'n hir cyn mynd i'r tresi i weithio dros Iesu Grist. Gyda'i ymddangosiad ef, gwelwn gylch yr Eglwys yn ehangu wrth i Iddewon y Gwasgariad (yr Iddewon a oedd ar chwâl y tu hwnt i ffiniau Israel) ymuno â'r cwmni gwreiddiol. Nid rhywun rywun oedd y Barnabas hwn, ond gŵr cefnog o safle uchel mewn cymdeithas, a oedd wedi ei addysgu yn y Gyfraith, ac yn cael ei barchu gan ei gyfeillion a'i gydnabod. Yn y man, daeth yn gefn i'r Eglwys wrth iddi ymestyn allan at y Cenedl-ddynion a lledaenu ei chortynnau.

Roedd yn gwbl nodweddiadol o'r gŵr caredig hwn iddo benderfynu gwerthu darn o dir a chyflwyno arian y gwerthiant i'r apostolion. Mae'n amlwg mai gweithred wirfoddol oedd hon. Nid oedd unrhyw fath o orfodaeth ar Barnabas i wneud hynny, ac nid oedd ei weithred yn amod aelodaeth. Prin felly y gellir galw hyn yn gomiwnyddiaeth gynnar. Yn hytrach, mae'n ddarlun o haelioni didwyll. Mae dau begwn i fywyd pob person: yr unigolyn a'r grŵp, a rhaid cadw'r ddau mewn cydbwysedd. O fewn y grŵp y daw'r unigolyn i'w lawn dwf. Yn ein perthynas ag eraill y datblygwn yn bersonau aeddfed a chyfrifol. Ar yr un pryd, mae iechyd ac ansawdd y grŵp yn dibynnu ar gyfraniad a chefnogaeth yr unigolyn. Un o broblemau ein cymdeithas gyfoes yw'r unigolyddiaeth cynyddol sy'n ynysu pobl oddi wrth ei gilydd, fel nad ydynt am ymuno â grwpiau, cymdeithasau, mudiadau elusennol a chapeli ac eglwysi. Disgrifir y gymuned Gristnogol gynnar fel 'y lliaws credinwyr o un galon ac enaid' (Ac. 4:32), sef cwmni o bobl wedi eu huno gan eu cariad, eu gofal am ei gilydd, eu gwasanaeth i'r anghenus, a'u profiad o bresenoldeb a nerth yr Ysbryd Glân. O fewn y gymuned hon y deuai unigolion i aeddfedrwydd a bywyd llawn gan gyfrannu at fywyd a gwaith y gymuned. Un a roddodd o'i gyfoeth i gynnal y gymuned, ac a ddaeth ei hun yn gadarnach person ac yn Gristion mwy defnyddiol o berthyn i'r gymuned, oedd Barnabas, 'Mab Anogaeth'. Mewn cyferbyniad â'i ddidwylledd a'i haelioni ef, fe'n cyflwynir yn y bennod nesaf i ddau wahanol iawn a geisiodd dwyllo Ysbryd Duw.

Ananias a Saffeira

Yn aml iawn, tueddwn i dybio bod popeth yn lân a chanmoladwy yn hanes yr Eglwys Fore. Bu ymdrechion dros y canrifoedd i fynd yn ôl i batrwm yr Eglwys gynnar, ei harferion, ei chred ac ansawdd ei chymdeithas, fel petai'r Eglwys honno'n berffaith a ninnau wedi llygru ei phurdeb a'i pherffeithrwydd. Ond mae Luc yn dangos inni ei bod ymhell o fod yn Eglwys berffaith a bod ynddi wendidau ac aelodau a oedd yn syrthio'n fyr o'r hyn a ddisgwylid gan aelodau'r gymuned Gristnogol. Dau o'r rheiny oedd gŵr a gwraig o'r enw Ananias a Saffeira. Eu bai mawr hwy oedd iddynt roi eu lles eu hunain o flaen lles y gymdeithas – unigolion oedden nhw a wrthodai ymrwymo'n llwyr ac o ddifrif i fywyd y gymuned.

Penderfynodd Ananias a Saffeira werthu darn o dir a chadw rhan o'r elw yn ôl i'w pwrpas eu hunain. Nid oedd dim o'i le mewn gwneud hynny, petaent ond wedi egluro'n agored mai dyna oedden nhw yn ei wneud. Yn lle hynny, mewn pwl o dduwioldeb ffals, ac mewn ymgais i ymddangos yn hael a hunanaberthol, rhoesant yr argraff eu bod yn bwriadu rhoi'r cyfan yng nghoffrau'r eglwys. Gellir dychmygu eu bod, mewn cyfarfod cyhoeddus o'r eglwys, wedi clywed am eraill yn cael eu cymeradwyo am werthu eu heiddo a chyflwyno'r arian i'r gymuned. Gellir dychmygu'r ddau ohonynt hefyd yn chwennych canmoliaeth eu cyd-aelodau a gwerthfawrogiad y tlawd.

Fodd bynnag, wedi ystyried y mater ymhellach, penderfynodd y ddau y dylent gyfaddawdu trwy werthu'r eiddo a rhoi cyfran i'r eglwys ond cadw'r gweddill iddynt eu hunain. Wedi'r cyfan, pwy fyddai'n gwybod faint o arian a gawsant o werthiant yr eiddo? Ond daeth Simon Pedr, prif arweinydd yr Eglwys, i wybod y gwir. O'r diwedd felly, dyma Pedr yn dod i mewn i'r stori. Mewn geiriau llym, ceryddodd Pedr Ananias, nid am iddo gadw peth o'r arian yn ôl iddo'i hun a'i wraig, ond am iddo dwyllo'r gymdeithas trwy roi'r argraff ei fod yn fwy haelionus nag yr oedd mewn gwirionedd. A gwaeth na hynny hefyd oedd y ffaith iddo ddweud celwydd wrth yr Ysbryd Glân: 'Meddai Pedr, "Ananias, sut y bu i Satan lenwi dy galon i ddweud celwydd wrth yr Ysbryd Glân, a chadw'n ôl beth o'r tâl am y tir?"' (5:3). Cadw'n ôl, dyna oedd ei drosedd fawr; a chadw'n ôl oddi wrth y Duw na chadwodd ddim yn ôl, ond a roddodd y cwbl yn ei Fab Iesu Grist. Ar ben hynny, anghofiodd Ananias am bresenoldeb Ysbryd Duw, a'r Ysbryd ar y pryd mor amlwg yn gweithio ac yn symud yn eu mysg.

Llwyddodd Pedr ar unwaith i argyhoeddi Ananias fod ei drosedd yn llawer mwy nag a dybiai. Roedd yn ofalus i bwysleisio mai peth cwbl wirfoddol oedd cyfrannu'n ariannol at waith y gymuned, a bod gan Ananias hawl i ddefnyddio'r arian yn ôl ei ddymuniad. Ond wrth roi'r argraff ei fod yn rhoi'r cyfan, ac yntau'n cadw peth yn ôl iddo'i hun, yr oedd mewn gwirionedd yn gelwyddog ger bron Duw. Wrth sylweddoli maint ei drosedd, syrthiodd Ananias mewn llewyg, a bu farw yn y fan a'r lle. Yn ôl trefn y cyfnod, cymerwyd y corff allan i'w gladdu.

Ymhen tair awr, heb wybod dim am dynged ei gŵr, daeth Saffeira at Pedr. Gofynnodd Pedr iddi ar unwaith am faint yr oedd hi ac Ananias wedi gwerthu'r tir. Mae'n bosibl mai bwriad yr apostol oedd rhoi cyfle iddi ddweud y gwir, ond yr hyn a wnaeth oedd ail-adrodd y celwydd y cytunwyd arno rhyngddi a'i gŵr. 'Dywedodd Pedr wrthi, "Dywed i mi, ai am hyn a hyn y gwerthasoch y tir?" "Ie," meddai hithau, "am hyn a hyn"' (5:8). Eglurodd Pedr ei bod hi a'i gŵr wedi rhoi prawf ar Ysbryd Duw – peth arswydus i'w wneud. Ychwanegodd yn swta'r hyn a ddigwyddodd i'w phriod, a dywedodd y byddai'r un dynged yn dod i'w rhan hithau hefyd. Wedi clywed hyn, syrthiodd hithau'n farw, a chladdwyd hi wrth ochr ei gŵr. Yr oedd yn sioc i'r ddau fod Pedr wedi gweld trwy eu twyll. Roeddent hefyd yn sensitif i farn eu cyd-gristnogion, a'r canlyniad oedd i euogrwydd, cywilydd ac ofn eu lladd.

Bydd rhai yn holi, 'Onid yw'r hanesyn hwn yn groes i ysbryd yr Efengyl? Ble mae cariad a thrugaredd Duw i'w gweld yn y stori?' I geisio ateb y cwestiynau hyn, rhaid cyfeirio at rai ffeithiau. Yn gyntaf, Ananias a Saffeira eu hunain oedd yn gyfrifol am eu marwolaeth. Nid Duw a'u lladdodd, na Phedr chwaith, ond yr ymdeimlad o euogrwydd dwfn ac arswyd bod eu cyd-gredinwyr wedi gweld eu twyll. Ac yn waeth fyth, y sylweddoliad iddynt geisio twyllo Duw. Yn ail, mae'r hanes yn ein hatgoffa nad cymdeithas berffaith, ddelfrydol oedd yr Eglwys Fore, ond bod iddi wendidau lu ymysg ei haelodau. Yn drydydd, y geiriau sy'n esbonio arwyddocâd y digwyddiad yw, 'Daeth ofn mawr ar yr holl eglwys ac ar bawb a glywodd hyn' (5:11). Amcan adrodd ac ail-adrodd yr hanes oedd rhybuddio aelodau i beidio ag efelychu Ananias a Saffeira. Pwy a fentrai bechu yn erbyn yr Ysbryd Glân yn wyneb y fath rybudd?

Y broblem fwyaf yw dehongli cymeriad a chymhellion Pedr yn y digwyddiad. Ceir darlun ohono fel gŵr llym a didrugaredd, wrth iddo ragweld marwolaeth y ddau heb elfen o dosturi. Ond rhaid cofio i'r hanes gael ei gofnodi genhedlaeth yn ddiweddarach, ac o'i adrodd a'i ail-adrodd dros y blynyddoedd pwysleisiwyd yr elfennau dramatig a phortreadwyd Pedr fel arweinydd cadarn a oedd yn amddiffyn purdeb yr Eglwys ifanc ac yn sefyll dros y gwir, y da a'r gonest. Ac o ganlyniad, aed i ystyried tynged Ananias a Saffeira fel cosb uniongyrchol Duw, yn hytrach na chyd-ddigwyddiad naturiol.

Yng nghysgod Pedr

O bryd i'w gilydd, bydd Luc yn rhoi crynodeb o hanes a datblygiad y gymdeithas o gredinwyr. Yn 5:12–16, mae'n sôn am ddylanwad cynyddol yr Eglwys ac effaith ei gweithredoedd a'i phregethu ar y rhai a dyrrai i Gloestr Solomon i wrando ar yr apostolion. Roeddent yn ennill tir yn gyflym, gyda llawer yn ymuno â hwynt: 'ac yr oedd credinwyr yn cael eu chwanegu fwyfwy at yr Arglwydd, luoedd o wŷr a gwragedd' (5:14). Yma y ceir y defnydd cyntaf yn Llyfr yr Actau o'r gair *eglwys* (5:11). Ystyr y gair yw 'cynulliad', neu 'gyfarfod' at bwrpas arbennig. Heb amheuaeth, roedd dylanwad yr Eglwys yn cynyddu, yn arbennig fel yr oedd y gwyrthiau iachau'n denu mwy a mwy o bobl. Gymaint oedd dylanwad Pedr nes i bobl ddod â'u cleifion allan i'r strydoedd, a'u gosod ar fatresi er mwyn i gysgod Pedr ddisgyn ar ambell un ohonynt.

Roedd rhai'n credu fod rhinwedd hyd yn oed yn ei gysgod. Ni ddywedir fod cysgod Pedr yn eu hiacháu; gobeithion y cleifion a'u perthnasau oedd yn gwneud iddynt gredu hynny. Hyd yn oed os yw'r syniad hwn yn swnio'n ofergoelus i ni, y mae yna wirionedd pwysig y tu cefn iddo. Ni ŵyr neb pa mor rymus yw dylanwad bywyd a chymeriad person gwirioneddol dduwiol. Mae'r person sydd â'i fywyd yn agored i holl ddylanwadau'r byd ysbrydol yn dwyn bendith i bawb sy'n dod i gyffyrddiad ag ef. Iesu Grist oedd canolbwynt bywyd Pedr, a'i allu ef oedd yn llifo o'i gymeriad a'i ddylanwad, ac o bosibl o'i gysgod hefyd.

Cwestiynau i'w trafod:

1. A yw'n briodol defnyddio'r gair 'comiwnyddiaeth' i ddisgrifio arferiad yr Eglwys Fore o fod â phopeth yn gyffredin?

2. Beth yw eich barn am gymeriad ac ymddygiad Pedr tuag at Ananias a Saffeira?

3. A ydych yn cytuno mai darlun symbolaidd o ddylanwad dyn da yw'r cyfeiriad at gleifion yn cael eu gosod yng nghysgod Pedr?

YMWELD Â SAMARIA, LYDA A JOPA

Actau 9:31–43

Wrth i'r Eglwys ifanc dyfu o ganlyniad i bregethu'r apostolion a gweithgarwch yr Ysbryd Glân ym mysg y credinwyr, cynyddu hefyd a wnaeth yr erlid ar yr apostolion. Cafodd Pedr a rhai o'i gyfeillion eu dwyn gerbron Cyngor y Sanhedrin unwaith eto am iddynt anufuddhau i'r gorchymyn i beidio â thystio'n gyhoeddus i enw Crist. Ateb Pedr oedd hyn: 'Rhaid ufuddhau i Dduw yn hytrach nag i ddynion' (Ac. 5:29). Ac aeth ymlaen i ail-adrodd yr hyn a ddywedodd droeon o'r blaen sef, bod Iesu a laddwyd ganddynt hwy, awdurdodau crefyddol Israel, wedi cael ei atgyfodi a'i ddyrchafu gan Dduw i'w law dde. O glywed hyn aeth y Sanhedrin yn lloerig, ond cododd un o'u plith o'r enw Gamaliel gan apelio arnynt i bwyllo, rhag ofn iddynt, wrth geisio atal gwaith yr apostolion, ymladd yn erbyn Duw. Rhybuddiwyd yr apostolion unwaith eto rhag llefaru yn enw Iesu, ac wedi eu fflangellu fe'u gollyngwyd yn rhydd.

Gyda Philip yn Samaria

Cyrhaeddodd yr erlid ei benllanw ym merthyrdod Steffan ac yn ymgyrch llawn erlid Saul (Ac. 6:8 – 8:3). Nid oes unrhyw gyfeiriad at Pedr fel y cyfryw yn yr hanesion hyn, nac ychwaith yn hanes dramatig tröedigaeth Saul ar ei ffordd i Ddamascus. Gwyddom iddo ef ac Ioan gael eu hanfon gan yr eglwys yn Jerwsalem i fwrw golwg dros genhadaeth Philip yn Samaria. Roedd tyrfaoedd wedi ymateb i bregethu Philip, llawer wedi eu hiacháu, llawer wedi eu rhyddhau o afael ysbrydion aflan, a llawenydd mawr yn ymledu trwy'r ddinas. Ymhlith y dychweledigion yr oedd swynwr o'r enw Simon. Y syndod i Pedr ac Ioan oedd canfod nad oedd credinwyr newydd Samaria wedi derbyn yr Ysbryd Glân, er iddynt gael eu bedyddio. Yna digwyddodd dau beth pwysig: gweddïodd Pedr ac Ioan ar iddynt dderbyn yr Ysbryd Glân, ac yna rhoesant eu dwylo arnynt. Gweddïo'n gyntaf. Bu raid hyd yn oed i'r apostolion ofyn am nerth a bendith Duw ar eu gwaith. Ni all neb weithio dros Dduw heb dderbyn ei ras ac arweiniad ei Ysbryd.

Yna, aethant ymlaen i'r cam nesaf, sef arddodi dwylo. Mae'n amlwg bod yr Eglwys Fore, o ddyddiau cynnar iawn, yn defnyddio'r arfer hwn yn gyffredinol fel cyfrwng bendith, fel arwydd o awdurdodi rhai i waith arbennig, fel sianel iachâd ac fel dull o gyfryngu'r Ysbryd Glân. Mae Cristnogion erioed wedi ystyried arddodi dwylo'n fath unigryw o weddïo. Fe'i defnyddir yn ffurfiol mewn gwasanaethau ordeinio. Ond mae'n arbennig o ystyrlon wrth weddïo gyda chleifion, neu wrth ddeisyf nerth a bendith i unigolion mewn gofid a phryder.

Pan welodd Simon y swynwr effeithiau rhyfeddol tywalltiad o'r Ysbryd Glân, gwelodd bosibiliadau masnachol manteisio ar ddoniau'r Ysbryd a chynigiodd arian i Pedr ac Ioan yn dâl am yr un doniau â hwy. Roedd ymateb Pedr yn chwyrn: 'Melltith arnat ti a'th arian, am iti feddwl meddiannu rhodd Duw trwy dalu amdani!' (8:20). Mynegodd mewn geiriau grymus na ellid prynu na gwerthu'r Ysbryd Glân. Er bod cerydd Pedr yn llym, derbyniodd Simon y gorchymyn i edifarhau. Daw hanes ymweliad Pedr â Samaria i ben gyda'r sôn amdano ef ac Ioan yn llefaru gair Duw i'r Samariaid, cyn cychwyn yn ôl i Jerwsalem a phregethu yn llawer o bentrefi'r Samariaid ar eu ffordd.

Mae'r adran hon (8:4–25) yn codi nifer o gwestiynau ynglŷn â pherthynas eglwysi Samaria â'r eglwys yn Jerwsalem. Mae llawer o esbonwyr yn awgrymu fod Pedr ac Ioan wedi eu hanfon i Samaria i gefnogi gwaith Philip yno, ac i fynegi ewyllys da'r fam eglwys. Mae eraill yn credu bod elfen o bryder ymhlith y credinwyr yn Jerwsalem y byddai Samariaid yn gwyrdroi'r Efengyl ac yn caniatáu i heresïau ac arferion ofergoelus ddod i'r Eglwys. Beth bynnag oedd y rheswm, roedd yn gwbl naturiol i eglwys Jerwsalem fynnu'r hawl i arolygu cyflwr y canghennau a oedd yn cael eu sefydlu mewn mannau eraill. Yr oedd y penderfyniad i anfon Pedr ac Ioan i Samaria yn arwydd clir mai hwy a ystyrid fel prif arweinwyr yr eglwys yn Jerwsalem ac mai ganddynt hwy yr oedd yr awdurdod pennaf i arolygu'r sefyllfa yn eglwysi Samaria.

Daw Pedr i'r amlwg nesaf pan oedd Saul, yn dilyn ei dröedigaeth, yn mynd i Jerwsalem yng nghwmni Barnabas. Ar y dechrau, ni chafodd groeso am fod pawb yn ei ofni, 'gan nad oeddent yn credu ei fod yn ddisgybl' (9:26). Ond aeth Barnabas ag ef at yr apostolion, a llwyddodd i'w hargyhoeddi fod Saul 'wedi gweld yr Arglwydd' ac wedi 'llefaru yn hy' am Iesu yn Namascus. Nid yw Luc yn enwi Pedr na'r un o'r apostolion, ond wrth gyfeirio yn ei lythyr at y Galatiaid at ei ymweliad â Jerwsalem mae Paul yn datgan mai Pedr oedd yr un y dymunai ei gyfarfod. 'Wedyn, ar ôl tair blynedd [ar ôl ei dröedigaeth], mi euthum i fyny i Jerwsalem i ymgydnabyddu â Ceffas, ac arhosais gydag ef am bythefnos. Ni welais neb arall o'r apostolion, ar wahân i Iago, brawd yr Arglwydd' (Gal. 1:18–19). Mae esbonwyr wedi trafod llawer ar ystyr y gair 'ymgydnabyddu'. Gall olygu 'dod i adnabod' neu 'i ymholi am rywbeth'. Yn sicr, gellir deall awydd Paul i gyfarfod â'r prif apostol – yr un a ystyriwyd yn sylfaen ac yn arweinydd yr Eglwys. Ond yr oedd hefyd yn ymwybodol o'r alwad a gafodd, wedi ei dröedigaeth, i fod yn genhadwr i'r cenhedloedd, ac yr oedd yn dymuno cael cefnogaeth a sêl bendith Pedr, y cyntaf o'r apostolion a'r prif dyst i'r atgyfodiad. Wedi treulio pythefnos yn ei gwmni a deall fod Pedr hefyd yn bleidiol i genhadu ymhlith y cenedl-ddynion, gallai Paul ddechrau cynllunio strategaeth genhadol i'r cenhedloedd. Byddai ei statws fel cenhadwr yn ddibynnol ar ddau beth: gorchymyn Crist a chefnogaeth Pedr. Roedd hynny'n ddigon iddo fwrw ati ar unwaith tra oedd yn Jerwsalem, gan siarad yn bennaf â'r Iddewon Groeg eu hiaith. Ond cyn bo hir, sylweddolwyd fod cynllwyn i'w ladd, ac anfonwyd ef yn gyntaf i Gesarea, ac oddi yno i Darsus. Dywed Luc fod y credinwyr wedi mynd ag ef i lawr i Gesarea cyn ei anfon ymaith i Darsus. Pa le gwell i gychwyn ei genhadaeth i'r cenedl-ddynion nag yn ei dref enedigol ei hun? Ychwanega Luc fod yr Eglwys yn Jwdea, Galilea a Samaria erbyn hynny'n profi heddwch ac yn cryfhau ac yn mynd ar gynnydd.

Iacháu Aeneas yn Lyda

Tybed a oedd Pedr yn un o'r ddirprwyaeth a aeth yn gwmni i Paul ar ei daith i Gesarea? Er iddo dyfu mewn pwysigrwydd ar ôl cael cefnogaeth Pedr ac eglwys Jerwsalem, nid oedd Paul eto'n gydradd â Pedr fel arweinydd nac fel cenhadwr. Ac yntau wedi ei anfon i Darsus, gallai Pedr ailafael yn ei fwriad i ymweld â rhai o'r eglwysi a sefydlwyd o ganlyniad i waith cenhadol Philip, er mwyn gweld beth oedd eu cyflwr ac er mwyn eu calonogi yn y ffydd. Ymleda'r ardal o Lyda, pentref gerllaw Jopa, i fyny hyd lan y môr i Garmel. Roedd y tir hwn a elwid Saron yn enwog am ei flodau hardd. 'Yr wyf fel Rhosyn Saron, fel lili'r dyffrynnoedd' (Can. Sol. 2:1). Cyrhaeddodd Pedr Lyda, tref 40 cilomedr i'r gogledd-orllewin o Jerwsalem. Roedd yno un o'r eglwysi a sefydlwyd gan Philip. Yn ddiweddarach, enillodd Lyda enwogrwydd fel canolfan ac esgobaeth Gristnogol o bwys. Yn ôl y chwedl, Lyda oedd man geni a merthyru Sant Siôr, y sant a'r milwr a drechodd y ddraig, Dagon, duw'r Philistiaid. Fe'i gwnaed yn nawddsant Lloegr yng nghyfnod y Croesgadau oherwydd ei dduwioldeb a'i wrhydri fel milwr. Ar gyrion Lyda y lladdodd Dafydd y cawr Goliath. Gwelodd Pedr harddwch y tir a phrydferthwch y blodau, ond gwelai hefyd ôl llaw Duw ar yr eglwys ifanc a'i haelodau.

Daethai Lyda (Lod yn yr Hen Destament, a hyd heddiw) a'r ardal o'i hamgylch yn drwm dan ddylanwad Groegaidd, ac yr oedd llawer o genedl-ddynion wedi cartrefu yno. Yno, roedd Pedr yn mentro ymhellach i diriogaeth y cenedl-ddynion – cam tuag at ei gyfarfyddiad tyngedfennol â Cornelius. Dywed Luc fod Pedr wedi dod i lawr at y 'saint oedd yn trigo yn Lyda' (Ac. 9:32). Disgrifir Cristnogion Lyda fel *saint* ddwywaith yn yr adran hon (9:32 a 41). Yn ei lythyrau, mae Paul yn cyfeirio'n gyson at aelodau'r eglwysi fel 'saint'. Mae'r gair yn gyfieithiad o'r gair Groes *hagios* sy'n golygu, yn y gwraidd, 'yr hyn sy'n wahanol' a hefyd 'y sanctaidd'. Defnyddir y gair yn yr Hen Destament am bobl Israel – pobl a oedd yn sanctaidd ac yn wahanol i'r cenedl-ddynion o'u hamgylch.

Tra oedd yn Lyda, iachaodd Pedr Aeneas, Iddew a chanddo enw Groegaidd. Roedd yn enw cyffredin yn y byd Groegaidd-rufeinig ac mewn llenyddiaeth Roegaidd. Mae'n bur debyg y bu gan rieni'r Aeneas hwn obeithion uchel i'w mab, a siom iddynt hwy ac iddo yntau oedd iddo gael ei barlysu. A bu'n gorwedd yn ddiymadferth ers wyth mlynedd.

Iachaodd Pedr ef gyda'r geiriau syml, 'Aeneas, y mae Iesu Grist yn dy iacháu di' (9:34), gan gydnabod mai gan Iesu, ac nid ganddo ef, yr oedd y gallu i iacháu. Nid trwy ddawn ysbrydol o'i eiddo ei hun y cyflawnodd y wyrth. Cyfrwng yn unig oedd Pedr. Mae'r geiriau sy'n dilyn – 'Cod, a chyweiria dy wely' – yn awgrymu fod dyddiau'r afiechyd a'r parlys wedi mynd heibio am byth. Mae awgrym cynnil yn y geiriau fod Iesu'n iacháu er mwyn cymhwyso dyn i weithio. Dyma ddyn a fu'n orweddog am wyth mlynedd, heb fedru gwneud dim iddo'i hun, ac wedi dibynnu ar eraill i'w gynnal ac i ofalu amdano, bellach yn medru gwneud ei wely ei hun. Mae Iesu'n iacháu Aeneas er mwyn iddo fedru ymroi i weithgareddau bywyd bob dydd ac i waith y deyrnas.

Canlyniad iacháu Aeneas oedd i holl drigolion Lyda a Saron droi at yr Arglwydd (9:35). Pan ddigwydd gwyrthiau o fewn yr Eglwys, mae'r byd yn sylwi, boed honno'n wyrth o iacháu neu o dröedigaeth. Pan nad oes dim yn digwydd yn yr eglwys, mae'r byd yn mynd i gredu nad oes unrhyw fywyd na rhinwedd yn perthyn iddi. Yn Lyda, gwelodd y bobl fod rhyw nerth rhyfeddol ar waith ym mhlith y cwmni hwn o 'saint' .

Adfer bywyd Dorcas yn Jopa

Ymledodd y sôn am iacháu Aeneas trwy bentref Lyda ac ymlaen i dref Jopa, rhyw 12 milltir i ffwrdd – Jaffa heddiw. Fel y prif borthladd i ddinas Jerwsalem, roedd Jopa'n ganolfan fasnach brysur ac yr oedd y dylanwad Groegaidd yn drwm ar y lle. Roedd yno nifer o gredinwyr, yn cynnwys gwraig ifanc o'r enw 'Tabitha' yn yr Hebraeg, a 'Dorcas' yn y Roeg. Ystyr ei henw oedd 'Gafrewig' (*Gazelle* yn Saesneg). Gan fod gafrewig yn anifail bach chwim a phrydferth, gallwn dybio ar sail ei henw ei bod yn wraig brydferth. Mae'n debyg ei bod hefyd yn wraig gyfoethog gan y dywedir amdani, 'Yr oedd hon yn llawn o weithredoedd da ac o elusennau' (9:36). Oherwydd hynny, roedd yn uchel ei pharch ymhlith y credinwyr yn Jopa.

Clafychodd Dorcas, a bu farw. Anfonwyd dau ddyn ar unwaith i Lyda i ddeisyf ar Pedr i ddod yn ôl gyda hwy: 'Tyrd drosodd atom heb oedi' (9:38). Aeth Pedr gyda hwy ar ei union, a phan gyrhaeddodd Jopa yr oedd yr holl wragedd gweddwon yn wylo ac yn dangos iddo'r dillad yr oedd Dorcas wedi eu gwneud tra oedd yn fyw.

Mae hanes adfer bywyd Dorcas yn debyg iawn i hanes Iesu'n adfer merch Jairus (Mc. 5:37–41). Anfonodd Iesu bawb allan o'r ystafell, a gwnaeth Pedr yr un modd. Dywedodd Iesu wrth ferch Jairus, *Talitha cwmi* ('Fy ngeneth, cod'), ond *Tabitha cwmi* ('Tabitha, cod') a ddywedodd Pedr. Yn wahanol i Iesu, penliniodd Pedr a gweddïo. Wrth wneud hynny, roedd yn dangos nad oedd ganddo ef y ddawn na'r awdurdod i adfer y ferch. Iesu'n unig a allai ei hiacháu; gofyn a wna Pedr am gael bod yn gyfrwng i'w allu ef. Ymaflodd Iesu yn llaw'r ferch; ni wnaeth Pedr hynny rhag iddo roi'r argraff mai o'i gyffyrddiad ef y deuai'r grym i iacháu. Yr un math o hanesion iacháu a adroddir am Pedr a'r apostolion ag am Iesu. Mae Luc, fel awduron eraill y Testament Newydd, am ddangos yn eglur fod y gallu a weithiodd mor rymus yn yr Arglwydd Iesu'n parhau i weithio o fewn ei Eglwys.

Mae rhai'n dadlau ei bod yn anodd dyfalu beth oedd cyflwr Dorcas mewn gwirionedd. Mae rhai wedi awgrymu iddi fod mewn trwmgwsg anarferol – y math o gyflwr a ddisgrifir fel *cataleptic coma* – cyflwr digon cyffredin yn y Dwyrain. Am fod angladd yn y Dwyrain yn digwydd yn union wedi'r farwolaeth, roedd perygl i rai gael eu claddu'n fyw. Mae tystiolaeth archeolegol yn profi fod hynny wedi digwydd. Ar sail geiriau Iesu wrth y rhai a oedd yn galaru am ferch Jairus, 'nid yw hi wedi marw, cysgu y mae' (Lc. 8:52), mae rhai'n dadlau'n nad gwyrth ddwyfol o adfer un o farw'n fyw a geir yn yr hanes hwnnw ond yn hytrach *diagnosis dwyfol,* a bod Iesu wedi gwaredu'r ferch rhag cael ei chladdu'n fyw. Mae'r rhai sy'n dadlau felly yn mynnu ei bod yn bosibl mai'r un cyflwr oedd ar Dorcas, a bod Pedr wedi gweld hynny. Ac nid yw hynny, meddant, yn gwneud y digwyddiad yn fymryn llai o wyrth.

Mae esbonwyr eraill yn gweld adfer Dorcas yng ngoleuni comisiwn Iesu i'r Deuddeg cyn eu hanfon allan i'w cenhadaeth: 'iachewch y cleifion, cyfodwch y meirw' (Mth. 10:8). Mae gormod o enghreifftiau o wyrthiau yng nghyfnod yr Eglwys Fore i ni allu eu hanwybyddu na rhoi eglurhad naturiol iddynt. Ble bynnag y mae'r Crist byw yn bresennol, mae grym dwyfol ar waith yn codi pobl o afael popeth sy'n eu llethu a'u parlysu. Mae gwyrthiau'n rhan o hanes yr Eglwys ddoe a heddiw. Mae pob cymuned o gredinwyr, sy'n cymryd presenoldeb yr Arglwydd Iesu o ddifrif ac yn ceisio arweiniad ei Ysbryd, yn profi bywyd newydd, rhyddhad o'u hofnau a'u hanobaith, a gwyrthiau o adfer ac iacháu. Roedd y gwyrthiau yn yr Eglwys Fore'n arwyddion o bresenoldeb a grym Ysbryd Crist yn symud yn eu mysg ac yn gorlifo i'r byd oddi allan.

Wedi adfer Dorcas, galwodd Pedr 'y saint a'r gwragedd gweddwon' (Ac. 9:41) ynghyd i gyflwyno Dorcas iddynt. Fe allai'r gweddwon hefyd fod yn 'saint' yn yr ystyr o fod yn aelodau o'r Eglwys. Ond mae'n bosibl mai pobl y tu allan i'r gymdeithas oedd y gweddwon hyn, gan fod cymwynasgarwch Tabitha yn cynnwys pawb anghenus. Ar y llaw arall, mae'n bosibl fod y 'gweddwon' o'r dechrau wedi datblygu'n grŵp cydnabyddedig o fewn y gymdeithas a oedd yn gweithio i estyn cymorth − mewn dillad (ac o bosibl mewn arian a bwyd) − i'r tlodion o'u hamgylch.

Mae'r gwragedd wedi cymryd lle amlwg yn yr Eglwys erioed. Mae caredigrwydd a haelioni Dorcas wedi cynrychioli a symbylu gweithgarwch merched dros y canrifoedd. Tybiwn weithiau mai yn y gwyrthiol a'r anghyffredin yn unig y gwelwn yr Ysbryd Glân ar waith, ond mae hefyd i'w weld yn y cymwynasau bychain a'r amrywiol ffyrdd y mae pobl yn gwasanaethu eu cyd-ddynion. Roedd y gwaith o ofalu am y gweddwon yn rhan bwysig o genhadaeth yr Eglwys Fore. Mae'n amlwg i Dorcas gyflawni'r gwaith hwn yn eiddgar, nes bod ei henw wedi aros yn fyw yn ein plith. Sawl 'Cymdeithas Dorcas' sy'n parhau yn weithgar yn ein heglwysi heddiw?

Oherwydd y weithred hon, enillodd Pedr barch trigolion Jopa; ac arhosodd yno am gyfnod, gan letya 'gyda rhyw farcer o'r enw Simon' (9:43). Iddew oedd y Simon hwn, ond oherwydd ei alwedigaeth fe'i hystyrid yn aflan yn ôl y Gyfraith. Ni fyddai Iddew uniongred yn barod i gyfathrebu ag ef o gwbl. Roedd Pedr erbyn hyn wedi ymryddhau oddi wrth reolau caeth Iddewiaeth ac yn fwy na pharod i fanteisio ar letygarwch un o 'saint' eglwys Jopa. Cyn hir, yn ei gyfarfyddiad â Cornelius, byddai'n mynd ymhellach fyth o afael Iddewiaeth gaeth.

Cwestiynau i'w trafod:

1. Beth oedd nodweddion eglwysi Samaria? Beth yw nodweddion eglwys fyw, lewyrchus heddiw?

2. Pa mor bwysig yw'r weinidogaeth iacháu i genhadaeth yr Eglwys?

3. Sonnir yn y Testament Newydd am gariad tuag at y tlodion a'r gweddwon. A yw hynny'n cynnwys gwasanaethu pawb yn ddiwahân?

PEDR A CORNELIUS

Actau 10:1–48

Gwasgarwyd yr Eglwys o Jerwsalem oherwydd erledigaeth, ac o ganlyniad torrwyd y ffin ddaearyddol rhwng Israel a'r byd Groegaidd-rufeinig. Ond yr oedd ffin arall i'w chael, sef y ffin hiliol rhwng Iddewon a chenedl-ddynion. Os oedd yr Efengyl i fynd trwy'r holl fyd, roedd rhaid i rywun neu rywrai fentro torri trwy'r gwahanfur cadarn hwn. Pedr oedd y cyntaf i wynebu'r her. Ac yntau'n Iddew a oedd wedi treulio'i oes yn ei wlad ei hun ymhlith ei bobl ei hun, yr oedd Pedr fel ei gyd-Iddewon yn ddigon cul ei feddwl, yn credu na ddylai'r Iddewon gyfeillachu â'r cenedl-ddynion amhur eu harferion a llygredig eu crefydd. Ond yng nghwmni Iesu, ac wrth ddysgu oddi wrth ei ymddygiad eangfrydig ef, fe wawriodd ar feddwl Pedr nad oedd lle i'r ffiniau hyn a bod Efengyl Iesu Grist ar gyfer yr holl fyd.

Un cam tyngedfennol pwysig tuag at chwalu'r ffin hiliol yn yr Eglwys oedd cyfarfyddiad Pedr â'r canwriad Rhufeinig, Cornelius. Er i Paul gael ei gydnabod yn 'Apostol y Cenhedloedd', mae Luc yn awyddus i ddangos mai Pedr oedd ei ragflaenydd a'r cyntaf i dderbyn cenedl-ddynion yn aelodau llawn o'r Eglwys Gristnogol.

Gweledigaeth Cornelius
Dywed Luc wrthym mai canwriad oedd Cornelius. Roedd iddo felly swydd bwysig yn y fyddin Rufeinig, yn un o swyddogion y fintai Italaidd yng Nghesarea, pencadlys y fyddin a phrifddinas Jwdea a Samaria. Er ei fod yn swyddog ym myddin y gormeswyr Rhufeinig, roedd canmoliaeth uchel iddo fel person. Ceir gwerthfawrogiad o ffydd ac o ymddygiad ambell ganwriad yn yr efengylau, ac adroddir pethau da am Cornelius hefyd.

Dywedir ei fod yn ŵr defosiynol, 'yn ofni Duw, ef a'i holl deulu' (Ac. 10:2). Un o'r cenedl-ddynion ydoedd, ac roedd ganddo ddiddordeb arbennig mewn Iddewiaeth, yn enwedig y gred mewn un Duw a'r safonau moesol uchel a oedd yn rhan o'r grefydd honno. Roedd llawer o ddynion deallus o blith y cenhedloedd yn cael eu denu gan symlrwydd a phendantrwydd Iddewiaeth o'i chymharu ag anwadalwch ac anfoesoldeb y crefyddau paganaidd. Dywedir hefyd fod Cornelius yn ŵr gweddigar, yn gweddïo ar Dduw yn gyson. Roedd ei weddïo yn rhan o'i ymdrech i ddod o hyd i'r Duw mawr a oedd y tu cefn i bob peth. Ac nid gweddi breifat yn unig a arferai; gweddïai hefyd gyda'i deulu. Roedd ysbryd gweddi'n cyniwair trwy'r holl dŷ. Dyna a'i gwnaeth ef a'i deulu'n barod i dderbyn yr Efengyl pan wawriodd ei goleuni arnynt. Roedd Cornelius hefyd yn ddyn a roddai elusennau lawer i'r Iddewon.

Er hynny, nid oedd yn barod i fabwysiadu Iddewiaeth yn ei chrynswth ac i gael ei dderbyn fel proselyt, o bosibl am nad oedd yn dymuno cael ei enwaedu. Ond gan nad oedd wedi derbyn bedydd proselyt, ni allai'r Iddewon gyd-fwyta ag ef a'i deulu, na'u derbyn i'w tai. Dywed Luc fod Pedr a Cornelius wedi cael rhybudd o'u cydgyfarfyddiad trwy weledigaethau. Nid ffawd, ond trefn Duw, a ddaeth â'r ddau hyn at ei gilydd. Tua thri o'r gloch y prynhawn, yr awr weddi, gwelodd Cornelius angel Duw, neu negesydd nefol, yn dod ato. Wedi i'r angel ei ganmol am ei fywyd duwiol a'i holl elusennau, gorchmynnwyd ef i anfon dynion i Jopa i gyrchu Simon, a gyfenwid Pedr, i'w dŷ. Caiff wybod bod y Simon hwn yn lletya yn nhŷ rhyw farcer â'i dŷ wrth y môr. Simon oedd ei enw ef hefyd. Mae'n sicr mai gyda theimladau digon cymysg y gwrandawodd Cornelius ar orchymyn yr angel. Roedd i fynd, nid yn unig i dŷ gŵr o genedl orthrymedig, ond at ŵr a ystyrid yn aflan gan ei bobl ei hun. Ond pwy oedd ef i gwestiynu bwriadu Duw?

Dewisodd 'ddau o'r gweision tŷ a milwr defosiynol, un o'i weision agos' (10:7) – sy'n awgrymu bod gan y milwr hwn, fel Cornelius ei hun, gydymdeimlad ag Iddewiaeth a fyddai'n ei alluogi i ddelio'n sensitif â Simon Pedr.

Gweledigaeth Pedr
Trannoeth, a'r ddirprwyaeth oddi wrth Cornelius ar ei ffordd i Jopa, roedd Pedr ar do'r tŷ yn gweddïo tua hanner dydd. Heb amheuaeth, roedd angen paratoi ar Pedr hefyd. Roedd y syniad o ruthro i dŷ

cenedl-ddyn, hyd yn oed os oedd hwnnw'n 'ofni Duw', yn gwbl groes i reolau'r Gyfraith Iddewig; a byddai'r disgwyl iddo gyd-fwyta ag ef yn wrthun. Ac yntau'n meddwl am y broblem hon o fwyd halogedig, daeth chwant bwyd ar Pedr. Tra oedd y bwyd yn cael ei baratoi, aeth Pedr i Iesmair. Mae rhai esbonwyr wedi awgrymu fod elfennau arbennig wedi dylanwadu ar gynnwys a datblygiad ei freuddwyd. Oddi ar do tŷ ar lan y môr gallai weld llongau hwylio'n mynd a dod i'r porthladd. Ai dyna a barodd iddo weld hwyl fawr yn disgyn o'r nef? Ai'r ffaith fod chwant bwyd arno a barodd iddo weld y gwahanol anifeiliaid ac ymlusgiaid ac adar yn yr hwyl? Mae hefyd yn bosibl fod aros yn nhŷ Simon y barcer, a oedd oherwydd natur ei waith yn ddyn halogedig, yn peri rhywfaint o anesmwythyd yn isymwybod Pedr, yn enwedig os byddai gofyn iddo fynd i dŷ canwriad Rhufeinig yng Nghesarea.

Sut bynnag y dylid egluro breuddwyd Pedr, a pha ffactorau bynnag a effeithiodd ar ei chynnwys, yr oedd Ysbryd Duw trwyddi'n ceisio puro ei feddwl ac agor ei galon i oresgyn pob rhagfarn yn erbyn cenedl-ddynion. Dysgwyd iddo wersi digon poenus yn ei weledigaeth. Syrthiodd i lewyg, a bu'n rhaid iddo weld rhai pethau rhyfedd: 'Gwelodd y nef yn agored, a rhywbeth fel hwyl fawr yn disgyn ac yn cael ei gollwng wrth bedair congl tua'r ddaear. O'i mewn yr oedd holl anifeiliaid ac ymlusgiaid y ddaear ac adar yr awyr' (10:11–12). Clywodd bethau rhyfedd hefyd: 'A daeth llais ato, "Cod, Pedr, lladd a bwyta"' (10:13). Parhaodd y weledigaeth wrth i'r hwyl gael ei chodi a'i gollwng i lawr dair gwaith. Roedd hon yn weledigaeth a fyddai'n dysgu pethau newydd a dieithr i Pedr.

Yr oedd dwy wers i'w dysgu, a'r naill yn plethu i'r llall. Beth i'w fwyta, a chyda phwy y gellir bwyta? Roedd Iddewiaeth yn rhoi ateb clir a phendant i'r cwestiwn cyntaf. Yn ôl y Gyfraith, roedd dau ddosbarth o anifeiliaid – y glân a'r aflan – a cheid rhestr hir o anifeiliaid na ddylid bwyta'u cnawd. I'r sawl a fagwyd mewn cenedl a oedd yn ystyried yr anifeiliaid hyn yn aflan yng ngolwg Duw, roedd y syniad o fwyta'u cnawd yn gwbl wrthun. Pan welodd Pedr yr anifeiliaid hyn yn y lliain a ddisgynnodd o'r nef, gwyddai eu bod yn aflan. A phan glywodd lais Duw yn gorchymyn iddo godi, lladd a bwyta'r fath bethau ffiaidd, ni allai gredu ei glustiau. 'Dywedodd Pedr, "Na, na, Arglwydd; nid wyf fi erioed wedi bwyta dim halogedig nac aflan"' (10:15). Wrth ddefnyddio'r gair 'Arglwydd', dangosai yn eglur ei fod yn adnabod y llais fel llais Duw ei hun. A doedd y gorchymyn pellach yn datrys dim ar broblem Pedr: 'Yr hyn y mae Duw wedi ei lanhau, paid ti â'i alw'n halogedig?' (10:15). Sut oedd Duw wedi glanhau holl fwydydd aflan y byd?

Un rhan o'i broblem oedd honno. Roedd y cwestiwn arall yn aros heb ei ateb. A ddylai Iddew gyd-fwyta â chenedl-ddyn? Fel yr oedd bwydydd aflan wedi eu gwahardd, yr oedd yna hefyd bobl halogedig na chai Iddewon gyd-fwyta â hwy. Pe baent yn meiddio gwneud hynny, byddent hwythau hefyd yn cael eu halogi. Cofiodd Pedr i Iesu ddweud rywdro nad y pethau sy'n mynd i mewn i berson sydd yn ei halogi, ond y pethau sy'n dod allan ohono. 'Felly y cyhoeddodd ef yr holl fwydydd yn lân. Ac meddai, "Yr hyn sy'n dod allan o rywun, dyna sy'n ei halogi. Oherwydd o'r tu mewn, o galon dynion, y daw allan feddyliau drwg, puteinio, lladrata, llofruddio, godinebu, trachwantu, anfadwaith, twyll, anlladrwydd, cenfigen, cabledd, balchder, ynfydrwydd: o'r tu mewn y mae'r holl ddrygau hyn yn dod ac yn halogi rhywun"' (Mc. 7:19– 23). Roedd y geiriau hyn yn wirioneddol chwyldroadol, yn tanseilio dysgeidiaeth foesol y Gyfraith ac yn cynnig esboniad cwbl wahanol o darddiad a natur drygioni. Dyn ei hun sy'n gyfrifol am y pethau sy'n ei lygru a'i halogi. O galon dyn, nid o greadigaeth Duw, y daw'r pethau sy'n wirioneddol ddrwg a llygredig. Ar ben hynny, roedd Iesu wedi herio'r confensiwn o beidio â bwyta a chyfeillachu â phobl a ystyriwyd yn halogedig, sef publicanod a phechaduriaid.

Er iddo dreulio blynyddoedd yng nghwmni Iesu, nid oedd Pedr wedi deall ergyd ei ddysgeidiaeth. Oherwydd hynny, roedd rhaid i Dduw ei ddysgu trwy weledigaeth. Ond wedi iddo gael y weledigaeth, roedd yn dal yn ansicr o'i hystyr. Un peth oedd cofio manylion y weledigaeth, peth arall oedd gwybod beth oedd disgwyl iddo'i wneud. Roedd felly mewn penbleth pan ddeallodd fod tri dyn dieithr wedi cyrraedd ac yn holi amdano. Ac yntau'n dal i synfyfyrio ynghylch y weledigaeth, clywodd yr Ysbryd yn dweud wrtho, 'Cod, dos i lawr, a dos gyda hwy heb amau dim, oherwydd myfi sydd wedi eu hanfon' (Ac. 10:20). Bu eu dyfodiad yn fodd i agor ffordd i Pedr ddeall ei weledigaeth.

Wedi dod i lawr atynt, cafodd Pedr wybod fod canwriad o'r enw Cornelius, a oedd yn byw yng Nghesarea, wedi cael neges gan angel i anfon amdano ef er mwyn clywed beth oedd ganddo i'w ddweud. Gwahoddwyd y ddirprwyaeth i'r tŷ i gael llety dros nos. Roedd y weledigaeth fel petai'n troi'n ffaith. Roedd milwyr Rhufeinig, cenedl-ddynion halogedig, wedi eu gwadd i dŷ Iddew ac wedi cyd-fwyta ag Iddewon, a neb wedi holi a oedd y bwydydd yn llygredig ai peidio! Roedd gwyrth yn digwydd o flaen eu llygaid. Roedd y gwahanfuriau'n cael eu dymchwel. Fore trannoeth, heb betruso dim, trefnodd Pedr ei daith i Gesarea. Mae'n bosibl iddo ragweld y byddai rhai o'i gyd-gristnogion yn Jerwsalem yn barod iawn i'w feirniadu am letya dan yr un to â chenedl-ddynion a chyd-fwyta â hwy; ac felly penderfynodd fynd â rhai o Gristnogion Jopa gydag ef, rhag ofn y byddai arno angen tystion.

Roedd Cornelius yn gwbl sicr y deuai Pedr. Galwodd ei deulu, ei berthnasau a'i gyfeillion agos i'w dŷ er mwyn iddynt hwythau hefyd gyfarfod â Pedr a gwrando arno. Byddai yntau hefyd yn sylweddoli mor bwysig oedd y cam yr oedd y ddau ohonynt ar fin ei gymryd. Gellir dychmygu cyffro'r disgwyl am gael gweld y fintai o Jopa. Mae Lloyd Douglas yn *The Big Fisherman* yn dychmygu Cornelius yn anfon ei gaethwas i wylio am ddyfodiad Pedr a'i gyd-deithwyr. Pan welodd y gwas y cwmni'n dod yn y pellter, gyda'r ddau filwr yn arwain, rhedodd nerth ei draed i hysbysu Cornelius eu bod ar eu ffordd. Ac yn y tŷ, disgwyliai'r teulu a'r holl wahoddedigion yn eiddgar am ddyfodiad arweinydd y ffydd newydd.

Mae cyfarfyddiad Pedr a Cornelius yn haeddu cael ei gydnabod am ei arwyddocâd hanesyddol a chrefyddol. Heb os, hwn oedd y cyfarfyddiad mwyaf chwyldroadol yn hanes yr Eglwys Fore. Allan o hwn y daeth yr ysgogiad i gydnabod Cristnogaeth nid fel mudiad oddi mewn i Iddewiaeth ond fel crefydd fyd-eang, gyda'i dylanwad ar wareiddiad ac ar gwrs hanes y tu hwnt i bob disgwyliad. Roedd adrodd hanes y digwyddiad tyngedfennol hwn a'i ganlyniadau wrth arweinwyr yr eglwys yn Jerwsalem yn un o'r ffactorau pwysicaf yn y penderfyniad i dderbyn cenedl-ddynion i'r Eglwys.

Dywed yr hanes i Cornelius syrthio wrth draed Pedr a'i addoli. Yn ddiamau, roedd ganddo barch mawr at Pedr; ond estynnodd Pedr ei law a chodi'r canwriad ar ei draed. Meddai wrtho, 'Cod; dyn wyf finnau hefyd' (10:26). Cymerodd Pedr y cam mawr, gwrol o fynd i mewn i dŷ cenedl-ddyn. Ychydig ddyddiau cyn hyn, ni fyddai Pedr wedi breuddwydio torri ar draws defod a rheol ei genedl trwy fynd i mewn i dŷ Rhufeiniwr. Ond fe agorodd y weledigaeth lygaid Pedr i ddwy ffaith fawr. Yn gyntaf, bod pob dyn yn blentyn i Dduw. Nid perthyn i genedl ddewisedig sy'n gwneud person yn werthfawr yng ngolwg Duw. Yn ail, bod Iesu Grist wedi chwalu'r ffiniau; nid yn unig y ffiniau rhwng Iddew a chenedl-ddyn ond holl ffiniau hil, dosbarth, cefndir a chenedl. Eglura Pedr i Cornelius y modd y bu i'r weledigaeth a gafodd newid ei agwedd: 'Fe wyddoch chwi ei bod yn anghyfreithlon i Iddew gadw cwmni gydag estron neu ymweld ag ef; eto dangosodd Duw i mi na ddylwn alw neb yn halogedig neu'n aflan. Dyma pam y deuthum, heb wrthwynebu o gwbl, pan anfonwyd amdanaf' (10:28–29). Gofynnodd i Cornelius adrodd hanes ei weledigaeth ef er mwyn sicrhau fod y tystion yn deall yr holl amgylchiadau.

Pregeth i estroniaid

Gan mai Duw oedd yn gyfrifol am ddwyn Pedr a Cornelius at ei gilydd, yr oedd y canwriad yn awyddus i glywed y cyfan oedd gan Pedr i'w ddweud. Yn wahanol i'r adegau y bu Pedr yn pregethu i gynulleidfaoedd o Iddewon, cenedl-ddynion oedd ei gynulleidfa'r tro hwn. Ac eto, fe wyddai'n reddfol sut i ennill a chadw sylw ei wrandawyr. Mae'n dechrau trwy ddileu rhagfarn y canrifoedd oherwydd yr hyn a ddysgodd trwy ei weledigaeth yn Jopa. Dywed ei fod bellach yn deall nad yw Duw yn ffafrio neb, ond fod pawb sy'n byw yn gyfiawn yn dderbyniol yn ei olwg.

Yn y dechrau, meddai Pedr, anfonodd Duw ei air i'r Iddewon, a'r gair hwnnw oedd Efengyl tangnefedd a wnaed yn hysbys yn nyfodiad yr Arglwydd Iesu Grist. Adroddodd yn gryno'r hanes am Iesu: ei fedydd gan Ioan Fedyddiwr, ei eneiniad gan yr Ysbryd Glân, ei weinidogaeth o ddysgu ac o iacháu, ei groeshoelio, ei atgyfodiad a'i ddatguddiad ohono'i hun yn fyw i'w ddilynwyr. Galwyd hwy i gyhoeddi'r hanes amdano ac i dystiolaethu i'r ffaith mai ef yw Arglwydd a barnwr y byw a'r meirw. Dyma'r un y bu'r proffwydi yn tystio iddo, a bydd pawb sy'n credu ynddo'n derbyn maddeuant pechodau trwy ei enw.

Yn ei bregeth, mae Pedr yn cyflwyno'n gryno a chelfydd brif elfennau'r *kerygma* – y ffeithiau am Iesu, ei groeshoeliad a'i atgyfodiad. Mae'n hawlio'r awdurdod a gafodd ef a'i gyd-apostolion i fod yn dystion i'r Iesu byw. Ac yna tywalltwyd yr Ysbryd Glân ar bawb oedd yn gwrando. Pam y disgynnodd yr Ysbryd? Mae'n bosibl am fod ganddo gynulleidfa ddisgwylgar a oedd wedi bod yn aros yn eiddgar am y newyddion da. Ar bobl a chanddynt galonnau agored, meddyliau effro a dyhead am glywed y gair dwyfol y tywelltir Ysbryd Duw. Yr hyn a barodd syndod i'r credinwyr Iddewig a ddaeth gyda Pedr o Jopa oedd gweld cenedl-ddynion yn derbyn yr Ysbryd, yn llefaru â thafodau ac yn moli Duw. Gwelsant nad yw Duw'n ei gyfyngu ei hun i un genedl nac i un cyfrwng nac i un llwybr neilltuol. Dyn sy'n cyfyngu ar sianelau a moddion gras. Roedd un canlyniad syfrdanol i dywalltiad yr Ysbryd ar deulu a chydnabod Cornelius, sef bod un o ddelwau Iddewiaeth wedi ei dryllio – y gred nad oedd cenedl-ddynion yn dderbyniol gan Dduw ac na ellid eu derbyn i aelodaeth o'r Eglwys heb iddynt yn gyntaf droi'n Iddewon.

Beth fyddai hanes yr Eglwys Gristnogol pe bai ei dyfodol wedi ei benderfynu gan ei harweinwyr – yr apostolion a'r disgyblion? Oni bai am dywalltiadau o'r Ysbryd Glân, yn torri trwy bob ffin ac yn chwalu pob rhagfarn hiliol, mae lle i ofni y byddai wedi datblygu'n fudiad oddi mewn i Iddewiaeth, heb ynddo le i Rufeiniaid na Groegiaid. Ond Eglwys Dduw yw hi, a'i Ysbryd ef sy'n rhoi cyfeiriad a bywyd newydd iddi o oes i oes, gan ddefnyddio arweinwyr dynol i'w bwrpas ei hun.

Gwelodd Pedr nad oedd sail i wrthod bedyddio Cornelius a'i deulu, 'a hwythau wedi derbyn yr Ysbryd Glân fel ninnau' (10:47). Ni fu sôn gan neb am na chyfraith nac enwaediad na defod Iddewig o unrhyw fath. Cornelius a'i deulu oedd y cyntaf i ddod i mewn i'r Eglwys heb ddod trwy ddrws Iddewiaeth.

Cwestiynau i'w trafod:

1. Trafodwch enghreifftiau cyfoes o'r Eglwys yn goresgyn ffiniau hiliol, gwleidyddol a hanesyddol.

2. Yn y weledigaeth, dysgodd Pedr fod rhai arferion a defodau yn groes i ewyllys Duw yng ngoleuni amgylchiadau newydd. A ydym ni'n rhy gaeth i arferion yn wyneb gofynion ein hoes ni?

3. Ai gwir dweud mai cyfarfyddiad Pedr â Cornelius oedd y digwyddiad pwysicaf yn hanes yr Eglwys Fore?

GERBRON EGLWYS JERWSALEM

Actau 11:1–26

Rydym yn byw heddiw yn oes y cyfathrebu cyflym. Trwy'r cyfryngau newyddion daw hanesion am ddigwyddiadau'r ochr arall i'r byd i'n setiau radio a theledu, i'n cyfrifiaduron a'n ffonau symudol, eiliadau wedi iddynt ddigwydd. Ymosodiad terfysgol ym Mharis, daeargryn yn yr Eidal, awyren yn syrthio yn yr Aifft, rhyfela diddiwedd yn y Dwyrain Canol, newyn yn Swdan, protestiadau yn Rwsia: daw'r cyfan i'n sylw o fewn munudau o ben draw byd. Mae'n anodd i ni ddychmygu adeg pan fyddai newyddion yn cymryd misoedd i ymledu o wlad i wlad ac o gyfandir i gyfandir.

Gwyddai Pedr, o ganlyniad i'w weledigaeth yn Jopa a'i weithred o fedyddio teulu Cornelius, y cenedl-ddynion cyntaf i'w derbyn i'r Eglwys, fod rhywbeth tyngedfennol wedi digwydd a fyddai'n achosi dadlau chwyrn ond a fyddai hefyd yn debygol o roi cyfeiriad a bywyd newydd i'r genhadaeth Gristnogol. Gwyddai hefyd y byddai ei weithredu byrbwyll yng Nghesarea'n creu helynt yn Jerwsalem. Dyna pam yr aeth â mintai o Gristnogion Iddewig Jopa gydag ef, yn dystion i'r hyn a ddigwyddodd. Cyrhaeddodd y newyddion Jerwsalem yn rhyfeddol o fuan. Roedd yr hanes wedi dod i glyw'r eglwys yn Jerwsalem cyn i Pedr gyrraedd yn ôl i'r ddinas. Ni wyddom pa mor hir y bu cyn iddo adael Cesarea, ond fe wyddom iddo dreulio peth amser yno'n dysgu'r dychweledigion.

Y garfan geidwadol

Gwyddai pawb fod yr Eglwys wedi dechrau ymledu ymhlith yr Iddewon a'i bod, trwy'r Ysbryd Glân, yn dechrau dymchwel y muriau rhwng Iddewon a chenedl-ddynion. Roedd Philip wedi bod yn pregethu yn Samaria, a Saul o Tarsus wedi dechrau gwaith yn Arabia a Damascus. Yn awr dyma Pedr, yr un a ystyrid yn ben ar yr Eglwys, yn derbyn Cornelius a'i deulu i mewn i'r gorlan. Un peth oedd clywed unigolion yn dadlau fod yr Efengyl yn agored i bawb o bobl y byd; peth arall oedd agor drysau'r Eglwys led y pen i'r cenhedloedd a dechrau o ddifrif ar y gwaith o efengyleiddio'r byd. Hyd yma, yr unig obaith i genedl-ddyn fedru ymuno â'r Eglwys oedd trwy dderbyn enwaediad a bedydd proselyt. Hynny yw, dim ond trwy dderbyn Iddewiaeth yn gyntaf y gallai wedyn ddod yn Gristion; ond wrth dderbyn Cornelius a'i deulu roedd Pedr wedi cyhoeddi nad oedd hynny, mewn gwirionedd, yn angenrheidiol.

Cafwyd yr ysgarmes gyntaf pan ddychwelodd Pedr i Jerwsalem. Byddai'r frwydr fawr yn dilyn yn ddiweddarach. Gan fod yr hanes wedi cyrraedd Jerwsalem o'i flaen, yr oedd 'plaid yr enwaediad' yn disgwyl amdano. Ond roedd yr eglwys wedi ei rhannu'n ddwy ynghylch y mater. Roedd y naill blaid yn geidwadol, yn mynnu na allai neb gael derbyniad i'r Eglwys heb fod yn Iddew, wedi ei enwaedu ac yn derbyn y Gyfraith Iddewig fel rheol bywyd a buchedd. Sect Iddewig oedd Cristnogaeth i'r bobl hyn. Roedd y blaid arall yn fwy parod i ystyried agor y drws i'r cenhedloedd. Credai'r rhain fod yr Ysbryd Glân yn eu hannog i agor eu meddyliau a'u calonnau i holl bobl y byd, beth bynnag eu cefndir a'u hil a'u hanes. Credent y byddai'r Efengyl yn edwino ac yn diflannu o fewn ychydig flynyddoedd oni fyddai'n ymryddhau o hualau Iddewiaeth.

Roedd y blaid geidwadol yn synnu at Pedr. Gellid deall y byddai Philip oherwydd ei gefndir Groegaidd o blaid y cenedl-ddynion. Roedd Saul hefyd wrth gwrs yn dod o gefndir tebyg. Ond Pedr, o bawb! Cefndir cwbl Iddewig oedd ganddo ef. Roedd Pedr wedi bod yng nghwmni Iesu, ac fe'i hystyriwyd yn ffrind agos iddo. I'r bobl geidwadol hyn, roedd yn amlwg fod Pedr wedi tramgwyddo yn erbyn safonau'r Gyfraith. I lawer ohonynt, roedd hynny'n bechod.

Sut allai Pedr ei amddiffyn ei hun? Dilynodd ddau drywydd, sef ailadrodd yr hanes am yr hyn a ddigwyddodd yng Nghesarea, ac yna dangos iddo weithredu dan arweiniad Duw. Mae'r ffaith fod Luc yn cynnwys y stori am y trydydd tro yn dangos pa mor bwysig oedd yr hanes i'r Eglwys Fore. Y tro cyntaf oedd y disgrifiad o weledigaeth Pedr yn Jopa (Ac. 10:9–16); yr ail dro oedd disgrifiad Cornelius o'i weledigaeth ef yng Nghesarea (10:30–33). Ac yn awr dyma adrodd y stori eto, yn Jerwsalem y tro hwn.

Gwêl un esboniwr (J.W. Packer) yr hanes, fel y'i hadroddir yn Actau 9:31 – 10:18, yn ddrama fawr bedair act, gyda golygfeydd yn Lyda, Jopa, Cesarea a Jerwsalem. Yr Ysbryd Glân yw cyfarwyddwr y ddrama; Pedr yw'r prif actor; daw'r ddrama i'w huchafbwynt yn nhŷ Cornelius, a daw i ben gyda'r datganiad tyngedfennol, 'Felly rhoddodd Duw i'r Cenhedloedd hefyd yr edifeirwch a rydd fywyd' (Ac. 11:18).

Pedr yn adrodd ei stori

Nid aeth Pedr i ddadlau yn erbyn ei wrthwynebwyr, ond yn hytrach rhannodd â hwy'r hyn a ddigwyddodd iddo ef a Cornelius yn Jopa a Chesarea. Yn y pen draw, pwy all wrthsefyll ffeithiau a dadlau yn erbyn profiad personol?

Nid trwy hap a damwain y cyfarfu Pedr â Cornelius. Roedd y cyfan dan arweiniad Duw. Cafodd Pedr weledigaeth, ac i'r Iddew roedd hynny'n arwydd clir o arweiniad dwyfol. Yn y weledigaeth, clywodd lais: 'A chlywais lais yn dweud wrthyf, "Cod, Pedr, lladd a bwyta"' (11:7). Cafodd orchymyn gan yr Ysbryd: 'A dywedodd yr Ysbryd wrthyf am fynd gyda hwy' (11:12). Arwyddion oedd hyn oll o Dduw ar waith. Os mai Duw, trwy ei Ysbryd, oedd yn arwain, beth ellid ei ddweud yn ei erbyn?

Nid eu ceidwadaeth grefyddol yn unig oedd i gyfrif am feirniadaeth rhai o Gristnogion Iddewig Jerwsalem. Roedd rhesymau ymarferol am eu pryderon. Fel rhai a gyhoeddai'r Crist croeshoeliedig yn Feseia, roedden nhw mewn perygl ac yn wynebu erledigaeth chwerw. Yng nghanol yr erlid hwnnw y merthyrwyd Steffan. Llwyddwyd i ail-gynnull yr eglwys yn Jerwsalem wedi'r erledigaeth a arweiniwyd gan Saul o Darsus, er i lawer o'r credinwyr gael eu gwasgaru i Samaria ac i gyrion Palestina. Byddai unrhyw beth a godai wrychyn y Sadwceaid yn ddigon i roi cychwyn ar bwl arall o erledigaeth. Ac felly roedd rhaid i'r Cristnogion arfer gofal a doethineb wrth bregethu a gweithredu rhag cynddeiriogi eu cyd-Iddewon. Gallai'r sôn am Pedr gyda'r cenedl-ddynion, yn ymweld â'u tai ac yn cyd-fwyta â hwy, fod yn ddigon i gychwyn helynt cyhoeddus arall.

Cyhuddiad plaid yr enwaediad oedd bod Pedr wedi cyd-fwyta â dynion a ystyrid yn halogedig: 'Buost yn ymweld â dynion dienwaededig, ac yn cyd-fwyta gyda hwy' (11:4). Yn eu beirniadaeth ceir adlais o eiriau'r Phariseaid wrth gyhuddo Iesu o'r un drosedd: 'Y mae hwn yn croesawu pechaduriaid ac yn cyd-fwyta gyda hwy' (Lc. 15:2).

Amddiffyniad Pedr oedd adrodd ei brofiadau a rhoi crynodeb i'w wrandawyr o'r hyn a ddigwyddodd iddo. Dechreuodd trwy sôn amdano'i hun yn Jopa, yn gweddïo, yn llithro i lesmair ac yn cael gweledigaeth o hwyl fawr yn disgyn ac yn cael ei gollwng o'r nef. Wrth iddo edrych i mewn i'r hwyl, gwelai ei bod yn llawn o anifeiliaid, bwystfilod, ymlusgiad y ddaear ac adar yr awyr. Rhyfeddodd o glywed llais yn dweud wrtho am godi, a lladd a bwyta'r creaduriaid ffiaidd. Gwrthododd am nad oedd erioed wedi bwyta dim aflan na halogedig. Ond daeth y llais eilwaith gyda'r un gorchymyn, gan ychwanegu, 'Yr hyn y mae Duw wedi ei lanhau, paid ti â'i alw'n halogedig' (Ac. 11:9). Digwyddodd hynny deirgwaith cyn i'r hwyl gael ei chodi i'r nef am y tro olaf. Â'r weledigaeth yn dal yn fyw yn ei feddwl, daeth tri dyn o Gesarea at y tŷ i holi amdano.

Hyd yma, roedd Pedr wedi adrodd yr hyn a ddigwyddodd iddo ef, ond yna mae'n troi i adrodd profiad Cornelius. Cyd-ddigwyddiad rhyfedd iawn oedd y ffaith i'r tri gŵr o Gesarea gyrraedd fel yr oedd gweledigaeth Pedr yn gorffen – os cyd-ddigwyddiad hefyd! Nid hap a damwain oedd ymweliad y tri. Yn hytrach, gwelai Pedr fod Duw ar waith, yn hybu ei bwrpas ei hun. Ac os felly, pwy oedd ef, Pedr, i wahaniaethu rhwng Iddew a Rhufeiniwr?

Aeth gyda'r tri, ac aeth ag eraill o blith credinwyr Jopa gydag ef, gan fod angen tystiolaeth dau neu dri, yn ôl y ddeddf Iddewig. Byddai'n dda cael eu tystiolaeth a'u cefnogaeth hwy pan fyddai angen i Pedr ei amddiffyn ei hun gerbron ei feirniaid. Gallwn ddychmygu Pedr yn dweud gerbron ei gyhuddwyr, 'Y mae gennyf dri o dystion i'r hyn a ddigwyddodd yn nhŷ Cornelius; gallwch alw arnynt hwy i gadarnhau fy stori.'

Dywedai Cornelius fod angel wedi sefyll o'i flaen. Os aeth angel i dŷ canwriad, pam na allai apostol fynd yno hefyd? Roedd hynny'n dangos yn glir fod Duw'n cymeradwyo Cornelius am ei fod yn ŵr duwiol a oedd yn ofni Duw ac yn byw'n gyfiawn. Addawodd yr angel y byddai'n profi achubiaeth, nid oherwydd ei weithredoedd da ei hun ond trwy ras Duw a ddatguddiwyd iddo yn yr Efengyl. Daeth y gras hwnnw i'r amlwg ym mhregethu Pedr. Trwyddo ef yr enillwyd Cornelius a'i holl deulu – ei wraig a'i blant a'i holl berthnasau, a hefyd ei gaethweision a phawb a oedd yn gwasanaethu'r teulu.

Disgynnodd yr Ysbryd Glân arnynt i gyd yn ddiwahân: 'Ac nid cynt y dechreuais lefaru nag y syrthiodd yr Ysbryd Glân arnynt hwy fel yr oedd wedi syrthio arnom ninnau ar y cyntaf' (11:15). Cofiodd Pedr y profiad rhyfeddol a gafodd ar ddydd y Pentecost; 'ar y cyntaf' – yr ysgytwad a gafodd, y llawenydd a lanwodd ei enaid, a'r rhyddid a ddaeth i'w leferydd.

Gyda thywalltiad yr Ysbryd, daeth gair o eiddo Ioan Fedyddiwr i'w feddwl: 'Â dŵr y bedyddiais i chwi, ond â'r Ysbryd Glân y bydd ef yn eich bedyddio' (Mc. 1:8). Gwireddwyd y geiriau hyn o flaen llygaid Pedr, ac yr oedd ganddo dystion i ddwyn tystiolaeth i'r digwyddiad. Os oedd Duw wedi rhoi'r un rhodd i genedl-ddynion, pwy oedd Pedr i geisio rhwystro gwaith Duw? Wedi eiliad o ddistawrwydd, torrodd lleisiau aelodau eglwys Jerwsalem mewn moliant i Dduw. Gwelodd hyd yn oed y gwrthwynebwyr fod Duw wedi rhoi i'r cenhedloedd fywyd newydd – y bywyd a ddeuai trwy edifeirwch a newid meddwl a buchedd.

Yr un peth a ddangoswyd yn glir oedd mai dweud stori Iesu a dangos effeithiau ei dderbyn a'i ddilyn oedd y ffordd orau i argyhoeddi amheuwyr a gwrthwynebwyr.

Eglwys genhedlig Antiochia

Er bod eglwys Jerwsalem yn moli ac yn diolch o glywed fod cenedl-ddynion yn ymateb i'r Efengyl, mae rhai esbonwyr yn tybio fod y gwrthwynebwyr yn credu mai eithriad fyddai Cornelius a'i deulu, ac na fyddai'r broblem yn debyg o godi mewn mannau eraill. Ond cododd y cwestiwn yn fuan wedyn yn Antiochia. Ni allai aelodau ceidwadol eglwys Jerwsalem ddygymod â'r sefyllfa. Un peth oedd derbyn un teulu o genedl-ddynion; peth arall oedd derbyn nifer fawr ohonynt o ganlyniad i genhadaeth fwriadol i'r cenhedloedd. Oherwydd ei cheidwadaeth, collodd eglwys Jerwsalem ei dylanwad i raddau helaeth, a thyfodd awdurdod a dylanwad canolfannau eraill, yn cynnwys eglwys Antiochia.

Mae Luc yn olrhain hanes sefydlu'r eglwys yn Antiochia yn Syria i gyfnod yr erledigaeth, pan ferthyrwyd Steffan a phan wasgarwyd nifer o aelodau eglwys Jerwsalem cyn belled â Phoenicia, Cyprus ac Antiochia. Yn y mannau hynny, buont hwy'n cenhadu ymhlith Iddewon – ond ymhlith Iddewon yn unig – hyd nes iddynt gyrraedd dinas Antiochia. Wedi i rai gwŷr o Gyprys a Chyrene gyrraedd yno – rhai a ddaethai dan ddylanwad diwylliant Groegaidd – dechreuodd y rheiny bregethu ymysg y cenedl-ddynion yn ogystal â'r Iddewon.

Yr oedd Antiochia yn faes newydd sbon i genhadon Cristnogol. Roedd yn ddinas fawr, boblog. Dim ond Rhufain ac Alecsandria oedd â mwy o boblogaeth na hi. Hi oedd prifddinas talaith Syria a Chicilia. Yno yr oedd pencadlys y cadfridog o'r fyddin Rufeinig a oedd yn rheolwr y dalaith. Roedd y ddinas yn enwog am ei safle hardd, ei hadeiladau urddasol, ei chyfoeth a'i sefydliadau addysgol a diwylliannol. Roedd ynddi gymysgedd o boblogaeth, yn Rhufeiniaid, Groegiaid, Syriaid a masnachwyr o bob rhan o'r dwyrain. Roedd yno hefyd drefedigaeth helaeth o Iddewon.

Roedd penderfyniad y cenhadon a gyrhaeddodd o Gyprys a Chyrene i bregethu i'r cenedl-ddynion yn gam pwysig yn hanes yr eglwys. Hwn oedd y symudiad cyntaf i fyd cenedl-ddynion nad oedd ganddynt unrhyw gysylltiad o gwbl ag Iddewiaeth. Roedd dau beth yn amlwg yn y cyswllt hwn. Yn gyntaf, dynion anhysbys oedd y cenhadon hyn. Ni wyddom eu henwau na dim o'u hanes. Yn ail, nid oes unrhyw awgrym eu bod yn ymwybodol o'r gwrthglawdd rhwng Iddewon a chenedl-ddynion, na'u bod yn poeni eu bod, trwy eu pregethu, yn ei ddymchwel. Roedd cynnwys eu pregethu hefyd yn dangos mai apelio at genedl-ddynion a wnaent yn bennaf: 'gan gyhoeddi'r newydd da am yr Arglwydd Iesu ... a mawr oedd y nifer a ddaeth i gredu a throi at yr Arglwydd' (Ac. 11:20–21). Ni fyddai cyhoeddi Iesu fel Meseia, neu gyfeirio at broffwydoliaethau'r Hen Destament, yn golygu dim i wrandawyr nad oedd ganddynt gefndir

Iddewig. Ond roedd y gair 'Arglwydd' yn gwbl wybyddus iddynt, gan fod llawer yn y byd Groegaidd yn dyheu am Arglwydd ac Iachawdwr.

Daeth yr hanes am yr hyn oedd yn digwydd yn Antiochia i glustiau eglwys Jerwsalem, a phenderfynodd yr eglwys honno anfon un o'u plith i arolygu'r gwaith yn Antiochia. Mae'n amlwg fod arweinwyr Jerwsalem yn credu bod ganddynt hawl i gadw golwg ar waith eglwysi eraill, er mwyn cadw trefn ar eu gweithgareddau. Barnabas a anfonwyd i Antiochia – dewis arbennig o addas, gan ei fod yn ŵr doeth, uchel ei barch, o ysbryd hynaws ac yn Gypriad ei hun. Roedd wedi rhoi ei gefnogaeth i Saul a'i gymeradwyo i'r apostolion yn eglwys Jerwsalem (gweler Ac. 9:27). Dywed Luc amdano, 'yr oedd yn ddyn da, yn llawn o'r Ysbryd Glân ac o ffydd' (Ac. 11:24).

Bodlonwyd Barnabas yn fawr gan yr hyn a welodd yn Antiochia. 'Wedi iddo gyrraedd, a gweld gras Duw, yr oedd yn llawen, a bu'n annog pawb i lynu wrth yr Arglwydd o wir fwriad calon' (11:23). Dan yr amgylchiadau, ac o gofio mai problem derbyn cenedl-ddynion i'r eglwys oedd yn achosi pryder i Gristnogion Jerwsalem, mae'n syndod nad anfonwyd un o'r apostolion. A pham nad anfonwyd Pedr? A oedd ef dan amheuaeth am iddo dderbyn Cornelius a'i deulu yng Nghesarea? A oedd ef yn rhy bleidiol i agor y drysau i genedl-ddynion, ac i ddiystyru ei etifeddiaeth Iddewig? Wyddom ni ddim. Ond roedd Barnabas wedi ei lwyr argyhoeddi fod Duw ar waith yn nhwf a llwyddiant eglwys Antiochia. Penderfynodd aros yno a chael gŵr egnïol i'w gynorthwyo. Aeth i Darsus i bwyso ar Saul i ddod ato i Antiochia. Cytunodd yntau, a bu'r ddau yno am flwyddyn gyfan yn 'dysgu tyrfa niferus'. Arwydd clir o lwyddiant eu gwaith oedd bod pobl y ddinas yn dod yn fwyfwy ymwybodol o'u bodolaeth ac o ganlyniad mai 'yn Antiochia y cafodd y disgyblion yr enw Cristionogion gyntaf' (11:26). Roedd y gair *Crist* yn cael ei dderbyn fel enw personol ar Iesu, a naturiol wedyn oedd cyfeirio at ei ddilynwyr fel 'rhai o eiddo Crist'.

Cwestiynau i'w trafod:

1. *A yw glynu wrth draddodiad yn gallu bod yn rhwystr i ddilyn arweiniad yr Ysbryd Glân?*

2. *Pam, dybiwch chi, nad anfonwyd Pedr yn hytrach na Barnabas i arolygu eglwys Antiochia?*

3. *Beth yw eich diffiniad chi o Gristion?*

YN Y CARCHAR ETO

Actau 12:1–19

Os mai llwyddiant a chynnydd oedd hanes yr Eglwys wrth iddi ymledu o Jerwsalem i Samaria ac Antiochia a Damascus a rhannau eraill o'r hen fyd, fe fyddai ei haelodau hefyd yn profi cyfnodau o gael eu herlid a'u carcharu a'u merthyru. Y tro hwn, nid oedd yr erlid yn gyffredinol, ond penderfynodd y Brenin Herod Agripa ymosod ar ei harweinyddion gan gredu mai dyna'r ffordd fwyaf effeithiol o ymosod ar yr Eglwys ifanc. Tybiai pe bai'n lladd y rheiny y byddai, maes o law, yn lladd y mudiad. Y ddau a dargedwyd gyntaf oedd y ddau bwysicaf yn eu plith, Iago brawd Ioan, a Simon Pedr.

Bu Herod Agripa'n rheoli Palestina am dair blynedd. Roedd yn fab i Aristobulus ac yn ŵyr i Herod Fawr. Addysgwyd ef yn Rhufain, a daeth yn gyfaill i deulu'r Ymerawdwr, yn enwedig i Caligula a Claudius. Penodwyd ef yn frenin ar Balestina yn y flwyddyn O.C. 41. Er bod llawer o Iddewon yn amheus ohono oherwydd ei deyrngarwch i Rufain, cefnogodd y ffydd Iddewig, a dangosodd sêl arbennig at y Gyfraith ac at ddefodau Iddewiaeth. Roedd felly'n weddol boblogaidd ymysg yr Iddewon, ac yr oedd ei fryd ar sicrhau ei ddiogelwch ei hun trwy ennill eu serch hwy a sicrhau cefnogaeth y Rhufeiniaid. Er ei fod, cyn hyn, wedi rhoi llonydd i'r apostolion, daliodd ar y cyfle'n awr i ennill mwy o boblogrwydd trwy ymosod ar yr Eglwys a'i harweinwyr.

Roedd hynny'n bodloni'r Iddewon am fod y ffydd newydd yn tynnu llawer o Iddewon oddi wrth Iddewiaeth, bod yr Eglwys yn ymledu'n gyflym, ac yn waeth na dim bod cenedl-ddynion yn tyrru i mewn iddi ac Iddewon o ganlyniad yn cael eu halogi trwy gyd-fwyta a chymdeithasu â hwy. Ni allai'r Iddewon ffyddlon oddef hyn; ac nid oedd modd i neb wybod beth fyddai pen draw dylanwad y mudiad peryglus hwn.

Iago oedd y cyntaf i golli ei fywyd. Fe'i lladdwyd â'r cleddyf: 'Fe laddodd Iago, brawd Ioan, â'r cleddyf' (Ac. 12:2). Nid oedd y fath ddienyddio'n ddieithr i'r teulu brenhinol. Lladdwyd Aristobulus gan ei dad Herod Fawr am fod hwnnw'n ddrwgdybus ohono. Aristobulus oedd tad Herod Agripa. Chwaer i Agripa oedd Herodias, a briododd ewythr y ddau, Herod Antipas a laddodd Ioan Fedyddiwr. Efallai mai Iago a Phedr oedd yr unig rai o blith yr apostolion a oedd yn digwydd bod yn Jerwsalem ar y pryd. Ar y llaw arall, mae'n bosibl i Herod benderfynu symud yn ofalus er mwyn canfod beth fyddai ymateb y bobl i'w ymosodiad ar yr Eglwys. Ond pan welodd fod yr Iddewon yn cymeradwyo'r hyn a wnaeth wrth ladd Iago, penderfynodd ddal Pedr hefyd. Gwyddai mai Pedr oedd prif arweinydd yr Eglwys, a chredai y byddai ei gipio ef a'i garcharu'n ergyd ddifäol i'r mudiad. Fodd bynnag, roedd yn gyfnod Gŵyl y Bara Croyw, sef y saith diwrnod ar ôl y Pasg pan waherddid bwyta bara lefain ac na chynhelid unrhyw achosion cyfreithiol ac na chaniateid dienyddio. Felly, taflwyd yr apostol i'r carchar dros saith diwrnod yr ŵyl.

Pedr dan warchodaeth

Bu Herod yn ofalus i beidio â chodi gwrychyn yr awdurdodau Iddewig trwy halogi'r ŵyl â gwaed Pedr. Gwell oedd ei gadw'n ddiogel yn y carchar nes y byddai Gŵyl y Bara Croyw drosodd. Rhoddodd orchymyn pendant i'w gadw'n gaeth, fel na allai ef ddianc ac na allai neb arall ei ryddhau. Yn ei gell roedd dau filwr wedi eu cadwyno wrth Pedr, un wrth bob ochr iddo, a dau filwr arall yn gwarchod y drws. Pwy feddyliai y byddai angen pedwar milwr i ofalu am un dyn, syml, diniwed ei ymddygiad. Ond eto, roedd gallu anghyffredin geiriau a gweithredoedd a chymeriad y dyn hwn yn dylanwadu ar nifer fawr o bobl.

Yn ôl bwriad Herod, hon oedd noson olaf Pedr ar y ddaear. Ac eto, fe gysgodd yr apostol yn dawel am iddo gredu fod ei dynged yn llaw Duw. Tybed a oedd Pedr yn sylweddoli mai bwriad Herod oedd ei ddienyddio drannoeth? Tybed a wyddai fod yr eglwys yn gweddïo'n ddyfal ar ei ran? Deffrowyd ef gan angel a'i gorchmynnodd i godi. Syrthiodd y cadwynau oddi ar ei ddwylo; ymwregysodd, gwisgodd ei sandalau a rhoddodd ei fantell amdano. Yna dilynodd yr angel a chychwyn allan o'r carchar. Aeth heibio i'r wyliadwriaeth gyntaf o filwyr a'r ail yn ddidramgwydd. Mae'n bosibl fod y milwyr yn tybio mai gwas oedd ar ei ffordd o amgylch y carchar. Gwahanol iawn oedd hi pan ddeuai at y porth mawr haearn a arweiniai i'r ffordd fawr ac i ryddid. Ond yn rhyfedd iawn, fe agorodd y porth ohono'i hun, ac aeth Pedr a'r angel ymlaen ar hyd y ffordd. 'Yna'n ebrwydd ymadawodd yr angel ag ef' (12:10). Y foment honno, daeth Pedr ato'i hun – a'r cyfuniad o'r awyr iach a'r ffordd agored o'i flaen a'r sylweddoliad ei fod yn rhydd yn ei ddeffro. Ai breuddwyd oedd y cyfan wedi'r cyfan? Meddai Luc, 'Ni wyddai fod yr hyn oedd yn cael ei gyflawni drwy'r angel yn digwydd mewn gwirionedd, ond yr oedd yn tybio mai gweld gweledigaeth yr oedd' (12:9).

Mae manylder y stori a'i ffurf gyffrous yn awgrymu ei bod yn seiliedig ar dystiolaeth llygad-dyst, a rhesymol yw tybio mai o enau Pedr ei hun y daeth yr hanes. Er gwaetha'r awgrym ei fod yn hanner effro a hanner cysgu, roedd manylion y digwyddiad yn glir yn ei feddwl. 'Wedi i Pedr ddod ato'i hun, fe ddywedodd, "Yn awr mi wn yn wir i'r Arglwydd anfon ei angel a'm gwared i o law Herod a rhag popeth yr oedd yr Iddewon yn ei ddisgwyl' (12:11). Mae'r Roeg gwreiddiol yn defnyddio'r gair *alêthôs*, sy'n golygu 'gyda sicrwydd': 'Yn awr mi wn *yn wir* [gyda sicrwydd] i'r Arglwydd anfon ei angel a'm gwared' (12:11). Defnyddir yr un gair deirgwaith yn Efengyl Luc (Lc. 9:27; 12:44; 21:3) i danlinellu pwysigrwydd datganiadau a wnaed gan Iesu. Amcan Luc wrth ddefnyddio'r gair yn y cyswllt hwn yw dangos yn eglur fod elfen oruwchnaturiol i'r digwyddiad.

Eglurhad posibl arall yw bod aelod o'r gwarchodlu'n Gristion cudd, ac mai ef a gynlluniodd waredigaeth Pedr, a bod y digwyddiad o'r herwydd yn *inside job!* Cofiwn i rywbeth tebyg ddigwydd pan garcharwyd Pedr ac Ioan gan yr awdurdodau Iddewig (Ac. 5:17–26). Wedi iddi ddyddio, roedd cynnwrf ymhlith y milwyr: 'Beth allai fod wedi digwydd i Pedr?' (12:18). Wedi iddo glywed fod Pedr wedi dianc, chwiliodd Herod yn aflwyddiannus amdano. Cymerodd yn gwbl ganiataol mai ar y gwylwyr yr oedd y bai, a gorchmynnodd eu dienyddio yn y fan a'r lle. Os llwyddai troseddwr i ddianc roedd y gyfraith yn glir y dylai ei wylwyr ddioddef yr un gosb, sef cael eu dienyddio. Buasai'r waredigaeth yr un mor wyrthiol os mai cyd-gristion oedd yr 'angel' yn yr hanes. Ond pa eglurhad bynnag a gynigir, yr oedd gras achubol Duw'n amlwg yn y weithred. I'r apostol, ac i Luc sy'n adrodd yr hanes, Duw a ryddhaodd Pedr. Dyna hefyd farn yr eglwys. Ai dyn ynteu angel a'i gwaredodd, Duw oedd yn gweithio mewn ateb i weddi daer yr eglwys.

Mae arwyddocâd arbennig i'r geiriau 'Yna'n ebrwydd ymadawodd yr angel ag ef' (12:10). Daeth yr angel at Pedr yn gwbl annisgwyl, a diflannodd yr un modd. Mae ei ddyfodiad a'i ddiflaniad yn dangos dull Duw o weithredu. Dylem fod yn agored i ddyfodiad angylion, ac yn barod hefyd i'w hymadawiad. O bryd i'w gilydd mae Duw'n rhoi inni arweiniad a nerth i ddelio â phroblemau ac argyfyngau bywyd, ac yna'n tynnu'n ôl er mwyn i ni ddysgu sefyll ar ein traed ein hunain. Pan yw'r angel yn diflannu, mae ambell un yn colli'i ffordd yn llwyr; mae eraill yn ymwroli ac yn dal ati. Daliodd Pedr yn ei flaen ac anelu am dŷ Mair, mam Ioan Marc. Daeth yr angel fel pelydryn o oleuni yn y tywyllwch. Wedi iddo arwain Pedr drwy'r pyrth i ryddid, diflannodd. O hynny ymlaen yr oedd rhaid i Pedr ganfod ei ffordd ei hun.

Yr eglwys yn nhŷ Mair

Pan sylweddolodd Pedr iddo gael ei ryddhau, y cwestiwn a ofynnodd iddo'i hun oedd, 'I ble'r af i?' Penderfynodd anelu at dŷ Mair, mam Ioan Marc. Roedd aelodau eglwys Jerwsalem yn dod ynghyd mewn o leiaf ddau le sef, cartref Mair, mam Iesu ac Ioan yr apostol, a chartref Mair, mam Ioan Marc. Gellir bod yn weddol sicr mai'r un Marc oedd hwn â Marc yr efengyl. Roedd yn gefnder i Barnabas ac felly'n hanu o Gyprus, o deulu ariannog. Aeth gyda Paul a Barnabas ar eu taith genhadol gyntaf, ond trodd yn ôl am ryw reswm, a bu hynny'n achos rhwyg rhwng Paul a Barnabas a barodd i'r naill a'r llall fynd ei ffordd ei hun (15:36–41). Ond ymhen amser cafwyd cymod rhwng Paul a Marc, a gwelir Paul yn cyfeirio'n gynnes ato wrth iddo ysgrifennu at Timotheus: 'Galw am Marc, a thyrd ag ef gyda thi, gan ei fod o gymorth mawr i mi yn fy ngweinidogaeth' (2 Tim. 4:11). Ceir cyfeiriad tebyg yn Colosiaid 4:10; ac yn Philemon 24, enwir Marc gydag Aristarchus, Demas a Luc. Diddorol ac arwyddocaol yw'r ffaith fod Luc yn cael ei enwi gyda Marc yn y tri chyfeiriad uchod, sy'n awgrymu bod y ddau'n adnabod ei gilydd yn dda a'u bod yng nghwmni ei gilydd yn aml. Rhesymol yw tybio felly mai oddi wrth Marc ei hun y cafodd Luc hanes Pedr yn cyrraedd tŷ ei fam liw nos. Ceir traddodiad i Marc fynd ymlaen i'r Aifft a sefydlu eglwys yn Alecsandria. Dywedir hefyd iddo fod yn Rhufain gyda Phedr ac iddo, maes o law, ysgrifennu'r efengyl sy'n dwyn ei enw.

Mae'n bosibl mai yn nhŷ Mair, mam Ioan Marc, yr oedd yr oruwch ystafell ble y bwytawyd y Swper Olaf ac y cyfarfu'r disgyblion ar ddydd y Pentecost. Ni ellir bod yn sicr o hynny, ond mae'n ddamcaniaeth ddiddorol. Mae'n rhaid ei fod yn dŷ eang; roedd iddo borth yr oedd morwyn o'r enw Rhoda yn gofalu amdano. Ystyr yr enw oedd *Rhosyn*. Ceir disgrifiad naturiol iawn o Pedr yn curo'r drws, a'r ferch Rhoda yn adnabod ei lais. Yn ei syndod a'i llawenydd, methodd ag agor y drws iddo a rhedodd i mewn i ddweud wrth y lleill fod Pedr yn sefyll wrth ddrws y cyntedd. Bu'n rhaid iddo barhau i guro tra oedd y cwmni oddi mewn yn dadlau ymysg ei gilydd ac yn gwrthod derbyn mai ef oedd yno. 'Meddent hwythau, "Ei angel ydyw"' (Ac. 12:15).

Credai'r Iddewon fod gan bob person da a duwiol angel gwarchodol. Ceir y syniad yn yr Hen Destament a'r Newydd. Dywed Joseff am 'yr angel a'm gwaredodd rhag pob drwg' (Gen. 48:16). Mae Iesu'n sôn am y 'rhai bychain hyn' sydd â'u 'hangylion hwy yn y nefoedd bob amser yn edrych ar wyneb fy Nhad sydd yn y nefoedd' (Mth. 18:10). Mae'r cyfeiriad at 'angel' Pedr yn golygu bod rhaid gwahaniaethu rhwng 'angel yr Arglwydd' (Ac. 12:7) sy'n rhyddhau'r apostol o'r carchar a'i angel gwarchodol personol sy'n gyfystyr â'i ysbryd, neu ei gydymaith ysbrydol.

Cyn i Pedr gael ei ryddhau, edrychai'n dywyll iawn arno yn y carchar, ond bu'r eglwys yn gweddïo'n daer drosto. A phan ddaeth yn rhydd a mynd i dŷ Mair, cafodd fod 'cryn nifer wedi ymgasglu ac yn gweddïo' (12:12). O safbwynt y byd edrychai'n anobeithiol arno, ond o safbwynt y nefoedd roedd pethau mawr ar fin digwydd. Mae'n bosibl fod llawer o Gristnogion trwy'r ddinas yn ymuno mewn gweddi dros Pedr. Ond yn rhyfedd iawn, er iddynt weddïo'n daer nid oeddent yn disgwyl ateb, oherwydd pan ddaeth Pedr at y drws fe'u synnwyd. Gweddi yw prif weithgaredd Eglwys Iesu Grist, ond rhaid i'w gweddi fod yn daer ac yn ddisgwylgar. Meddai Iago yn ei epistol, 'Peth grymus iawn ac effeithiol yw gweddi y cyfiawn' (Iag. 5:16).

Syfrdanwyd pawb pan welsant mai Pedr ei hun, nid ei ysbryd, oedd yn sefyll yn eu plith, a bu'n rhaid iddo 'amneidio â'i law' am ddistawrwydd oherwydd cymaint eu llawenydd o'i gael yn ôl yn ddiogel. Mae ôl llygad-dyst yn amlwg yma, ac awgryma rhai esbonwyr mai Marc oedd hwnnw a'i fod yn bresennol ar yr achlysur ac wedi adrodd y stori wedyn wrth Luc. Gwrandawodd yr eglwys ar stori Pedr ac eglurodd yntau fel yr oedd Duw wedi ei ryddhau o'r carchar. Yna, rhoddodd orchymyn iddynt: 'Mynegwch hyn i Iago a'r brodyr' (Ac. 12:17). Mae gorchymyn Pedr yn ein hatgoffa o orchymyn y 'dyn ifanc' i'r gwragedd ar fore'r Pasg: 'Ewch, dywedwch wrth ei ddisgyblion ac wrth Pedr' (Mc. 16:7).

Neges i Iago

Mae'n amlwg nad oedd Iago na'r apostolion eraill yn bresennol pan ymddangosodd Pedr gan mai dienyddio'r apostolion oedd bwriad Herod. Mae'n bosibl fod Pedr, wedi iddo gael ei ddal, yn tybio na fyddai'n dod o'r carchar yn fyw, a'i fod wedi enwi Iago fel yr un i'w ddilyn fel arweinydd eglwys Jerwsalem. Roedd Iago'n dechrau cymryd lle Pedr fel arweinydd yr eglwys. Mae'n bosibl fod Pedr yn ildio'i le i Iago am ei fod yn bwriadu gadael Jerwsalem er mwyn ymroi yn llwyr i waith cenhadol ymhlith Iddewon a chenedl-ddynion.

Iago, brawd yr Arglwydd Iesu, oedd hwn. Ceir y cyfeiriad cyntaf ato yn Marc 6:3: 'Onid hwn yw'r saer, mab Mair a brawd Iago a Joses a Jwdas a Simon?' Ceir yr argraff nad oedd Iago a'i frodyr yn derbyn honiadau Iesu ar y cychwyn. 'Nid oedd hyd yn oed ei frodyr yn credu ynddo' (In. 7:5). Yn ôl un traddodiad, hanner brawd i Iesu oedd Iago gan ei fod ef a'i frodyr a'i chwiorydd yn blant i Joseff o briodas arall. Ond y tebyg yw bod y traddodiad hwn yn deillio o ymgais ddiweddarach i ddiogelu purdeb Mair y Forwyn. Nid oes unrhyw sail ysgrythurol i'r honiad. Nid oedd Iago'n bresennol wrth y groes, gan fod Iesu wedi dweud wrth y 'disgybl yr oedd yn ei garu' i ofalu am ei fam (In. 19:26–27). Ond yn fuan wedi'r esgyniad yr oedd 'Mair, mam Iesu a'i frodyr yn yr oruwch ystafell yn gweddïo' (Ac. 1:14). Wrth drafod pwysigrwydd yr atgyfodiad, mae Paul yn datgan i'r Iesu atgyfodedig ymddangos i Iago ymhlith eraill (1 Cor. 15:7). Efallai mai'r profiad hwn a fu'n foddion ei dröedigaeth. Nid dysgeidiaeth Iesu, na'i wyrthiau, nac ychwaith ei farwolaeth ar y groes a enillodd Iago i'r gwirionedd, ond yr atgyfodiad – gweld ei frawd Iesu wedi atgyfodi o afael angau a'r bedd. Fel brawd i'r Arglwydd Iesu, ac fel tyst i'r atgyfodiad, enillodd Iago barch yr eglwys yn Jerwsalem a daeth yn flaenllaw fel arweinydd.

Ffactor arall a'i cymeradwyodd i aelodau eglwys Jerwsalem oedd ei deyrngarwch i Iddewiaeth a'i ufudd-dod i'r Gyfraith. Golygai hyn ei fod yn dderbyniol gan garfan geidwadol yr eglwys. Pan gynhaliwyd Cyngor Jerwsalem (Actau 15), ef oedd 'llywydd' y Cyngor, a phan ymwelodd Paul â Jerwsalem yn dilyn ei ail daith genhadol, cafwyd fod awdurdod arbennig gan Iago yn yr eglwys yno (Ac. 21:17–26). Ar wahân i Iesu ei hun, Iago yw'r unig arweinydd Cristnogol a gaiff ei enwi gan yr hanesydd Iddewig Joseffus. Mae Eusebius yn ei 'Hanes yr Eglwys' yn cynnwys disgrifiad diddorol ohono: 'Gelwir ef yn gyfiawn ... am ei fod yn sanctaidd o groth ei fam. Nid yfodd win na diod gadarn ac ni fwytaodd gig ... arferai fynd i'r deml ar ei ben ei hun i ymgrymu a gweddïo am faddeuant i'w bobl.' Ond er ei holl deyrngarwch i Iddewiaeth, llabyddiwyd Iago gan yr Iddewon yn y flwyddyn O.C. 62, ac fe'i claddwyd gerllaw'r deml.

Wedi i Pedr sicrhau fod Iago'n deall iddo gael ei ryddhau o'r carchar a'i fod yn disgwyl i Iago gymryd ei le fel prif arweinydd yr eglwys yn Jerwsalem, 'ymadawodd ac aeth ymaith i le arall' (12:17). Roedd gwaith Pedr yn Jerwsalem ar ben, ac yr oedd yn bryd iddo symud ymlaen. Ni allwn ddweud ble'r aeth, er y carem wybod. Ai i Gesarea, ynteu i Antiochia, ynteu i Rufain? Er bod haneswyr Catholig wedi awgrymu mai i Rufain yr aeth, mae'n fwy tebygol mai Antiochia oedd 'y lle arall' hwn. I ble bynnag yr aeth, un amcan oedd ganddo, sef lledaenu'r newyddion da am Iesu Grist i Iddewon a Groegiaid fel ei gilydd.

Cwestiynau i'w trafod:

1. Beth, yn eich barn chi, ddigwyddodd y noson honno yn y carchar?

2. A ydych yn cytuno mai gweddi yw prif weithgaredd Eglwys yr Arglwydd Iesu? Ym mha ffordd y dylem ni adfer gweddi ym mywyd yr Eglwys ac yn ein bywydau personol?

3. Pam, dybiwch chi, y penderfynodd Pedr roi'r gorau i arweinyddiaeth eglwys Jerwsalem?

YNG NGHYNGOR JERWSALEM

Actau 15:1–35

Ar rai adegau, mae llwyddiant yn gallu achosi mwy o broblemau nag aflwyddiant. Pe byddai llif o bobl o genedl arall yn dod i mewn i'n heglwysi heddiw, byddai llawer o gwestiynau'n codi ynglŷn ag arferion, iaith, adeiladau a rheolau. Cododd problemau i'r Eglwys Fore wrth i ddylifiad o gredinwyr newydd, nad oedd ganddynt unrhyw wybodaeth am ddeddfau ac arferion Iddewiaeth, ymuno â'r gymuned Gristnogol.

O Iddewiaeth y tarddodd Cristnogaeth, ac roedd i Iddewiaeth ei deddfau a'i harferion cenedlaethol a chrefyddol ei hun. Credai'r Iddew'n gadarn ei fod yn perthyn i genedl etholedig a oedd mewn perthynas unigryw â Duw, a bod amodau a deddfau y dylid glynu wrthynt rhag halogi bywyd ac etifeddiaeth y genedl honno. Ond roedd nifer o genedl-ddynion eisoes wedi eu derbyn a'u bedyddio, heb iddynt yn gyntaf gael eu henwaedu, a heb iddynt gadw gorchmynion Cyfraith sanctaidd Duw. Cododd y broblem gyntaf pan dderbyniodd Pedr y canwriad Cornelius a'i deulu i'r Eglwys trwy fedydd yn hytrach na thrwy enwaedu. Yn y cyfamser, bu'r ddau genhadwr – Paul a Barnabas – yn pregethu ymysg cenedl-ddynion, ac er mawr syndod i lawer o Gristnogion Iddewig cawsant lwyddiant mawr. Llifodd cenedl-ddynion i mewn i'r Eglwys, ac o ganlyniad roedd Iddewon a chenedl-ddynion yn cymysgu â'i gilydd, yn cyd-addoli, yn cyd-fwyta ac yn hawlio eu bod yn aelodau o Israel newydd, yr Eglwys.

Roedd dau gwestiwn tyngedfennol bwysig yr oedd rhaid eu datrys. Yn gyntaf, a fedrai cenedl-ddyn ddod i mewn i'r Eglwys heb yn gyntaf gael ei enwaedu? Yn ail, a fedrai Iddew o Gristion gyd-fwyta a chymdeithasu â chenedl-ddyn heb gael ei halogi? Codwyd y cwestiynau hyn o'r blaen, yn dilyn cenhadaeth Pedr yng Nghesarea, ond gan mai un teulu yn unig o genedl-ddynion a oedd wedi ei dderbyn ar y pryd nid ystyriwyd hynny'n fater difrifol. Bellach, roedd cenedl-ddynion yn dylifo i mewn, yn enwedig i eglwys Antiochia, ac o ganlyniad cafwyd dadl ffyrnig.

Trefnwyd fod dirprwyaeth o eglwys Jerwsalem yn ymweld ag eglwys Antiochia i weld beth oedd y sefyllfa. Roedd eglwys Jerwsalem yn ystyried fod ganddi hi'r fam eglwys awdurdod dros eglwys Antiochia a'r eglwysi eraill ym Mhalestina a Samaria. Roedd yn amlwg fod Cristnogion Iddewig ceidwadol Jerwsalem yn bryderus ynghylch effeithiau gwaith cenhadol Paul a Barnabas. O ganlyniad i'w pregethu hwy, roedd o leiaf cymaint o genedl-ddynion ag o Iddewon yn perthyn i'r Eglwys. Roedd yr aelodaeth yn cynnwys ar y naill law Iddewon a oedd yn mynnu y dylid parchu deddfau ac arferion y deml a'r Gyfraith, ac ar y llaw arall nifer helaeth o genedl-ddynion a ddaethai'n aelodau llawn o'r Eglwys ar sail eu ffydd yn Iesu yn unig, heb iddynt gael eu henwaedu. Cefndir hollol baganaidd oedd gan lawer o'r rhain, heb unrhyw gydymdeimlad â gofynion seremonïol y Gyfraith Iddewig.

Anfon dirprwyaeth i Jerwsalem

Mae'n debyg fod y ddirprwyaeth o Jerwsalem yn Iddewon ceidwadol, a rhai ohonynt yn perthyn i sect y Phariseaid. Cyfeirir atynt fel 'credinwyr oedd o sect y Phariseaid' (Ac. 15:5). Gellir deall fod cenadwri'r apostolion am ddyfodiad y Meseia, a'u cred yn yr atgyfodiad, yn atyniadol i rai Phariseaid. Roedd yn bosibl iddynt hwy dderbyn mai Iesu o Nasareth oedd y Meseia, ac felly gael mynediad i'r Eglwys. Ond nid oeddent yn barod i ollwng gafael ar ddefodau a deddfau eu Hiddewiaeth, ac nid oeddent chwaith yn fodlon i genedl-ddynion gael derbyniad diamod i mewn i eglwys Antiochia. Gellir eu dychmygu'n cyrraedd Antiochia yn hynod o bwysig, yn gwgu ar y credinwyr cenhedlig a'r credinwyr Iddewig a oedd yn ymwneud â hwy. Buan yr achosodd eu hagwedd drahaus gynnwrf a diflastod. 'A chododd ymryson ac ymddadlau nid bychan rhyngddynt a Paul a Barnabas' (15:2).

Gwelodd Paul a Barnabas y byddai safbwynt ceidwadol y ddirprwyaeth o Jerwsalem yn creu dryswch mawr. Byddai'r drws yn cael ei gau'n glep yn wyneb y cenhedloedd. Gwaeth na hynny, byddai'n rhaid diarddel o'r Eglwys y credinwyr newydd o blith y cenhedloedd. Ac o ganlyniad byddai Cristnogaeth yn cilio'n ôl i Iddewiaeth. Dirywiad a diflastod fyddai'n dilyn, a hynny'n treiddio o eglwys i eglwys, a byddai'r gwaith a wnaed ymhlith cenedl-ddynion yn Galatia a mannau eraill yn dadfeilio. Ni allai'r ddau genhadwr, na'r eglwys a'u hanfonodd allan, fodloni ar hynny. Doedd dim amdani ond mynd i Jerwsalem i ddadlau'r achos o flaen yr eglwys gyfan.

Dewiswyd Paul a Barnabas 'a rhai eraill o'u plith' (15:2). Pwy oedd y rhain? Mae Paul yn enwi Titus yn un ohonynt (Gal. 2:1). Ar eu taith aethant drwy Phoenicia a Samaria, ac wrth fynd buont yn adrodd yr hanes am yr holl genedl-ddynion a oedd wedi ymateb ac ymuno â'r Eglwys. Gwyddom i Philip genhadu yn Samaria. Wyddom ni ddim pwy fu'n gweithio yn Tyrus a Sidon, ond roedd yn amlwg fod eglwysi wedi eu sefydlu yn yr ardaloedd hynny. Roedd fel gorymdaith fuddugoliaethus wrth iddynt adrodd wrth y Cristnogion a welent ar y ffordd am lwyddiant eu cenhadaeth, 'a pharasant lawenydd mawr i'r holl gredinwyr' (Ac. 15:3).

Mor wahanol yr ymateb yn y pencadlys yn Jerwsalem! Adroddodd Paul a Barnabas wrth swyddogion yr eglwys yno'r un hanesion am lwyddiant y gwaith ymhlith y cenhedloedd. Gellir eu dychmygu'n cael hwyl wrth wneud hynny: 'Wedi iddynt gyrraedd Jerwsalem, fe'u derbyniwyd gan yr eglwys a'r apostolion a'r henuriaid, a mynegasant gymaint yr oedd Duw wedi ei wneud trwyddynt hwy' (15:4). Ond taflwyd dŵr oer ar unwaith ar eu hadroddiad. O blith y rhai oedd yn perthyn i'r Phariseaid, clywyd yr un hen gân: 'Y mae'n rhaid enwaedu arnynt, a gorchymyn iddynt gadw Cyfraith Moses' (15:5). Awgryma'r adroddiad fod y Phariseaid Cristnogol hyn yn ddylanwadol iawn ym mywyd eglwys Jerwsalem.

Doedd dim amdani ond cynnull yr eglwys gyfan ynghyd, yn apostolion, henuriaid ac aelodau. Gwelwn felly mai cyfarfod cyhoeddus o'r holl eglwys oedd Cyngor Jerwsalem. Cyfeirir yn adnod 12 at 'yr holl gynulliad' ac yn adnod 22 at benderfyniad a wnaed gan 'yr apostolion a'r henuriaid, ynghyd â'r holl eglwys'. Dywed Luc wrthym i'r cyfarfod fod yn stormus a bod 'llawer o ddadlau' (15:7) wrth ystyried y mater.

Pedr yn rhoi ei farn
Wedi i'r lleill ddatgan eu barn ac i bawb gael cyfle i ddweud eu dweud,

yr oeddynt yn barotach i wrando ar eraill ac i ystyried cyfaddawd. Ar ôl y frwydr agoriadol, cododd Pedr yn rhinwedd ei safle fel llefarydd dros y Deuddeg, a mynegodd yn eglur a diamwys ei fod ef o blaid derbyn y cenedl-ddynion i'r Eglwys. Y tro diwethaf i ni ddarllen amdano oedd yr hanes amdano'n cael ei ryddhau o garchar ac yn cael lloches yn nhŷ Mair mam Ioan Marc. Wyddom ni ddim i ble'r aeth wedi hynny. Yr unig beth a ddywed Luc yw, 'Yna ymadawodd, ac aeth ymaith i le arall' (Ac. 12:17). Gallwn fod yn sicr iddo fod yn brysur yn cenhadu ac yn rhannu'r newyddion da am Iesu Grist, o bosibl ymhlith Iddewon a chenedl-ddynion.

Yn awr, safodd Pedr gerbron y Cyngor fel cenhadwr a fu allan yn gweithio dan nawdd eglwys Jerwsalem. Yn y gorffennol, roedd wedi bod yn euog fwy nag unwaith o weithredu'n fyrbwyll ac anwadal. Ond erbyn hyn, roedd yn barod i sefyll yn gadarn dros ei argyhoeddiadau ac i gyhoeddi ei safbwynt yn glir. Gwnaeth sawl pwynt o bwys yn ei anerchiad.

Yn gyntaf, atgoffodd ei wrandawyr mai ef a fu'n gyfrifol am dderbyn cenedl-ddynion i'r Eglwys gyntaf, a hynny am iddo gael ei ddewis gan Dduw ei hun i fod yn enau i air yr Efengyl i'r cenhedloedd. Cyfeiriad oedd hynny'n ddiamau at dröedigaeth Cornelius a'i deulu. Yn ail, dywed fod Duw yn ei ras wedi rhoi'r Ysbryd Glân i'r cenhedloedd fel y bu iddo ei roi iddynt hwy'r Iddewon Cristnogol. 'Ni wnaeth ddim gwahaniaeth rhyngom ni a hwythau, gan iddo lanhau eu calonnau hwy drwy ffydd' (15:9). Yn drydydd, pa hawl oedd ganddynt fel Iddewon Cristnogol i osod ar ysgwyddau'r Cristion cenhedlig iau'r Gyfraith a'r defodau Iddewig, yn enwedig a hwythau eu hunain fel Iddewon wedi methu dwyn yr iau honno? Roeddent mewn perygl o droi'r hyn a ddylai fod yn rhyddid oddi wrth orthrwm deddfau a defodau a rheolau'n gaethiwed newydd. Y gwir plaen oedd bod hyd yn oed Iddewon ffyddlon yn methu â'u cadw. Meddai Pedr, 'Yn awr, ynteu, pam yr ydych yn rhoi prawf ar Dduw trwy osod iau ar war y disgyblion, na allodd ein hynafiaid na ninnau mo'i dwyn?' (15:10). Ac yn bedwerydd, yr un gras oedd yn cadw'r Cristnogion cenhedlig â'r Cristnogion Iddewig, sef gras ein Harglwydd Iesu Grist.

Mae'n rhaid bod Pedr wedi siarad gydag arddeliad gan fod 'yr holl gynulliad' wedi ei ddistewi (15:12). Wedi i Pedr dewi, cafodd Paul a Barnabas gyfle i ddweud am yr holl arwyddion a rhyfeddodau yr oedd Duw wedi eu cyflawni drwyddynt hwy ymhlith y cenhedloedd. Pwysleisiwyd eto, fel a wnaed yn Actau 14:27 a 15:4, mai Duw oedd ar waith trwyddynt hwy fel cenhadon.

Crynodeb Iago

Llywydd y cyfarfod oedd Iago, brawd yr Arglwydd Iesu; a chanddo ef y cafwyd crynodeb o benderfyniadau'r Cyngor. Arwydd o'r parch a hawliai Iago o fewn eglwys Jerwsalem, a mesur o'r dylanwad a oedd ganddo erbyn hynny, oedd iddo gael ei ystyried fel prif arweinydd yr eglwys. Tra oedd Pedr ac eraill o'r apostolion yn cenhadu yn Samaria a mannau eraill y tu hwnt i Balestina, enillodd Iago edmygedd am ei arweiniad cadarn. Ac yntau'n cael ei alw'n Iago'r Cyfiawn, roedd yn arbennig o dderbyniol gan y garfan Iddewig o fewn yr Eglwys oherwydd ei dduwioldeb a'i ffyddlondeb i'r Gyfraith ac i ddefodau Iddewiaeth.

Gosodir pwys ar ei Iddewiaeth wrth iddo ddefnyddio'r ffurf Hebraeg ar enw Pedr, sef Simeon (15:14). Dywed Iago ei fod yn cytuno â Pedr am ddau reswm. Yn gyntaf, cafodd ei argyhoeddi gan adroddiad Pedr am y modd yr oedd cymaint o'r cenedl-ddynion wedi ymateb i'r Efengyl trwy bregethu'r apostolion. Yn ail, roedd geiriau'r proffwydi yn cadarnhau hynny iddo. O fewn y traddodiad Iddewig, roedd y dyfyniad o'r Ysgrythur, o broffwydoliaeth Amos, yn profi fod pobl Dduw i gynnwys cenedl-ddynion yn ogystal ag Iddewon. Credai Amos y byddai Duw yn ailadeiladu'r genedl yn fuan, 'fel y ceisir yr Arglwydd gan y bobl sy'n weddill, a chan yr holl Genhedloedd y galwyd fy enw arnynt' (Ac. 15:17; Am. 9:11-12). Mae Luc yn dyfynnu o'r cyfieithiad Groeg o'r Ysgrythur am ei fod, mae'n debyg, yn fwy cyfarwydd â'r fersiwn honno. Yng ngoleuni tystiolaeth yr apostolion a phroffwydoliaeth Amos, cyhoeddodd Iago ei farn, sef 'na ddylem boeni'r rhai o blith y Cenhedloedd sy'n troi at Dduw' (Ac. 15:19). Roeddynt wedi achosi poen i'r cenhedloedd trwy fynnu bod rhaid iddynt gael eu henwaedu cyn cael eu derbyn i'r Eglwys. Yn awr, cyhoeddodd Iago fod rhaid derbyn fod ffordd iachawdwriaeth, ac felly aelodaeth o'r Eglwys, yn agored i Iddew a chenedl-ddyn ar yr un amod, sef derbyn ffydd a gras Duw yng Nghrist. Trwy ddweud hynny, symudwyd baich oddi ar ysgwyddau'r Cristnogion cenhedlig, ond yn fwy na hynny yr oedd hanfod yr Efengyl wedi'i diogelu.

Rhyddid ac amodau

Roedd un cwestiwn ymarferol yn aros. Ar ba amodau yr oedd Iddewon a chenedl-ddynion i gyfathrebu â'i gilydd? Roedd rhaid cydnabod bod derbyn penderfyniad y Cyngor i ganiatáu derbyn cenedl-ddynion yn golygu cryn gyfaddawd ar ran y Cristnogion Iddewig. Roedd ond yn rhesymol a theg gofyn am gyfaddawd hefyd o gyfeiriad y cenedl-ddynion. Gofynnwyd iddynt hwy dderbyn pedwar amod.

Yn gyntaf, *addo ymatal rhag bwydydd wedi eu halogi gan eilunod.* Roedd dau beth ynghlwm wrth y gwaharddiad hwn, sef osgoi bwydydd a oedd ar werth yn y farchnad ar ôl cael eu haberthu mewn temlau paganaidd, a mynychu gwleddoedd cyhoeddus mewn temlau paganaidd. Gofynnwyd i'r dychweledigion o blith y cenedl-ddynion, er mwyn eu brodyr Iddewig, beidio â bwyta cig onid oedd yn lân yn ôl syniad ac arferiad yr Iddewon.

Yn ail, *addo ymgadw oddi wrth anlladrwydd:* 'rhag anfoesoldeb rhywiol' (15:20). Er bod amrywiaeth barn ymhlith esbonwyr ynglŷn ag ystyr hyn, mae'n bur debyg mai arferion rhywiol y temlau paganaidd oedd gan Iago mewn golwg. Ar yr un pryd, roedd y bywyd Cristnogol yn golygu ymwrthod â phob math o odineb ac anniweirdeb. Roedd y Cyngor yn ofni y byddai ethos paganaidd y gymdeithas oddi allan yn difwyno glendid y gymdeithas Gristnogol.

Yn drydydd, *addo ymgadw rhag unrhyw beth wedi ei dagu a rhag gwaed.* Ni allai'r Iddew fwyta cig anifail a dagwyd, oherwydd yr oedd y gwaed o hyd yn y cnawd. Edrychid ar waed fel bywyd yr anifail. 'Oherwydd y mae bywyd y corff yn y gwaed' (Lef. 17:11). Mae 'peth wedi ei dagu' a 'gwaed' yn golygu'n union yr un peth. Hyd heddiw, nid yw Iddewon yn barod i fwyta dim ond cig *kosher*, sef cig anifail a laddwyd yn ôl defodau arbennig yr Iddewon.

183

I grynhoi penderfyniadau'r Cyngor: roedd y ffordd yn rhydd bellach i genedl-ddynion ddod yn Gristnogion heb eu henwaedu. Nid enwaediad oedd y drws i mewn i'r Eglwys, ond gras a ffydd; roedd disgwyl i bawb a ddeuai'n aelodau ymgadw rhag arferion aflan ac anfoesol y byd cenhedlig; roedd rhaid i'r credinwyr newydd barchu safonau ac arferion eu brodyr Iddewig wrth gymysgu â hwy; ac roedd rhaid i'r Iddewon hefyd beidio â cheisio gorfodi defodau a gorchmynion y Gyfraith Iddewig ar eu brodyr o blith y cenhedloedd.

Y cam nesaf oedd gadael i'r eglwysi, yn enwedig eglwys Antiochia, wybod am farn y Cyngor yn Jerwsalem. Gellid fod wedi ymddiried i Barnabas a Paul gyfleu'r neges. Roedd y ddau'n wŷr da ac yn uchel eu parch yn yr Eglwys. Ond er mwyn cyfleu penderfyniad y Cyngor yn swyddogol, dewiswyd dau arall i fynd gyda hwy, sef Jwdas, a elwid Barsabas, a Silas – dau aelod blaenllaw a ddisgrifiwyd fel 'proffwydi' (Ac. 15:32). Mae Luc yn adrodd cynnwys y llythyr yn fanwl – cyfarchiad, cyflwyniad i'r ddau ymwelydd a'r rheswm dros eu hanfon gyda Paul a Barnabas, penderfyniad y Cyngor i beidio â gofyn i genedl-ddynion dderbyn enwaediad cyn eu derbyn i'r Eglwys, a'r amodau – eu bod yn ymgadw rhag bwyta dim a oedd wedi ei aberthu i eilunod, neu nad oedd wedi ei baratoi yn ôl cyfarwyddiadau'r ddeddf Iddewig, ac ymgadw hefyd rhag anfoesoldeb rhywiol.

Roedd cynnwys ac ysbryd y llythyr yn gynnes a chymodlon. Wedi ei ddarllen gerbron yr eglwys bu llawenydd mawr. Arhosodd Jwdas a Silas yn Antiochia am beth amser gan broffwydo a chalonogi'r credinwyr. Wedi i'w hamser ddod i ben, cawsant eu gollwng mewn tangnefedd gan aelodau'r eglwys cyn cychwyn yn ôl i Jerwsalem. Arhosodd Paul a Barnabas yn Antiochia yn dysgu a phregethu cyn iddynt benderfynu ymweld â'r eglwysi a sefydlwyd ganddynt yn ystod eu taith genhadol gyntaf.

Er i Pedr wneud cyfraniad pwysig i'r drafodaeth yng Nghyngor Jerwsalem a dylanwadu'n drwm ar y penderfyniad terfynol, wedi'r Cyngor mae'n diflannu oddi ar y llwyfan yn Llyfr yr Actau. Ond cyfeirir ato eto yn Llythyr Paul at y Galatiaid, lle ceir disgrifiad ychydig yn wahanol gan Paul o weithgareddau'r Cyngor.

Cwestiynau i'w trafod:

1. A yw arweiniad a phenderfyniadau cyngor, henaduriaeth, undeb neu gymanfa gyffredinol o wir werth i fywyd eglwys?

2. A ddylai Cristnogion heddiw ymgadw rhag rhai pethau? Pa bethau?

3. Beth a barodd i aelodau ceidwadol eglwys Jerwsalem ildio i bwysau Pedr, Paul a Barnabas, a chytuno i gyfaddawdu ar fater enwaedu?

PEDR A PAUL

Galatiaid 1:18 – 2:14

Un peth yw pasio penderfyniadau mewn pwyllgor neu gyngor neu lys, peth arall yw rhoi'r penderfyniadau hynny ar waith. Roedd Cyngor Jerwsalem wedi cytuno ar yr egwyddor o dderbyn cenedl-ddynion i'r Eglwys heb iddynt orfod cael eu henwaedu, ar yr amod eu bod hwythau'n parchu deddfau'r Iddewon ynglŷn â pharatoi bwydydd ac osgoi arferion anfoesol. Bwriad y penderfyniadau hyn oedd hybu undod yr Eglwys trwy sicrhau fod Iddewon a chenedl-ddynion yn cymdeithasu ac yn cyd-fwyta â'i gilydd. Fel y gellid disgwyl, roedd rhai Iddewon ceidwadol yn cael anhawster i gydymffurfio â'r cyfarwyddiadau newydd ac yn osgoi eistedd a bwyta gyda chenedl-ddynion.

Pan fyddai Pedr yn ymweld ag eglwys Antiochia byddai'n arferiad ganddo i gyd-fwyta gyda'r Cristnogion cenhedlig. Ond pan ddaeth dirprwyaeth o eglwys Jerwsalem i egluro penderfyniadau'r Cyngor i aelodau eglwys Antiochia, er mawr siom i Paul, dewisodd Pedr eistedd gyda'i gyd-Iddewon tra ymunodd Barnabas â Paul. Roedd Paul wedi ffromi cymaint nes iddo geryddu Pedr yng ngŵydd pawb, gan ei gyhuddo o orfodi cenedl-ddynion i ymddwyn fel Iddewon, a thrwy hynny danseilio penderfyniadau'r Cyngor yn Jerwsalem.

Mae'r digwyddiad hwn yn codi cwestiwn diddorol. Beth oedd natur y berthynas rhwng Pedr a Paul? A oedd y ddau'n gyfeillion? A oedd rhywfaint o genfigen, neu o gystadleuaeth yn bodoli rhyngddynt? Er i Iago ddod i'r amlwg fel pennaeth y fam eglwys yn Jerwsalem, Pedr a Paul bellach oedd arweinwyr amlycaf yr Eglwys Fore. Ystyrid Pedr yn ben oherwydd ei fod ef, gyda Iago ac Ioan, ymhlith disgyblion agosaf yr Arglwydd Iesu, ac am fod Iesu wedi ei alw'n 'graig' y byddai'n adeiladu ei eglwys arni. Fel Iddew teyrngar, roedd wedi arwain y genhadaeth i'r Iddewon ers i'w brofiad o gyfarfod â Cornelius a'i deulu ei argyhoeddi fod Duw'n agor drws i'r cenhedloedd i mewn i'r Eglwys. O hynny ymlaen, roedd Pedr yn credu'n gryf fod yr Efengyl ar gyfer cenedl-ddynion yn ogystal ag Iddewon.

Er bod Paul yn iau ac yn is o ran safle na Pedr, yr oedd yn argyhoeddedig fod Duw wedi ei alw i fod yn apostol i'r cenhedloedd. Cafodd ei dderbyn gan arweinwyr eglwys Jerwsalem, a'i gydnabod fel apostol oherwydd iddo gyfarfod â'r Crist byw ar ffordd Damascus. Cyn cynnal Cyngor Jerwsalem, roedd Paul wedi bod yn cenhadu ymhlith cenedl-ddynion yn Tarsus, Damascus, Antiochia, Cyprys a Pamffilia, ac ar ei daith genhadol gyntaf yr oedd wedi sefydlu nifer o eglwysi newydd. Yn wir, ei waith ef a Barnabas yn derbyn cenedl-ddynion i'r eglwysi, heb eu henwaedu, oedd prif achos galw Cyngor Jerwsalem yn y lle cyntaf. Roedd Paul, felly, yn mynd yn fwyfwy pwysig ac yn cael ei ystyried yn gydradd â Pedr. Nid rhyfedd felly i fesur o gystadleuaeth suro rhywfaint ar eu perthynas. Er mwyn deall natur y berthynas honno, mae'n rhaid edrych ar Lythyr Paul at y Galatiaid. Yno cawn ddisgrifiad gan Paul ei hun o rai o'r camau yn natblygiad y berthynas honno.

Cyfarfod ac ymgydnabod â Pedr

Aeth tair blynedd heibio cyn i Paul ymweld am y tro cyntaf, wedi ei dröedigaeth, â Jerwsalem. Mae'n rhoi'r argraff na frysiodd i Jerwsalem i dderbyn sêl bendith yr apostolion cyn dechrau cenhadu am iddo eisoes ddechrau pregethu. Roedd yn ddigon sicr o'i alwad ac o'i awdurdod i bregethu a chenhadu, a rhoddodd hynny iddo ymdeimlad o annibyniaeth. Mae'n bur debyg fod yr ymweliad cyntaf hwn yn cyfateb i'r ymweliad a groniclir yn Actau 9:26–30, er y dywedir yno fod Barnabas wedi mynd gyda Paul i'w gefnogi. Pwrpas yr ymweliad, meddai Paul, oedd 'i ymgydnabyddu â Ceffas' (Gal. 1:18). Ystyr 'ymgydnabyddu' yn y cyswllt hwn yw 'ymweld er mwyn dod i adnabod rhywun'. Aeth yno, nid i dderbyn cymeradwyaeth nac awdurdod oddi wrth yr apostolion., ond yn unig i gyfarfod a dod i adnabod Pedr fel un o'r pwysicaf ymhlith y Deuddeg. Dywed iddo aros gydag ef am bythefnos.

Go brin iddo fod cyhyd â hynny yng nghwmni Pedr heb ei holi am ei atgofion am Iesu, a dal ar y cyfle i ddysgu mwy am ei fywyd a'i weinidogaeth. Fel yr awgrymodd mwy nag un esboniwr, nid siarad am y tywydd a wnaeth Paul a Pedr am y bythefnos y buont efo'i gilydd! Gellid dadlau fod 'ymgydnabod' yn golygu 'ymofyn' neu 'gyfweld â rhywun'. Gallai Pedr fod wedi cyflwyno llawer iawn o wybodaeth i Paul am Iesu a'i ddysgeidiaeth a'i wyrthiau, am y groes a'r atgyfodiad, ac am hanes cynnar cwmni'r credinwyr. Ond mae Paul yn prysuro i ychwanegu na welodd yr un arall o'r apostolion, 'ar wahân i Iago, brawd yr Arglwydd' (1:19).

Bu cryn ddyfalu pam yr oedd Paul yn mynnu na welodd neb ond Iago. Mae'n debyg ei fod am ddangos yn eglur mai'r unig berson arall o bwys a welodd, ar wahân i Pedr, oedd Iago, brawd yr Arglwydd Iesu. Wrth ateb cyhuddiadau Cristnogion Iddewig ei fod yn derbyn cenedl-ddynion i'r Eglwys, gallai hawlio ei fod yn Jerwsalem wedi ymuno â dau apostol Iddewig eu cefndir a'u pwyslais a chanddynt, fel yntau, brofiad o'r Crist atgyfodedig. Dichon fod hyn eto'n ffordd o ddangos fod ganddo awdurdod apostolaidd cyfwerth â dau o statws Pedr ac Iago.

Wrth ddarllen ei adroddiad, ceir yr argraff nad yw Paul yn teimlo'i fod ar dir sicr iawn wrth fynnu mai dau yn unig o'r apostolion a welodd yn Jerwsalem: 'Gerbron Duw, nid celwydd yr wyf yn ei ysgrifennu atoch' (1:20). Mae'n debyg ei fod yn cael anhawster i argyhoeddi'r Galatiaid na welodd fwy o arweinwyr yr eglwys yno na dod o dan eu dylanwad. Ar un olwg, gellid disgwyl y byddai arweinwyr yr eglwys yn Jerwsalem i gyd yn dod at ei gilydd i weld y rhyfeddod hwn o arch-erlidiwr a drodd yn gredadun. Roedd rhai yn Galatia yn awgrymu iddo fynd i Jerwsalem yn union ar ôl ei dröedigaeth a derbyn hyfforddiant yn yr Efengyl gan yr apostolion. Ond gwrthod y fath honiad a wna Paul, a mynnu ei fod wedi dirnad ystyr ac arwyddocâd yr Efengyl trwy ei brofiad ei hun o'r Crist atgyfodedig. Dyna pam na fu ar gyfyl Jerwsalem am dair blynedd ar ôl ei dröedigaeth. A phan aeth yno, am bythefnos yn unig yr arhosodd. Anhygoel neu beidio, meddai Paul, ar fy llw gerbron Duw nid wyf yn dweud celwydd.

Mae'n anodd deall pam y teimlodd Paul yr angen i selio hanes syml fel hwn â llw mor gryf oni bai fod rhai yn Galatia yn amau ei awdurdod fel apostol ac yn amau hefyd ei ddehongliad o'r Efengyl. Byddai hynny'n golygu ei fod yn gorfod amddiffyn ei weinidogaeth o'r dechrau. Ym mhennod 1 y llythyr hwn, mae'n hawlio iddo dderbyn yr Efengyl a bregethai, nid oddi wrth ddynion nac ychwaith trwy gael ei ddysgu, ond 'trwy ddatguddiad Iesu Grist' (1:12). Dywed hefyd fod Duw wedi ei neilltuo o groth ei fam, ac wedi datguddio ei Fab iddo, er mwyn iddo ef 'ei bregethu ymhlith y Cenhedloedd' (1:16). Mae'n amlwg felly fod rhai yn Galatia yn amau dilysrwydd ei awdurdod fel apostol, ac yn amau hefyd gynnwys ei bregethu, gan honni mai oddi wrth yr apostolion yn Jerwsalem y cafodd ei wybodaeth am Iesu ac am yr Efengyl. Yr ymosodiad hwn ar ei statws a'i genadwri a barodd iddo ddadlau mor gryf nad oedd wedi derbyn dim o'i genadwri oddi wrth Pedr nac Iago na'r un dyn arall.

Mewn cyferbyniad llwyr â chwynion ac ensyniadau'r Galatiaid, dywed Paul iddo fynd ymlaen o Jerwsalem i bregethu yn nhiriogaethau Syria a Cilicia. Er na wyddai cynulleidfaoedd y parthau hynny ddim amdano, ar wahân iddo fod ar un adeg yn erlidiwr ond ei fod yn awr 'yn pregethu'r ffydd' (1:23), cafodd dderbyniad gwresog ganddynt: 'Ac yr oeddent yn gogoneddu Duw o'm hachos i' (1:24). Ond beth sydd gan yr adran hon i'w ddweud wrthym am berthynas Pedr â Paul?

Gan mai prif amcan Paul yw ei amddiffyn ei hun a'i weinidogaeth rhag beirniadaeth y Galatiaid, nid yw'n dweud dim wrthym am ei berthynas â Pedr, ar wahân i grybwyll iddo aros gydag ef am bythefnos, sy'n awgrymu iddo gael gwahoddiad gan Pedr, ar achlysur blaenorol y buont yng nghwmni ei gilydd, i aros yn ei dŷ. Roedd yn gwbl naturiol i Paul fanteisio ar hynny, a chael cyfle i sgwrsio â gŵr a oedd wedi adnabod yr Arglwydd Iesu fel cyfaill ac a ystyrid yn brif arweinydd yr Eglwys ifanc. Er na chawsai Pedr, yn wahanol i Paul, fawr o addysg ffurfiol, yr oedd ganddo wybodaeth bersonol a phrofiad o fod yng nghwmni Iesu. Gellir ei ddychmygu ef a Paul yn crwydro dinas Jerwsalem, yn cyfnewid atgofion a phrofiadau, ac yn treulio pythefnos bythgofiadwy yng nghwmni ei gilydd. Ni allai Paul fod wedi treulio dwy wythnos yng nghwmni Pedr ar ei aelwyd heb iddynt ystyried ei gilydd yn gyfeillion.

Ail ymweliad Paul â Jerwsalem
Disgrifir yr ymweliad hwn yn Galatiaid 2:1–10. Aeth Paul i Jerwsalem gyda Barnabas a Titus, er mwyn ymgynghori â'r apostolion ac er mwyn cael eu barn am 'yr Efengyl yr wyf yn ei phregethu ymhlith y

cenhedloedd' (2:2). Mae hynny bron yn gyfaddefiad fod i'r apostolion awdurdod uwch nag oedd ganddo ef. Ond mae'n hawlio mai mewn ufudd-dod i ddatguddiad yr aeth i Jerwsalem; hynny yw, bod Duw wedi gorchymyn iddo fynd. Eglurodd i'r arweinwyr yno yr Efengyl yr oedd yn ei phregethu ymhlith y cenhedloedd, er mwyn cael cyd-ddealltwriaeth rhyngddo â hwy rhag iddynt gael rheswm i'w feirniadu ac achosi rhwyg yn yr Eglwys.

Cytunodd yr apostolion ag ef na ddylid gorfodi'r enwaediad ar genedl-ddynion, a chadarnhawyd hynny trwy'r ffaith nad awgrymwyd y dylid enwaedu ei gydymaith Titus, er mai Groegwr oedd hwnnw. Ond yr oedd nifer yn dal i ddadlau fod angen glynu wrth yr enwaediad. Cyfeirir atynt fel 'gau gredinwyr', rhai a oedd yn aelodau o'r gymdeithas Gristnogol er nad oeddent yn rhan ohoni mewn gwirionedd. Mae Paul yn defnyddio iaith gref i'w disgrifio: 'llechgwn a oedd wedi llechian i mewn fel ysbiwyr' (2:4). Gellir casglu fod y rhain yn mynd gryn dipyn ymhellach yn eu sêl dros y ddeddf na hyd yn oed y rhan fwyaf o'r Cristnogion Iddewig. Does dim dwywaith nad oedd Paul yn gywir wrth fynnu y byddai gwirionedd yr Efengyl yn cael ei danseilio a diwedd yn dod i'r Eglwys Gristnogol petai'r rhain yn cario'r dydd. Gwrthwynebodd Paul hwy â'i holl egni: 'Ni ildiasom iddynt trwy gymryd ein darostwng, naddo, ddim am foment' (2:5). Nid yr Efengyl yn unig oedd yn y fantol, ond hefyd safle Paul fel apostol a'i berthynas â'r arweinwyr yn Jerwsalem. Er eu bod hwy yn ei gefnogi'n llwyr yn ei ddadl yn erbyn y 'gau gredinwyr', yr oedd Paul yn hollol abl i ddelio â phobl a oedd yn gwyrdroi'r Efengyl. 'Nid ychwanegodd yr arweinwyr hyn ddim at yr hyn oedd gennyf' (2:6).

Yn awr, roedd yr arweinwyr yn cydnabod mai'r un Efengyl a bregethai Paul i'r cenhedloedd ag a bregethai Pedr ymysg ei gyd-Iddewon. Awgryma'i eiriau fod modd pregethu'r un Efengyl mewn mwy nag un ffordd, a'i chymhwyso at amgylchiadau ac anghenion gwahanol wrandawyr. Pregethai Paul yr Efengyl i'r cenedl-ddynion heb ofyn am enwaedu o gwbl. Pregethai Pedr i'r Iddewon heb ofyn am ddim ond ffydd. Roedd yr un effeithiau'n dilyn pregethu Paul ymysg y cenedl-ddynion ag a ddilynai bregethu Pedr ymysg yr Iddewon. Yng ngolwg Paul, felly, Pedr oedd yr apostol i'r Iddewon, ac ef ei hun oedd yr apostol i'r cenhedloedd. Fel cadarnhad o hynny, roedd Iago, Ceffas ac Ioan, y tri a ystyrid yn 'golofnau' eglwys Jerwsalem, yn cydnabod fod Paul wedi derbyn y gras, neu'r ddawn ysbrydol, i fod yn apostol. Fel arwydd o'u cytundeb a'u cyfeillgarwch, estynnwyd i Paul a Barnabas 'ddeheulaw cymdeithas' (2:9). Mae'n amlwg fod y cyfarfyddiad hwn yn Jerwsalem wedi dod i ben mewn ysbryd cynnes a chytûn, a'u bod wedi mynegi eu cyfeillgarwch trwy gyfnewid deheulaw cymdeithas.

Gwrthdrawiad a cherydd

Pan fyddai Pedr yn ymweld ag Antiochia roedd yn arfer cymysgu a chyd-fwyta â'r Cristnogion cenhedlig yn ogystal â'r Cristnogion Iddewig. Mae'n bur debyg i hynny ddigwydd o ganlyniad naturiol i'r cytundeb a gaed yn y Cyngor yn Jerwsalem. Ond cyrhaeddodd rhai yno 'oddi wrth Iago' (2:12), sef rhai o Gristnogion Iddewig Jerwsalem. Hwyrach fod rhai ohonynt yn fwy ceidwadol na Iago ei hun. Yn eu barn hwy, doedd cytundeb Cyngor Jerwsalem ddim yn gofyn am y fath gymysgu â chenedl-ddynion, ac yr oedd cyd-fwyta fel hyn â hwy yn anghyfreithlon i Iddewon ac yn aflan yn ôl y Gyfraith. Rhag tarfu arnynt, ac er mwyn osgoi ffrae, dechreuodd Pedr ymatal rhag cyd-fwyta â'r cenedl-ddynion. Yn ôl Paul, gwnaeth hynny 'am ei fod yn ofni plaid yr enwaediad' (2:12). Dechreuodd Cristnogion Iddewig eraill ddilyn ei esiampl, gan gynnwys Barnabas. Ni allai Paul gadw'n dawel. Credai fod Pedr yn gwyro oddi wrth lwybrau'r Efengyl. Roedd perygl dybryd iddo greu dau ddosbarth o fewn yr Eglwys, gyda'r naill ar lefel uwch na'r llall.

Go brin ei fod yn fwriad gan Pedr i wneud y fath beth, nac ychwaith i ymddwyn yn groes i benderfyniadau Cyngor Jerwsalem. Ond un peth yw derbyn egwyddor, peth arall yw rhoi'r egwyddor honno ar waith. Yr egwyddor dan sylw oedd nad oedd gwahaniaeth mwyach rhwng Iddew a chenedl-ddyn. Roedd yr Iddewon ceidwadol o Jerwsalem ar fai am iddynt wrthod cyd-fwyta â'u brodyr Cristnogol cenhedlig. Ond tybed a oedd y cenedl-ddynion yn cadw eu hochr hwy o'r cytundeb, sef eu bod yn ymwrthod â bwydydd a aberthwyd yn y temlau ac â chig anifeiliaid a dagwyd neu anifeiliaid nad oedd wedi eu gwaedu? Os oedd amheuaeth ynglŷn â hynny, gellir deall amharodrwydd yr Iddewon i eistedd wrth yr un bwrdd â'r cenedl-ddynion.

Cyfeiria Paul at agwedd Pedr fel 'rhagrith'. Does ryfedd iddo geryddu Pedr yng ngŵydd pawb, a'i gyhuddo o fyw ei hun fel cenedl-ddyn ond o orfodi cenedl-ddynion yr un pryd i fyw fel Iddewon. Gwendid Pedr oedd ei fod yn ofni ymddangos yn llac ac yn esgeulus yn ei agwedd at y Gyfraith yng ngolwg Cristnogion Iddewig ceidwadol. Cryfder Paul, ar y llaw arall, oedd iddo weld yr egwyddor a oedd yn y fantol. Fel arweinydd, cyfrifoldeb Pedr oedd gosod esiampl a chymell eraill i'w ddilyn. Pe bai Paul wedi ochri gyda Pedr a chyfaddawdu, gallai Cristnogaeth Iddewig a Christnogaeth genhedlig fod wedi ymrannu a mynd i wahanol gyfeiriadau.

Wyddom ni ddim beth oedd ymateb Pedr i'r cerydd a gafodd gan Paul. A syrthiodd ar ei fai ac ymddiheuro, neu a aeth yn ddadl boeth rhyngddynt? Mae'n berffaith bosibl fod y ddau wedi anghytuno, neu fod Pedr wedi ymddiheuro, heb i'r ffrae amharu ar eu cyfeillgarwch. Mae Pedr yn cyfeirio at Paul fel 'ein brawd annwyl, Paul' (2 Ped. 3:15), sy'n dangos fod y ddau wedi cymodi ac yn parhau'n gyfeillion.

Mae'n arwyddocaol fod Paul wedi dod i weld ymhen amser fod rhai sefyllfaoedd yn galw am barodrwydd i gyfaddawdu: 'I'r Iddewon, euthum fel Iddew, er mwyn ennill Iddewon ... I'r gweiniaid, euthum yn wan, er mwyn ennill y gweiniaid. Yr wyf wedi mynd yn bob peth i bawb, er mwyn imi, mewn rhyw fodd neu'i gilydd, achub rhai' (1 Cor. 9:20–22).

Cwestiynau i'w trafod:

1. Pam oedd Paul mor awyddus i ennill cymeradwyaeth Pedr ac Iago ac i gael ei ystyried yn apostol fel hwy?

2. Sut fath o berthynas a fodolai rhwng Pedr a Paul? A oeddent yn gyfeillion yn ogystal â chydweithwyr?

3. 'Haws yw cydsynio ag egwyddor na'i gweithredu'n ymarferol.' Trafodwch.

PEDR YN RHUFAIN

Ioan 21:18–19; 2 Pedr 1:12–15

Yn y blynyddoedd rhwng ei gyfnod yn Antiochia a'i ferthyrdod yn Rhufain dan yr Ymerawdwr Nero, ychydig a wyddom am fywyd a gwaith Pedr. Wedi'r ddadl fawr rhyngddo â Paul, ymadawodd Paul ar ei ail daith genhadol gan gymryd Silas gydag ef. Mae'n debygol fod Pedr wedi aros yn Antiochia am gyfnod – am saith mlynedd ym marn un esboniwr (S. Dockx) hyd y flwyddyn O.C. 56. Ond pa bryd bynnag y teithiodd i Rufain, go brin y byddai wedi mynd ar ei union o Antiochia. Mae'n fwy tebygol y byddai wedi manteisio ar bob cyfle i efengylu ar ei daith. Yn ei Lythyr Cyntaf, mae'n cyfarch 'y dieithriaid sydd ar wasgar yn Pontus, Galatia, Capadocia, Asia a Bithynia' (1 Ped.1:1) – rhan helaeth o wlad, cymaint â Ffrainc, yn cynnwys 500 o drefi a phentrefi. Gallwn dybio iddo fugeilio'r eglwysi yn yr ardaloedd hynny. Mae ei lythyrau'n awgrymu iddo aros ddigon hir mewn rhai mannau i roi cynghorion ar ethol henuriaid, bugeilio'r praidd, disgyblaeth eglwysig a gofynion y bywyd Cristnogol.

Ond ni ddylid meddwl mai gweithio ymysg Iddewon ar wasgar yn unig a wnâi. Cyfeirir at Pedr yn Llythyr Cyntaf Paul at y Corinthiaid, sy'n awgrymu i Pedr fod yn y ddinas bwysig honno ddigon hir i ennill nifer o gefnogwyr. Pan yw Paul yn dweud y drefn am yr ymrannu a ddigwyddai yn eu plith fel eglwys, mae'n cyfeirio at y rhai a ddywedai, '"Yr wyf fi'n perthyn i blaid Paul", neu, "Minnau i blaid Apolos", neu, "Minnau i blaid Ceffas", neu, "Minnau i blaid Crist". A aeth Crist yn gyfran plaid?' (1 Cor. 1:13). Y ffurf Aramaeg ar Pedr, sef *Ceffas,* a ddefnyddiai Paul fynychaf yn ei lythyrau. Er nad oes unrhyw gofnod yn y Testament Newydd o Pedr yn mynd i Gorinth, mae'n rhaid ei fod wedi ymweld â'r lle a threulio amser yno i garfan o'r eglwys arddel ei enw. Mae'n debyg mai Iddewon Cristnogol fyddai'r rheiny, gan mai atynt hwy y trefnwyd i Pedr fynd yn genhadwr.

Mae cyfeiriad Paul at Pedr yn mynd â'i wraig i'w ganlyn eto'n awgrymu iddo fod yng Nghorinth am ysbaid o amser: 'Onid oes gennym hawl i fynd â gwraig sy'n Gristion o gwmpas gyda ni, fel y gwna'r apostolion eraill, a brodyr yr Arglwydd, a Ceffas?' (Ac. 9:5). Mae'n rhesymol derbyn, felly, i Pedr dreulio peth amser yng Nghorinth, ac iddo gydweithio yno gyda Paul – y cyfeiria ato fel 'ein brawd annwyl Paul' (2 Ped. 3:15) – er gwaethaf eu hanghytundeb yn Antiochia.

Ym mrawddegau olaf ei Lythyr Cyntaf, mae Pedr yn anfon cyfarchion o 'Fabilon'. Dyna enw cryptig a ddefnyddiwyd gan y Cristnogion cynnar i ddynodi Rhufain (1 Pedr 5:13). Fe'i ceir yn Llyfr Datguddiad: 'Babilon fawr, mam puteiniaid a ffiaidd bethau'r ddaear' (Dat. 17:5). Er mor gadarn y traddodiad i Pedr yn ei henoed gyrraedd Rhufain a threulio gweddill ei oes yno, mae rhai esbonwyr Protestannaidd wedi dadlau nad oes digon o dystiolaeth gadarn dros gredu hynny, ac na fu hyd yn oed yn Rhufain erioed.

Hanes a thraddodiad

Yn ei Lythyr at y Galatiaid, mae Paul yn gosod Pedr yn Jerwsalem ac yn Antiochia, ond nid oes unrhyw gyfeiriad ato'n cyrraedd Rhufain. Yn ei Lythyr at y Rhufeiniaid, mae'n cyfarch nifer o'r Cristnogion yn Rhufain, ond nid yw enw Pedr yn eu mysg. Un o amcanion Llyfr yr Actau yw adrodd hanes Pedr a Paul, a dangos eu bod yn gydradd fel apostolion a chenhadon. Daw'r hanes i ben gyda Paul yn pregethu yn Rhufain, ond nid oes unrhyw sôn am Pedr yn cyrraedd yno. Dogfen arall sy'n adrodd peth o hanes Pedr yw Llythyr Cyntaf Clement o Rufain (c O.C. 96) at eglwys Corinth, ond nid yw Clement yn sôn am Pedr yn preswylio yn Rhufain nac am ei ferthyrdod yno.

Ar y llaw arall, mae awduron eraill, fel Ignatius a fu farw yn O.C. 110, a Dionysius o Gorinth, yn cyfeirio at Pedr a Paul fel cyd-sylfaenwyr yr eglwys yn Rhufain. Ond camarweiniol yw cyfeirio at y naill na'r llall fel sylfaenydd. Pan gyfansoddodd Paul ei Lythyr at y Rhufeiniaid, roedd yn ysgrifennu at rai a oedd eisoes wedi sefydlu eglwys yno, cyn iddo ef na Pedr gyrraedd yno. Bu eraill, na wyddom ddim amdanynt – milwyr, masnachwyr, ymwelwyr a swyddogion yr Ymerodraeth - yn cenhadu ym mhrifddinas yr Ymerodraeth ymhell o'u blaenau. Er eu bod yn ddienw, hwy fu'n gyfrifol am sefydlu eglwys yn Rhufain am y tro cyntaf.

Nid yw'r un o'r dadleuon uchod yn profi na fu Pedr yn Rhufain, a cheir traddodiad cryf iddo gyrraedd yno rhwng O.C. 54 a 58. Mae dogfennau apocryffaidd ar gael, tebyg i dameidiau o *Efengyl Pedr*, *Pregethu Pedr* (a ddyfynnir gan Clement o Alecsandria), *Efengyl y Dioddefaint yn ôl Pedr* (a luniwyd tua O.C. 150, sy'n rhoi hanes y croeshoeliad), ac *Actau Pedr* (dogfen o ganol yr ail ganrif). Mae *Actau Pedr* yn cynnwys nifer o chwedlau sy'n gysylltiedig â Pedr yn Rhufain, ond hefyd rhai hanesion na ddylid eu diystyru.

Un peth a ddywedir am Pedr yw ei fod am gyfnod wedi lletya yn nhŷ Acwila a Phriscila, gwneuthurwyr pebyll oedd â changhennau i'w busnes yn Rhufain, Effesus a Chorinth, ac a oedd yn gyn-gydweithwyr â Paul (Ac. 18:2–4). Yn Rhufeiniaid 16:3–4, roedd eglwys (mae Paul yn defnyddio'r gair *ecclêsia*) yn cyfarfod yn eu tŷ, sy'n awgrymu bod yr eglwys yn Rhufain yn cyfarfod mewn grwpiau llai yn nhai ei gilydd. Roedd cysylltiad, felly, rhwng Pedr a Paul yn Rhufain yn rhinwedd y ffaith i'r ddau ohonynt fod yn gyfeillion i Acwila a Phriscila, gyda Pedr beth bynnag wedi cael llety ganddynt.

Ac yn ôl *Actau Pedr*, arhosodd Pedr a Paul am gyfnod yn nhŷ'r seneddwr Pudens a'i ddwy ferch, Praxedis a Pudentiana. Dywedir i Pedr fedyddio'r ddwy yn eu tŷ ar y Via Urbana. Ar y safle hwnnw'r adeiladwyd eglwys Santa Pudentiana. Ceir hefyd hanes maith am yr apostol yn dadlau â'r gau-broffwyd Simon Magus. Er bod nifer o storïau ffansïol yn y ffynonellau apocryffaidd hyn, mae ynddynt hefyd ddeunydd y gellir ei dderbyn fel hanes dilys.

Efengyl ac epistolau

Yn Rhufain hefyd y bu Pedr mewn perthynas agos â Marc – ac yntau eto'n gyswllt rhwng Pedr a Paul. Yn ôl tystiolaeth rhai o Dadau cynnar yr Eglwys, Marc oedd 'esboniwr' Pedr; hynny yw, oddi wrth Pedr y cafodd Marc wybodaeth ar gyfer ei efengyl. Mae llawer o nodweddion Efengyl Marc yn cadarnhau hynny. Rhoddir sylw amlwg i Pedr, a cheir cyfeiriadau manwl a phersonol at hanes gweinidogaeth Iesu, sy'n swnio fel sylwadau llygad-dyst. Mae felly sail gref dros gredu'r traddodiad i Pedr rannu ei atgofion â Ioan Marc wrth i hwnnw lunio'i efengyl yn

195

Rhufain. O ran awduraeth Efengyl Marc, mae hanes a thraddodiad yn plethu i'w gilydd. Ni ellir profi'n bendant i Pedr fod yn ffynhonnell gwybodaeth Marc, ond ni ellir chwaith ei wrthbrofi. Un peth sy'n gwbl glir yw bod Marc wedi cyfansoddi ei efengyl mewn cyfnod o ormes ac erledigaeth. Wrth iddo ysgrifennu, roedd dioddefaint yn rhan o fywyd beunyddiol Cristnogion Rhufain wedi i Nero eu cyhuddo o roi'r ddinas ar dân. Iesu'r dioddefwr yw Iesu Efengyl Marc, yn gorchymyn i'w ddilynwyr godi'r groes a'i ganlyn, ond mae hefyd yn nerthu ei bobl wrth iddynt hwythau rannu yn ei ddioddefiadau.

Yn Rhufain hefyd y lluniwyd y ddau lythyr sy'n dwyn enw Pedr. Bu llawer o ddadlau ymhlith beirniaid ai Pedr ei hun oedd awdur y llythyrau hyn, gyda rhai'n dadlau na fyddai pysgotwr cyffredin o Galilea wedi medru ysgrifennu mewn iaith ac arddull mor goeth, ac nad oedd yr awdur yn dangos fod ganddo wybodaeth bersonol o fywyd a dysgeidiaeth yr Arglwydd Iesu. Bu eraill yn frwd eu hamddiffyniad o awduraeth Pedr, gan ddadlau y gallai dyn a chanddo fusnes pysgota llwyddiannus fod yn hyddysg yn yr iaith Roeg. Cyfeiriant hefyd at yr hyn a ddywed yr awdur hwn am ei gyfaill Silfanus, 'brawd y gellir, yn ôl fy nghyfrif i, ymddiried ynddo' (1 Ped. 5:12). Pe byddai sail dros amau gallu Pedr i ysgrifennu Groeg graenus, roedd Silfanus wrth law i roi sglein ar ei arddull ac i weithredu fel math o *amanuensis*. Dywed Pedr yn ei gyfarchion terfynol ei fod yn ysgrifennu ei lythyr 'trwy law Silfanus'. Wrth gyfeirio ato, mae'n ychwanegu fod 'Marc, fy mab' (5:13) hefyd yn anfon ei gofion.

Roedd Silfanus yn berson o gryn bwysigrwydd. Cafodd ei anfon gyda Jwdas Barsabas gan Gyngor Jerwsalem i fod yn gwmni i Paul a Barnabas ar eu taith yn ôl i Antiochia (Ac. 15:22). Ar rai adegau, cyfeirir ato fel Silas, weithiau fel Silfanus. Mae'n mynd yn gydymaith i Paul ar ei ail daith genhadol (15:40). Fe'i disgrifir fel 'pregethwr' yn 2 Cor. 1:19, a chynorthwyodd Paul gydag ysgrifennu dau o'i lythyrau, sef 1 a 2 Thesaloniaid. Mae'n bur debyg fod Pedr wedi ei adnabod ers y dyddiau cynnar yn Jerwsalem. Yn Rhufain, roedd yn ddyn gwerthfawr am ei fod, fel Paul, yn ddinesydd Rhufeinig (16: 37).

Mae'r feirniadaeth nad yw'r awdur yn hyddysg yn ei wybodaeth bersonol am yr Arglwydd Iesu'n hollol ddisylwedd, gan fod sawl cyfeiriad yn y ddau Lythyr at fywyd, dysgeidiaeth a dioddefaint Iesu – yn arbennig ei ddioddefaint, gan mai un o amcanion Pedr yw calonogi Cristnogion sydd eu hunain yn dioddef.

Mater arall yw awduraeth 2 Pedr. Y farn gyffredinol yw mai tua O.C. 60 yr ysgrifennwyd y llythyr hwn, ond mae rhai ysgolheigion wedi tynnu sylw at Roeg yr ail Lythyr, nad yw o'r un safon â Groeg y Llythyr cyntaf. Ond erbyn hynny, gwyddom fod Silfanus wedi gadael Rhufain i ymweld ag eglwysi Asia Leiaf, ac felly roedd Pedr yn dibynnu ar gymorth cyfeillion eraill. Nid yw hynny'n golygu nad oedd a wnelo Pedr ddim oll â'i Ail Lythyr. I'r gwrthwyneb, mae ôl ei feddwl a'i neges yn amlwg ar y gwaith.

Yn y naill Lythyr fel y llall, mae gan Pedr neges glir i'w ddarllenwyr. Mae'n eu hannog i fod yn barod ac i beidio â digalonni, ond i'w rhoi eu hunain yng ngofal Duw: 'Bydded i'r rhai sy'n dioddef yn ôl ewyllys Duw ymddiried eu heneidiau i'r Creawdwr ffyddlon, gan wneud daioni' (1 Ped. 4:19). Mae'n galw arnynt i fyw'n hyderus ac i osod esiampl i eraill: 'Oherwydd hyn yw ewyllys Duw, i chwi trwy wneud daioni roi taw ar anwybodaeth ffyliaid ... Rhowch barch i bawb, carwch deulu'r ffydd, ofnwch Dduw, parchwch yr ymerawdwr' (2:15, 17). Ydynt, maent i barchu hyd yn oed deyrn annynol fel Nero, rhag iddynt roi esgus i'r awdurdodau eu cyhuddo o fod yn wrthryfelwyr gwleidyddol.

Ei ferthyrdod a'i fedd

Gwyddai pawb am lygredd ac anfoesoldeb yr ymerawdwyr Caligula a Claudius. Ond fe'u dilynwyd gan fwystfil o ddyn, sef Nero (O.C. 54-68). Pan ddywed Pedr wrth ei gyd-gristnogion, 'Ni ddylai neb ohonoch ddioddef fel llofrudd neu leidr neu ddrwgweithredwr, neu fel dyn busneslyd [neu chwyldröwr]' (1 Ped. 4:15), mae'n rhestru'r union droseddau y cyhuddwyd Nero ei hun ohonynt gan ddinasyddion Rhufain, gan gynnwys llofruddio'i fam ei hun, Agrippina yn O.C. 59. Yn y gwreiddiol, roedd y gair 'drwgweithredwr' yn golygu dewiniaeth a swyngyfaredd, ac yr oedd cred gyffredinol fod Nero'n ymhél â swynwyr a dewiniaid fel na chai ei boeni gan ysbryd ei fam! Credir iddo roi dinas

Rhufain ar dân, ac iddo geisio beio'r Cristnogion am y difrod. Roedd yr erledigaeth a ddilynodd yn erchyll, a dioddefodd cannoedd o gredinwyr, yn wŷr a gwragedd a phlant, nid yn unig yn ninas Rhufain, ond trwy'r Ymerodraeth.

Roedd Paul a Pedr ymysg y rhai cyntaf i'w dienyddio ar gychwyn yr erledigaeth dan Nero yn O.C. 64. Roedd Pedr yn amlwg yn sylweddoli fod ei ddiwedd yn agosáu. Erbyn hynny roedd yn ei chwedegau. Meddai yn 2 Pedr 1:14: 'Gwn y bydd yn rhaid i mi roi fy mhabell heibio yn fuan, fel y mae ein Harglwydd Iesu Grist, yn wir, wedi gwneud yn eglur imi'. Mae'n bosibl ei fod yn cyfeirio at eiriau Iesu ar lan Môr Galilea wedi ei atgyfodiad, pan ragfynegodd ddull y farwolaeth a fyddai'n wynebu Pedr. 'Ond pan fyddi'n hen, byddi'n estyn dy ddwylo i rywun arall dy wregysu, a mynd â thi lle nad wyt yn mynnu' (In. 21:18).

Yn y ddogfen apocryffaidd *Actau Pedr,* dywedir i Pedr, ar anogaeth ei ffrindiau, geisio ffoi o Rufain i osgoi'r erlid. Roedd yn prysuro ar hyd y Via Appia pan ddaeth wyneb yn wyneb â'r Arglwydd Iesu. 'I ble'r ei di, Arglwydd?' (*Quo vadis?*), gofynnodd. 'Rwyf ar fy ffordd i Rufain i gael fy nghroeshoelio yn dy le di', atebodd Iesu. Ar unwaith, trodd Pedr yn ôl i Rufain a'i roi ei hun yn nwylo'i erlidwyr.

Gan Clement o Rufain, un o'r ail genhedlaeth o arweinwyr eglwys Rufain, y ceir y wybodaeth gliriaf am dynged Pedr a Paul, a hynny mewn llythyr tua O.C. 96. Roedd Clement yn cofio'n fyw'r erlid o dan Nero. Meddai, 'Oherwydd cenfigen, erlidiwyd a dienyddiwyd y colofnau mwyaf a'r harddaf. Cadwn o flaen ein llygaid yr apostolion ffyddlon: Pedr, a dioddefodd, nid dwywaith neu dair, ond sawl gwaith, a hynny oherwydd eiddigedd, ac wedi rhoi ei dystiolaeth, cafodd fynd i'r gogoniant a haeddai. Yn yr un modd, ac oherwydd cenfigen ac ymrafael, cafodd Paul yntau'r ddawn i ddioddef yn amyneddgar.'

Nid oes sicrwydd beth a olygai Clement wrth y gair 'cenfigen', ond mwyaf tebyg ei fod yn cyfeirio at agwedd ac ymddygiad yr awdurdodau

Rhufeinig. Ni wyddom chwaith beth oedd yr ergydion a ddioddefodd Pedr, ond yr awgrym yw iddo gael ei boenydio sawl gwaith cyn ei ddienyddio.

Ceir cadarnhad gan Dionysius, esgob Corinth yn yr ail ganrif, i Pedr a Paul gael eu merthyru tua'r un amser. Dywed Origen, un o'r Tadau cynnar, i Pedr ddewis cael ei groeshoelio gyda'i draed i fyny, gan nad oedd yn deilwng o gael marw yn yr un modd â'i Arglwydd. Ceir yr un wybodaeth yn *Actau Pedr.* Ychwanega'r hanesydd Eusebius i lawer o ferthyron Cristnogol gael eu dienyddio yn Rhufain yn yr un dull â Pedr. Ond sut bynnag y bu farw, gellir credu iddo wynebu'r diwedd yn y ffydd a'r ysbryd a fynegodd yn ei Lythyr Cyntaf: 'Ond wedi ichwi ddioddef am ychydig, bydd Duw pob gras, yr hwn a'ch galwodd i'w dragwyddol ogoniant yng Nghrist Iesu, yn eich gwneud yn gymwys, yn gadarn, yn gryf ac yn ddiysgog' (1 Ped. 5:10).

Mae'r hyn a ddigwyddodd i weddillion Pedr yn ddirgelwch. Fel arfer, teflid cyrff merthyron i un bedd cyffredin. Yn ôl yr hanesydd Tacitus, dechreuodd Nero ddienyddio Cristnogion yng Ngerddi'r Fatican, a hynny yn y dull mwyaf ffiaidd. Gerllaw yr oedd hen fynwent baganaidd, ac mae archeolegwyr wedi canfod gweddillion paganaidd a Christnogol ar y safle. Ond a gafodd corff Pedr ei arbed a'i gladdu ar wahân? Gan mai ef oedd arweinydd yr eglwys yn Rhufain, a'r pennaf o'r apostolion, byddai'r credinwyr wedi gwneud eu gorau i sicrhau iddo gladdedigaeth mor urddasol â phosibl dan yr amgylchiadau. Pan aeth yr Ymerawdwr Cwstenin ati i godi eglwys ar safle'r Fatican yn O.C. 315, gwnaeth hynny yn y gred sicr ei fod yn adeiladu uwchben bedd yr apostol. Cafwyd archwilio archeolegol ysbeidiol pellach dros y blynyddoedd, ond er i lawer o weddillion dynol ddod i'r golwg mae'n amhosibl dweud fod gweddillion Pedr ei hun yn eu mysg. Ond ymhlith y creiriau, y darluniau a'r graffiti, cafwyd darn o lechen ac arni'r geiriau, *Petros eni* – 'Mae Pedr i mewn yma'. Er nad oes neb yn gwybod ym mhle'n union y mae bedd Pedr, mae cysylltiad uniongyrchol rhwng man ei farw a Basilica enfawr Sant Pedr yn Rhufain heddiw.

Cwestiynau i'w trafod:

1. *A oes unrhyw wahaniaeth a gyrhaeddodd Pedr Rufain ai peidio?*

2. *A oes arwyddocâd i ni heddiw yng nghwestiwn Pedr i Iesu, 'Quo vadis?'*

3. *Pam y mae Cristnogion wedi dioddef erledigaeth erioed?*

APOSTOL GOBAITH

1 Pedr 1:13–16; 2:1–10; 4:12–19

'Un o'r rhannau godidocaf o'r Testament Newydd.' Dyna ddyfarniad yr ysgolhaig enwog B. H. Streeter ar Lythyr Cyntaf Pedr. Ac meddai Calfin ganrifoedd o'i flaen, 'Epistol teilwng o'r pennaf o'r Apostolion, yn llawn awdurdod a chyfoeth apostolaidd'. Fe'i disgrifiwyd gan rai fel 'epistol gwroldeb', gan eraill fel 'epistol pererindod' a chan eraill eto fel 'epistol gobaith'. Mae ynddo anogaeth i Gristnogion sy'n dioddef erledigaeth i rodio'n ffyddiog ac i wynebu dioddefaint a gormes yn wrol a chyda ffydd yn Nuw. Ar yr un pryd, ceir yn y llythyr y syniad o fywyd fel pererindod: bod y Cristion yn cael ei alw, fel pererin John Bunyan, i ddringo'r rhiwiau serth ac i orchfygu'r rhwystrau ar y daith trwy ras a nerth Duw.

Er y ceir cyfeiriadau yn y llythyr at wroldeb a phroblemau'r daith, y thema ganolog yw *gobaith*. Nid gobaith yn yr ystyr o optimistiaeth ddynol ddi-sail – y gred y bydd popeth yn dda yn y diwedd ond i ni beidio â digalonni – ond yn hytrach y gobaith sy'n deillio o Dduw, ac nid o ysbryd dyn. Gweddi Pedr yw y bydd y Duw a atgyfododd ei Fab Iesu Grist oddi wrth y meirw, a'i ddyrchafu i ogoniant, yn estyn i'w gyd-gredinwyr y ffydd a'r gobaith i oresgyn pob gormes ac ofn. Sail y gobaith Cristnogol yw atgyfodiad Iesu Grist. 'Bendigedig fyddo Duw a Thad ein Harglwydd Iesu Grist! O'i fawr drugaredd, fe barodd ef ein geni ni o'r newydd i obaith bywiol trwy atgyfodiad Iesu Grist oddi wrth y meirw, i etifeddiaeth na ellir na'i difrodi, na'i difwyno, na'i difa. Saif hon ynghadw yn y nefoedd i chwi' (1 Ped. 1:3–4).

Dywed Pedr mai dros dro y mae'r blinderau a'r profedigaethau y mae ei ddarllenwyr yn eu dioddef, a'u bod yn dod er mwyn profi dilysrwydd eu ffydd. Yn y cyfamser, mae'r darllenwyr i efelychu Crist yn eu dioddefiadau. 'Canys i hyn y'ch galwyd, oherwydd dioddefodd Crist yntau er eich mwyn chwi, gan adael ichwi esiampl, ichwi ganlyn yn ôl ei draed ef' (2:21). Wrth ddioddef, maent yn gogoneddu Duw, yn tystio i'r Arglwydd Iesu, a byddant yn y diwedd yn rhannu yn ei ogoniant ef.

Gellir dychmygu'r llythyr hwn a'i neges o obaith yn codi ysbryd credinwyr a oedd yn byw bob dydd mewn ofn y byddai'r awdurdodau gwleidyddol yn eu bygwth ac yn eu temtio i gefnu ar eu proffes Gristnogol. Mae Pedr yn eu cynorthwyo i weld eu dioddefiadau yng ngoleuni eu ffydd yng Nghrist, gan gyfeirio eu sylw at esiampl dioddefiadau Crist a'u sicrhau eu bod yn ddinasyddion teyrnas dragwyddol yn y nef.

Mae neges Pedr o obaith bywiol yn berthnasol i'n sefyllfa ni fel Cristnogion yn yr unfed ganrif ar hugain fel yr oedd i gredinwyr y ganrif gyntaf. Rydym ninnau heddiw'n byw yn oes y merthyron. Caiff Cristnogion eu lladd wrth y miloedd yn y Dwyrain Canol, yn Nigeria, Swdan, India, Tsiena a llawer man arall, yn enwedig gwledydd Islamaidd. Mae'r Eglwys Goptig yn yr Aifft yn dioddef ymosodiadau a llofruddiaethau'n gyson, tra bo mudiad ISIL wedi datgan yn agored mai ei fwriad yw difa Cristnogaeth yn llwyr. Er nad yw Cristnogion y Gorllewin yn dioddef yr un math o ymosodiadau treisgar, mae eu ffydd hwythau dan warchae o du anffyddiaeth filwriaethus, ac mae ethos secwlar ein cyfnod yn erydu ein hetifeddiaeth Gristnogol ac yn ceisio ymlid crefydd o fywyd cyhoeddus ac o fyd addysg. Canlyniad hyn oll yw ein bod yn gweld crefydd gyfundrefnol yn dadfeilio, eglwysi'n gwanhau ac yn cau eu drysau, a'r ychydig ffyddloniaid yn cael eu bwrw i anobaith. Mae hynny'n sicr yn wir am Gymru. Bu dirywiad brawychus dros y blynyddoedd diwethaf, yn arbennig o fewn y byd crefyddol Cymraeg, nes bod llawer yn darogan diwedd ein Hymneilltuaeth Gymreig.

A oes gan Pedr air perthnasol i'n cyfnod ni? Ei fwriad yn ei Lythyr Cyntaf oedd calonogi Cristnogion Asia Leiaf: 'y dieithriaid sydd ar wasgar yn Pontus, Galatia, Capadocia, Asia a Bithynia' (1:1), sef y Cristnogion Iddewig a oedd ar wasgar dros rannau helaeth o ddwyrain yr Ymerodraeth – rhai ohonynt yn ffoi rhag erledigaeth. Ac nid Cristnogion Iddewig yn unig ond Cristnogion cenhedlig hefyd. Cylchlythyr oedd hwn, i'w anfon o eglwys i eglwys, gyda'r amcan o helpu'r credinwyr i wynebu erledigaeth, i'w cynnal yn eu ffydd ac i'w hannog i efelychu'r Arglwydd Iesu.

Trwy'r cyfan, maent i ymddwyn yn ostyngedig ac yn llawen. 'Ymddarostyngwch, gan hynny, dan law gadarn Duw, fel y bydd iddo ef eich dyrchafu pan ddaw'r amser. Bwriwch eich holl bryder arno ef, oherwydd y mae gofal ganddo amdanoch' (5:6).

Bod yn sanctaidd

Mae ein sefyllfa ni, fel sefyllfa'r credinwyr cynnar, yn nwylo Duw. Ynddo ef y mae ein gobaith, ac felly rhaid edrych i'w gyfeiriad ef, dyfnhau ein perthynas ag ef, ceisio'i nerth a'i ras, a'n rhoi ein hunain yn llwyr yn ei law.

I ganfod y gobaith hwn sydd wedi'i wreiddio yn Nuw, rhaid gosod ein bryd ar fod yn sanctaidd, fel y mae Duw'n sanctaidd. Hynny yw, rhaid rhannu ym mywyd Duw ei hun. Mae Pedr yn annog ei ddarllenwyr i fyw bywydau sy'n adlewyrchu eu ffydd ac yn adlewyrchu sancteiddrwydd Duw. Rhaid wrth ddisgyblaeth meddwl, a rhaid gosod ein gobaith 'yn gyfan gwbl ar y gras sy'n cael ei ddwyn atoch pan ddatguddir Iesu Grist' (1:13). Oddi wrth ras Duw sydd ar waith yn ein bywyd y mae gobaith yn tarddu. Ffrwyth gras yw gobaith. Ond nid yw holl gyfoeth gras Duw wedi'i ddatguddio i ni eto; fe ddigwydd hynny pan ddatguddir Iesu Grist yn ei holl ogoniant. Yn y cyfamser, rhaid gosod ein bryd ar ras Duw fel y mae'n gweithio ynom yn awr, gan ddisgwyl gweld mwy a mwy o'i ras yn ei amlygu ei hun i ni yn Iesu Grist. Mae gras Duw'n ein cyrraedd mewn cymaint o wahanol ffyrdd – trwy harddwch y byd, celfyddyd, cerddoriaeth, cariad a thynerwch anwyliaid a chyfeillion, cymdeithas yr Eglwys a 'moddion gras' – y Beibl, emynau, gweddi, pregeth a sacrament. Trwy'r rhain mae gras dwyfol 'yn cael ei ddwyn' atom, chwedl Pedr. Ond mae rhagor eto o'i gyfoeth ar gael ar ein cyfer, ac fel y bydd ein profiad o ras yn cynyddu, cynyddu hefyd y bydd ein gobaith. Ryw ddydd, bydd holl ogoniant Iesu Grist yn cael ei ddatguddio a holl gyfoeth gras Duw yn dod yn eiddo i ni trwy Grist. Wrth ddisgwyl amdano, edrych tuag ato, ac ymbil am ei ddyfodiad y daw ein gobaith i'w gyflawnder.

Mae hynny'n golygu na ddylem ganiatáu i'r 'chwantau' a fu'n gymaint rhan o'n hen fywyd gael lle yn ein bywyd newydd yng Nghrist. 'Fel plant ufudd, peidiwch â chydymffurfio â'r chwantau y buoch yn eu dilyn

203

gynt yn eich anwybodaeth' (1:14). Yn hen fywyd paganaidd darllenwyr cyntaf Pedr, nid oedd disgyblaeth na gorchmynion na chanllawiau moesol i'w cadw rhag syrthio i afael pob math o chwantau aflan. Roedd bywyd moesol Rhufain, dan deyrnasiad Nero, yn rhemp. Ond bellach, fel dilynwyr Crist, maent wedi rhoi heibio arferion aflan ac anfoesol y gymdeithas o'u cwmpas, ac 'fel plant ufudd' (1:14), maent wedi bod yn ysgol yr Efengyl ac wedi dysgu sut i ymgyrraedd at sancteiddrwydd.

Fel 'plant', maent yn dysgu oddi wrth berson; nid oddi wrth ddeddfau na rheolau nac arferion dynol ond trwy fod mewn perthynas â Duw trwy ei Fab Iesu Grist. Roedd Paul yn annog ei ddarllenwyr i osod eu bryd ar 'beth bynnag sydd yn wir, beth bynnag sydd yn anrhydeddus, beth bynnag sydd yn gyfiawn a phur, beth bynnag sydd yn hawddgar a chanmoladwy, pob rhinwedd a phopeth yn haeddu clod ... Y pethau yr ydych wedi eu dysgu a'u derbyn, eu clywed a'u gweled, ynof fi, gwnewch y rhain; a bydd Duw'r tangnefedd gyda chwi' (Phil. 4:8–9). Disgybl yn ysgol Iesu Grist yw'r Cristion. Nid yw i lithro'n ôl i afael y chwantau dynol a fu'n rheoli ei ymddygiad gynt. Yn hytrach, dylai ufuddhau i'r Un Sanctaidd sydd yn ei alw i fod yn sanctaidd yn ei holl ymarweddiad.

Galwad i ymdebygu i Dduw ei hun yw'r alwad i sancteiddrwydd. Mae Pedr yn dyfynnu, 'Byddwch sanctaidd, oherwydd yr wyf fi yn sanctaidd' (Lef. 11:44–45). Ond sancteiddrwydd trwy seremonïau a defodau glanhad a ddisgrifir yn Lefiticus – glanhad allanol, tra bo Pedr yn gofyn am lanhad mewnol, sancteiddrwydd y 'pur o galon' sydd yn 'gweld Duw' (Mth. 5:8), gan eu bod yn debyg iddo.

Tyfu'n debyg i Dduw ei hun wrth i'w fywyd ef lenwi ein bywyd ni; dyna yw'r sancteiddrwydd y'n gelwir ni i'w geisio. A Duw ei hun sy'n ein galw i fod yn sanctaidd yn ein holl ymarweddiad (1 Ped. 1:15). Nid sancteiddrwydd i'n puro ac i'w gadw i ni ein hunain mohono. Mae i lifo allan tuag at eraill mewn cariad a gwasanaeth. 'Gan eich bod, trwy eich ufudd-dod i'r gwirionedd, wedi puro eich eneidiau nes ennyn brawdgarwch diragrith, carwch eich gilydd o galon bur yn angerddol' (1:22). Mae gobaith yn deillio o'r sancteiddrwydd hwn gan ei fod yn ein huno â Duw ac â'n gilydd.

Bod yn eglwys

Wrth geisio calonogi a chynnig gobaith i'w ddarllenwyr, mae Pedr yn eu hannog i fod mewn iawn berthynas â'i gilydd o fewn yr eglwys – i fod yn *eglwys* yng ngwir ystyr y gair: 'yn hil etholedig, yn offeiriadaeth frenhinol, yn genedl sanctaidd, yn bobl o'r eiddo Duw ei hun' (2:9). Mae gobaith yn deillio o fod mewn perthynas agos a chariadus â phawb – â Duw, â'n cyd-Gristnogion o fewn yr eglwys ac â chyd-ddyn, pwy bynnag y bo, yn gyfaill neu'n elyn, yn bagan neu'n Gristion, yn swyddog neu'n gaethwas.

Nid oes lle o fewn teulu'r Eglwys i ddrygioni, twyll, rhagrith, cenfigen, na siarad bychanus (2:1). Roedd diffygion o'r fath yn blino'r Eglwys Fore, fel y maent yn blino ein heglwysi heddiw. Dyma'r pethau sy'n gwenwyno bywyd eglwys ac yn tanseilio'i thystiolaeth. Swyddogaeth yr Eglwys yw bod yn bobl 'wahanol', yn 'adeilad ysbrydol', 'yn offeiriadaeth sanctaidd' (2:5). Mae wedi ei chreu gan Dduw i fod yn gymdeithas amgen yng nghanol byd o lygredd, drygioni a gorthrwm; i fod yn gymuned o bobl sanctaidd ymhlith pobl ddrwg ac anfoesol; i fod yn adeilad ysbrydol o fewn cymdeithas sy'n dadfeilio; i fod yn offeiriadaeth sanctaidd, yn wahanol i offeiriadaeth y duwiau paganaidd o'u cwmpas.

Conglfaen adeilad yr Eglwys yw Iesu Grist ei hun. Roedd Iesu wedi defnyddio darlun y maen a wrthodwyd gan yr adeiladwyr a ddaeth yn faen y gongl (Es. 28:16) i'w ddisgrifio'i hun. Roedd conglfaen yn cloi'r cerrig eraill wrth ei gilydd mewn adeilad. Mae'r darlun yn awgrymu eglwys wedi ei huno gan ei ffydd yng Nghrist, ac wedi ei hadeiladu gan 'feini bywiol', sef ei haelodau. Eu ffydd, eu ffyddlondeb a'u hymrwymiad hwy iddi sy'n ei gwneud yn adeilad cadarn (1 Ped. 2:4). Ond mae rhai sy'n tramgwyddo 'wrth anufuddhau i'r gair; dyma'r dynged a osodwyd iddynt' (2:8). Ystyr 'tramgwyddo' yw baglu. Mae'r rhai sy'n troi cefn ac yn anufuddhau i'r gair, sef i Iesu, yn baglu. Iddynt hwy, mae Iesu'n parhau'n 'faen tramgwydd' sy'n eu rhwystro a'u blino.

'Ond yr ydych *chwi ...*', meddai Pedr, yn wahanol i'r rhai sydd wedi cefnu, 'yn hil etholedig, yn offeiriadaeth frenhinol, yn genedl sanctaidd, yn bobl o'r eiddo Duw ei hun' (2:9). Teitlau yw'r rhain a ddefnyddir yn gyson yn yr Hen Destament i ddynodi Israel. Yn awr, yr Eglwys yw'r Israel newydd, wedi ei galw i fodolaeth gan Dduw ei hun. Braint a gobaith y rhai sy'n aelodau ohoni yw eu bod wedi eu galw 'allan o dywyllwch i'w ryfeddol oleuni ef' (2:9). Sail eu gobaith yw'r sicrwydd fod Duw wedi eu hethol i fod yn Eglwys, yn 'bobl' iddo'i hun. Pobl wedi eu galw a'u cymhwyso ydym ninnau, fel Cristnogion pob oes, i fod yn Eglwys i Dduw, sy'n golygu fod ein dyfodol yn ddiogel yn nwylo Duw ei hun.

Bod yn dystion

Nid yw Pedr yn blino rhag annog ei ddarllenwyr i fanteisio ar bob cyfle i dystio i'w ffydd yng Nghrist. 'Byddwch yn barod bob amser i roi ateb i bob un fydd yn ceisio gennych gyfrif am y gobaith sydd ynoch' (3:15). Ond dylent wneud eu tystiolaeth mewn ysbryd addfwyn a gostyngedig. Bydd eu hymarweddiad da yn codi cywilydd wedyn ar y rhai sy'n eu dilorni a'u gormesu. Fel y geilw Pedr arnynt i fod mewn iawn berthynas â Duw trwy dyfu mewn sancteiddrwydd ac mewn iawn berthynas â'i gilydd o fewn yr eglwys, mae'n pwyso arnynt yn awr i geisio perthynas dda â phawb, hyd yn oed eu gelynion. Dyna'r ffordd i fod yn dystion da i Iesu Grist.

Ystyr y gair 'tyst' yw 'merthyr'. Bod yn ferthyr yw bod yn dyst. Nid bod pob tyst yn wynebu erledigaeth a dioddefaint. Ond yn nyddiau Pedr roedd carchar, artaith a merthyrdod yn brofiadau cyson i'r Eglwys Fore. Yn 1 Pedr 4:12–19, mae Pedr yn delio'n uniongyrchol ag ymddygiad y Cristion yn wyneb erledigaeth. Ni ddylai'r ffaith fod 'y prawf tanllyd' yn eu hwynebu fod o unrhyw syndod, gan i Iesu ei hun wynebu dioddefaint a marwolaeth ar y groes. Ond pe deuai dioddefaint i'w rhan, dylent lawenhau eu bod yn cyfranogi o ddioddefaint Crist. Wrth ddioddef gydag ef a chael rhan 'yng nghymdeithas ei ddioddefiadau ef' (Rhuf. 8:17; 2 Cor. 1:7), mae dioddef yn troi'n fraint, a hyd yn oed yn destun llawenydd 'er mwyn ichwi allu llawenhau hefyd, a gorfoleddu, pan ddatguddir ei ogoniant ef' (1 Ped. 4:13). Hyd yn oed yn wyneb dioddefaint a merthyrdod, mae fflam gobaith yn dal i losgi, a hynny am ddau reswm: mae'n brofiad o rannu yn nioddefaint Iesu ei hun, ac y mae'n ernes o ogoniant Crist sydd eto i'w ddatguddio.

Dylai fod yn nerth ac yn gysur i'r sawl sydd dan ormes erledigaeth i wybod ei fod yn dioddef 'oherwydd enw Crist' (4:14), nid fel llofrudd na lleidr na drwgweithredwr. Mae hynny'n golygu ei fod yn dyst i'w Arglwydd yn ei fywyd a'i ymddygiad a'i farwolaeth. Mae'n arwyddocaol fod y gair 'Cristion' yn cael ei ddefnyddio yng nghyswllt erledigaeth a dioddefaint: 'os bydd i rywun ddioddef fel Cristion' (4:16). Yr unig le arall y mae'r gair yn ymddangos yn y Testament Newydd yw Actau 11:26: 'Yn Antiochia y cafodd y disgyblion yr enw Cristionogion gyntaf'. Mae'n amlwg fod y gair wedi ennill ei blwyf yn Rhufain fel mewn mannau eraill o'r Ymerodraeth, a hynny mae'n debyg am fod nifer y credinwyr yn cynyddu'n gyflym a'u dylanwad yn dod yn fwyfwy amlwg.

I Pedr, mae'r erledigaeth yn arwydd fod y diwedd yn nesáu a'r farn ar fin dechrau. Beth fydd tynged gelynion yr Efengyl? Meddai, gan ddyfynnu o Diar. 11: 31, 'Ple bydd yr annuwiol a'r pechadur yn sefyll?' Nid yw'n ateb y cwestiwn. Nid yw'n darogan uffern na chosb i'r annuwiol. Yn hytrach, mae'n annog eto'r rhai sy'n dioddef yn ôl ewyllys Duw i ymddiried eu heneidiau i'r Creawdwr ffyddlon, gan wneud daioni' (4:19).

Fe gyfarfu Simon Pedr â Iesu ar lan Môr Galilea. Galwodd Iesu ef i'w ddilyn, gan addo y byddai'n ei wneud yn bysgotwr dynion. Pe bai Iesu heb ei gyfarfod a'i ddewis i fod yn ddisgybl, ni fyddai unrhyw sôn am enw Pedr na Simon na Ceffas. Ond oherwydd iddo ufuddhau i'w alwad, daeth yn un o gyfeillion agosaf Iesu; dewisodd Iesu ef i fod yn sylfaen i'w Eglwys; a daeth yn arweinydd ac yn brif apostol yr Eglwys Fore. Heddiw, mae miliynau o bobl yn gwybod amdano ac yn dysgu ganddo sut i ddilyn Iesu ac i fod yn dystion iddo yn y byd. Yr un pethau sydd ganddo i'w dysgu i Gristnogion yr unfed ganrif ar hugain ag i Gristnogion ei gyfnod ei hun.

Cwestiynau i'w trafod:

1. Pa resymau sydd gennym ni dros fod yn obeithiol am ddyfodol achos Iesu Grist yn y Gymru sydd ohoni?

2. Beth yw ystyr bod yn sanctaidd fel y mae Duw yn sanctaidd?

3. Sut mae bod yn dystion i Iesu Grist mewn cymdeithas secwlar?

LLYFRYDDIAETH

Grant, Michael, **Saint Peter,** 1995, Efrog Newydd.

Bond, Helen, a Hurtado, L.W., **Peter in Early Christianity,** 2015, Michigan.

Pawson, David, **Simon Peter – The Reed and the Rock,** 2013, Anchor.

Cullmann, Oscar, **Peter: Disciple, Apostle, Martyr,** 1953, SCM, London.

Thiede, Carsten P., **Simon Peter: From Galilee to Rome,** 1985, Exeter.

Bissell, Tom, **Apostle,** 2016, Faber & Faber, London.

James, M.R., The Apocryphal New Testament, 1924, Oxford.

Workman, H.B, Persecution in the Early Church, 1923, Epworth, London.